MARIUS JUNG
MIT OLIVER DOMZALSKI

WER WIRD
DENN
DA GLEICH
SCHWARZ
SEHEN

ÜBER DEINE VORURTEILE.
UND MEINE.

Für meine Lieblingsmenschen Karlotta und Joana

Inhaltsverzeichnis

Ja, die Sprache in diesem Buch ist gegendert. Aber sie verzichtet auf schwer lesbare Wortzusammensetzungen wie „Sklav*innenhalter*innengesellschaft" und „Schüler*innenschaft". Dafür bitte ich um Verständnis.

Triggerwarnung

Achtung: Personen, die sich gerne aufregen möchten, könnten durch dieses Buch enttäuscht werden. Denn dieses Buch legt es ausdrücklich nicht darauf an, einzelne Menschen oder ganze Gruppen fertigzumachen. Es kritisiert Meinungen, will aber deren Urheber*innen nicht als Personen „erledigen". Dieses Buch benutzt möglichst selten die Modalverben „müssen" und „(nicht) dürfen", dafür häufiger „sollen" und „können".

Dieses Buch stellt Argumente und persönliche Ansichten zur Diskussion und setzt sie der Kritik aus – anstatt möglichst laut zu schreien und sich jede Widerrede zu verbitten.

Als regelmäßig von Rassismus Betroffener reagiere ich vielleicht besonders empfindlich auf gruppenbezogene Vorurteile. Jedenfalls nehme ich sie häufig wahr. Hier drei Beispiele:

Ein Kollege von mir nahm einmal an einer Talkshow teil. Einer der Gäste war ein Schwarzafrikaner, der einen Kaftan trug. Mein Bekannter ging davon aus, dass der Mann frisch aus Afrika eingeflogen sei und wahrscheinlich wenig oder gar kein Deutsch spreche, und begrüßte ihn mit der englischen Floskel: „How do you do?" Die Antwort des Mannes: „Jo mei, mia gehts fei guat, wie man bei uns in Bayern sogt." Treffer, versenkt! Mein Bekannter war sehr betreten.

Ein guter Freund erzählte mir einmal sehr ehrlich, was in ihm vorgeht, wenn er Obdachlose sieht. Er geht automatisch davon aus, dass sie erstens alkoholisiert sind und zweitens stinken, und er ekelt sich. Er ist dankbar, dass er sein Leben im Griff hat und niemals so abrutschen wird. Im Klartext: Er legt eine möglichst große Distanz zwischen sich und „die da" und bastelt sich Konstruktionen, die Obdachlosen zumindest eine Mitschuld an ihrer Lebenssituation geben. Und zwar allen. Er sieht sie nur als Gruppe.

Drittes Beispiel: Ein befreundeter Musiker, der so wie ich dunkle Haut hat, wurde von einem Veranstalter zu einem Auftritt nach Rügen eingeladen. Er zögerte lange. Rügen? Wo die AfD fast 50 % der Stimmen geholt hat? Vor seinem inneren Auge erschienen an Bushaltestellen herumlungernde Neonazis, die bei erster Gelegenheit auf ihn losgehen würden. Oder Wutbürger*innen, die mit Forken und Stöcken am Bahnhof warteten. Und selbst wenn er heil am Veranstaltungsort ankäme: Würden die Konzertbesucher*innen einen schwarzen Musiker überhaupt akzeptieren? Die Leute dort haben doch nie Kontakt zu Menschen mit anderer Hautfarbe. Am Ende fuhr er doch hin – und erzählte nach der Rückkehr geradezu beschämt, wie herzlich er behandelt worden sei und wie nett alle gewesen seien, denen er begegnet war. Er sei mit offenen Armen empfangen worden. Er schwärmte geradezu von Rügen und den Menschen dort. Natürlich relativiert diese positive Erfahrung nicht den brutalen und im Ernstfall tödlichen Rassismus, den es in vielen Regionen Deutschlands gibt. Aber das pauschale Vorurteil des Kollegen – alle Rügener*innen sind Rassist*innen – wurde aufs Angenehmste enttäuscht. Und er war bereit, sein Bild zu revidieren und auch differenzierter über Ostdeutsche zu denken und zu sprechen.

Die drei erzählten Beispiele haben eines gemeinsam, und das ist ihr Protagonist. Er heißt in allen drei Fällen Marius Jung. Denn natürlich bin ich nicht frei davon, Pauschalurteile zu fällen, nur weil ich wegen meiner Hautfarbe regelmäßig deren Opfer werde. Wer das glaubt, ist möglicherweise in die Falle der positiven Diskriminierung getappt. Schließlich ist auch die Vorstellung, ein Schwarzer könne keine Vorurteile hegen und erst recht kein Rassist sein, ein Pauschalurteil aufgrund der Hautfarbe, das nicht das Individuum sieht, sondern die Gruppe. Natürlich bedroht dieser „Gutmenschen-Rassismus" niemanden mit dem Tod, aber auch er beruht auf einem Vorurteil. Es ist eben alles nicht so einfach.

Vorwort

Mein Buch entsteht in einer wilden Zeit. Die Diskussion über Rassismus hat die Gesellschaft – endlich! – erfasst. Der Mord an George Floyd durch einen weißen US-Polizisten im Mai 2020 hat etwas aufgebrochen. Wie vor einigen Jahren bei der #MeToo-Debatte über Sexismus und sexuelle Belästigung wagen viele erstmals, öffentlich über den Rassismus zu sprechen, den sie täglich erleben. Dadurch wird auch vielen Betroffenen erst das Ausmaß des Problems jäh bewusst – und sie reagieren mit verständlicher Wut darauf, dass sie so lange allein mit den Schmerzen, Kränkungen und Verletzungen waren. Gräben reißen auf. Mit nachvollziehbarer Ungeduld, mit kämpferischer Wut, manchmal auch mit Verbissenheit fordern manche sofortige Veränderungen oder formulieren bittere Vorwürfe. Und manche schreiben allen Weißen pauschal bestimmte Eigenschaften zu.

Auch Übertreibungen gehören zu diesem Prozess des Aufbrechens; ich verstehe, wie sie zustande kommen. Und sie haben auch ihren Sinn, weil sie die Größe des Problems und der Frustration sichtbar machen. Denn der Rassismus liegt wie ein altes, verfilztes und schwer zu beseitigendes Wurzelwerk knapp unter dem Boden, auf dem wir gehen und stehen. Manchmal drängt eine seiner riesigen hässlichen Wurzeln ans Tageslicht: Hass. Gewalt. Tod. Darüber stolpern dann viele. Sie halten kurz inne, schütteln ungläubig und vielleicht auch empört den Kopf – und gehen danach weiter ihrer Wege. Aber der Rassismus bleibt die ganze Zeit da. Direkt unter uns. Er verletzt und schmerzt jeden Tag. Auch der, der nicht, wie die Todesqualen von George Floyd, mit der Handykamera gefilmt wird.

Zum Glück hat sich jetzt ein vielstimmiger Proteststurm erhoben. Die weißen Mehrheitsgesellschaften werden schärfer und hartnäckiger mit der ungleichen Chancen- und Machtverteilung konfrontiert. *Black, Indigenous, People of Color* (BIPoC), zu den Begriffserklärungen komme ich noch, werden permanent benachteiligt, und der Protest dagegen ist notwendig und berechtigt. Aber er kann nicht das Ende sein.

Denn wenn die Anklageschriften geschrieben, die Analysen erstellt, die Appelle formuliert sind, dann stellt sich eine Frage: Und jetzt? Genügt uns diese Bestandsaufnahme? Betrachten wir den Rassismus als unausrottbares Übel und begnügen uns mit wiederkehrender Empörung? Nehmen wir hin, dass unsere Gesellschaft sich weiter spaltet, wie die der USA, und in Gruppen zerfällt, die nicht mehr miteinander kommunizieren, sondern sich nur noch wütend attackieren und sich ansonsten in ihre Identitätsräume zurückziehen? Oder sollen wir unsere Hoffnung in militanten Antirassismus setzen, in den Kampf einer Minderheit gegen die unbelehrbare Mehrheit? Dieselben Fragen stellen sich im Übrigen für jede andere Form der gruppenbezogenen Diskriminierung – von Antisemitismus über Homophobie und Behindertenfeindlichkeit bis Sexismus.

Wie also geht es weiter, wenn der berechtigte Zorn auf dem Tisch liegt? Ich will, dass wir als Gesellschaft trotzdem im Gespräch miteinander bleiben. Ich will nicht, dass wir uns als feindselige Gruppen gegenüberstehen und in Schützengräben verschanzen. Denn wir sind mehr als Angehörige eines Geschlechts, Mitglied einer (oder keiner) Religion, Träger*innen einer Hautfarbe – wir sind auch Nachbar*innen, Kolleg*innen und Staatsbürger*innen. Und als solche sollten wir miteinander reden können. Wenn es besser werden soll, müssen wir das gewaltige Thema Rassismus gemeinsam angehen, bei aller Angst, Frustration und Anstrengung, die ein solcher Prozess mit sich bringt. Wir haben keine Wahl, wenn wir als Gesellschaft ein gutes Miteinander gestalten wollen. Ich bin sicher: Die Diskriminierung von Gruppen beruht nicht immer auf Bösartigkeit. Oft stecken Unwissen, Angst, Gedankenlosigkeit und fehlende Selbstreflexion dahinter. Damit der Kampf gegen Rassismus ein gesellschaftlicher Prozess bleibt und nicht zum Krieg ausartet, ist es wichtig, seine in ihren Ursachen verschiedenen Erscheinungsformen auch unterschiedlich zu behandeln. Bösartigem und gewalttätigem Rassismus muss man anders begegnen als arg- und ahnungslosem. Nicht zu vergessen den duldenden Rassismus derer, die bei Beleidigungen und Übergriffen gegen Mitmenschen schweigen und wegschauen.

Allen gemeinsam ist jedoch eins: ein Mangel an Respekt. Wer sein Gegenüber nicht als Individuum wahrnimmt, sondern aufgrund seiner Hautfarbe in eine Schublade steckt oder Schlimmeres, verweigert ihm die Begegnung auf Augenhöhe, also den Respekt, den alle Menschen einander schulden. Zum Respekt gehört auch, anzuerkennen, dass es Rassismus gibt – auf dem Arbeitsmarkt, auf dem Wohnungsmarkt, bei Behörden und Sicherheitsorganen und selbst in Familien, kurz: überall. Und um ins Gespräch zu kommen, sollte man anerkennen, dass erstens rassistische Strukturen existieren und zweitens niemand frei ist von Ressentiments. Um Empathie mit den Opfern des täglichen Rassismus zu empfinden, ist wichtig zu wissen, wie er sich äußert und anfühlt. Wir benötigen die Bereitschaft, solche Informationen an uns heranzulassen, anstatt sie abzublocken oder zu ignorieren.

Meine Überzeugung lautet: Dort, wo Rassismus kein offenes, ganz bewusstes Programm ist, sondern andere Gründe hat, kann man was machen. Dafür ist es wichtig, gedankenlos Schwatzende nicht gleichzusetzen mit rechtsradikalen Mörder*innen. Der Satzanfang „Ich bin kein Rassist, aber …" ist zu Recht einer der meistgehassten unter Menschen mit einem dunkleren Teint. Aber er formuliert trotzdem ein anderes Programm als der Satz: „Klar bin ich Rassist. Und Neger gehören totgeschlagen."* Wenn wir nicht alle in einen Topf schmeißen, auf dem „Rassismus" steht, gibt es die Chance auf Kommunikation mit den Nichtböswilligen. Dabei hilft Humor statt Verbissenheit. Konstruktives statt Destruktives. Diskussion statt Geschrei. Argument statt Empörung. Weil wir ein respektvolles Miteinander erreichen wollen.

Natürlich erhebe ich nicht den Anspruch, für „die Schwarzen" zu sprechen. Ich spreche für Marius Jung – und wenn mir andere im einen oder anderen Punkt zustimmen, freue ich mich. Ich bin nicht vollkommen, sondern fehlbar. Es kann also sein, dass ich in einigen Jahren manche Dinge anders formulieren würde oder sie sogar als Irrtum betrachte. Auch das gehört zu einem Diskurs.

Dieses Buch wendet sich an alle, die vielleicht verschiedene Wege wählen, aber das gleiche Ziel haben: keinen Rassismus, keinen Sexismus, keine Diskriminierung. Vor allem an jene, die der Meinung sind, dass eine Gesellschaft aus mehr besteht als aus einzelnen, voneinander separierten Gruppen. Sondern aus Gemeinschaft.

Auf die Frage „Wie sagt man denn nun richtig?" und die N-Wort-Diskussion gehe ich im Buch ausführlich ein. An dieser Stelle zum Verständnis nur eine kurze Erläuterung: Die Abkürzung „PoC" steht für „People of Color", die inklusive

---

* Wie ihr merkt, bin ich der Meinung, dass man das N-Wort durchaus verwenden darf – um Rassist*innen zu zitieren und damit bloßzustellen. Dazu mehr im Buch.

Sammelbezeichnung „BIPoC" für Schwarze, Indigene und nicht-weiße Menschen. Mir ist bewusst, dass „BIPoC" ziemlich sperrig und technisch klingt und nicht gut zu meinem Anliegen passt, dieses Buch in gutem und angenehm zu lesendem Deutsch zu schreiben. Vielleicht finden wir ja mal sprachlich schönere Wörter für „Nicht-Weiße". (Dieser die Negation betonende Ausdruck ist auf jeden Fall auch nur eine Behelfslösung.) In Ermangelung einer überzeugenden Alternative benutze ich „BIPoC" ab und zu – und betrachte es, ähnlich wie das Gendersternchen, als eine Art sprachlichen Stolperstein: Man stutzt und hält kurz inne, weil man an etwas erinnert wird. Ohne diese Erinnerung wäre das Leben und Lesen ruhiger und bequemer. Aber Verdrängen ist keine Option.

Ich arbeite aber mit verschiedenen Ausdrücken. Wie bei jeder Sprachveränderung, die ich annehmen möchte, muss ich eine Übergangs- und Gewöhnungsphase einplanen. Angeregt durch die Übersetzung des schönen Buchs *Mädchen, Frau etc.* von Bernadine Evaristo verwende ich, so oft es geht, die englisch-deutsche Wendung „Menschen of Color". Das ist auch nicht optimal, aber immer noch eleganter als „BIPoC". Immer wieder nutze ich auch das Wort, mit dem ich mich lange Zeit selbst bezeichnet habe: schwarz. Weiße und Schwarze – das schien mir immer logisch, als grobe Unterscheidung. Die Anmerkung, ich sei ja gar nicht schwarz, sondern eher braun, konnte ich immer gut parieren. Denn eines war sicher: Wer auch immer das anmerkte, war selbst weder schwarz noch weiß. Es gibt keine Menschen, die tatsächlich weiß sind. Oder schwarz. Wir alle haben Haut, und die ist mal so, mal so getönt. Mehr ist nicht dabei. Es ist nur ein Pigment, Leute. Aber an der richtigen, respektvollen Sprache für diese Tönungen arbeiten wir noch.

Der Titel dieses Buchs lautet: *Wer wird denn da gleich schwarzsehen*. Will ich damit sagen: „Ist doch alles paletti"? Natürlich nicht. Was ich – im Unterschied zu manch anderen Autor*innen – nicht pessimistisch betrachte, ist die Zukunft. Ich glaube, dass wir die Möglichkeit haben, friedlich zusammenzuleben und die Haut-Sache zur Nebensache werden zu lassen. Dafür müssen wir alle uns aber die Vergangenheit und die Gegenwart bewusst machen. Und das heißt: die Realität von Rassismus anzunehmen.

Mit meinem Buch möchte ich möglichst unaufgeregt aufklären und eine Gesprächsbasis schaffen. Weil ich überzeugt bin, dass eine Mehrheit an einer konstruktiven Veränderung und Verbesserung unseres Zusammenlebens interessiert ist. Ich bin Optimist und sehe nicht schwarz für uns als Gesellschaft. Mein Buch will also mehr sein als eine weitere Diagnose oder Anklage. Lasst es uns doch mal mit einem Gespräch versuchen statt mit Geschrei. Ich halte es also mit dem großen Kabarettisten Hanns Dieter Hüsch, der in seinem *Lied vom runden Tisch* für das Gespräch aller mit allen plädiert – mit einer Ausnahme:

„… alle reden und trinken, essen und denken
Nach Herzenslust und Gelüsten
Mit Ausnahme der Faschisten!"

Ich wünsche dir eine gute Zeit mit meinem Buch.

Was ist Rassismus?

Eine Szene in einem Restaurant in Tunesien. Der Kellner kommt an den Tisch, um die Getränkebestellung aufzunehmen. Die beiden Frauen führen gerade folgenden Dialog: „Petra, pass auf deine Handtasche auf. Am Nebentisch sitzt so ein … Dunkelhäutiger. Oder wie sagt man heute? Meine Tochter hat mir beigebracht, nicht mehr rassistisch zu reden." Dann bestellen sie sich Cocktails. Kurz danach bringt der Kellner zwei Plastikeimer mit langen Strohhalmen darin. Die Frauen sehen ihn entgeistert an. Der Kellner fragt: „Kommen Sie nicht aus Deutschland?" Die beiden nicken. „Aber …" Der Kellner fährt fort: „Ich habe vor ein paar Jahren auf Mallorca gearbeitet und dort gesehen, dass Deutsche aus Eimern trinken. Deshalb habe ich extra immer einige Eimer hier. Prost!"

Das mit den Eimern ist absurd, oder? Wie kann man nur so verallgemeinern!

Nehmen wir den Begriff „Rassismus" zunächst einmal wörtlich. Dann wird deutlich, dass das Konzept auf einer pseudowissenschaftlichen Absurdität beruht: der Behauptung, dass es zwischen manchen Ethnien so große genetische Unterschiede gebe, dass man wie im Tierreich von „Rassen" sprechen könne. Die Gene sorgten, so die Behauptung, unter anderem für Unterschiede in der Intelligenz und im Sozialverhalten. Auf der Grundlage dieser aus der Biologie entlehnten Idee werden Rangunterschiede zwischen den verschiedenen „Rassen" behauptet. Um diese Annahme auch nur in Betracht zu ziehen, müssten sich die Gene der Angehörigen angeblicher Rassen allerdings auch unterscheiden. Aber die Erbinformation von uns Menschen ist zu mehr als 99 Prozent identisch. Und der nicht einmal ein Prozent große Rest sorgt für eine bunte Vielfalt, die sich durch alle Kontinente und Ethnien zieht, sodass biologisch gesehen keine sinnvolle Einteilung in verschiedene Rassen möglich ist. Eine blonde Frau kann mit mir als Mensch of Color genetisch mehr gemeinsam haben als ein Schwarzer. Rassismus lässt sich also biologisch nicht begründen. Aus diesem Grund gibt es auch Bestrebungen, das Wort „Rasse" im Antidiskriminierungs-Artikel 3 des Grundgesetzes durch „aus rassistischen Gründen" zu ersetzen. Denn mit diesem Paradox werden wir noch eine Weile leben müssen: Auch wenn es keine menschlichen Rassen gibt, gibt es rassistische Menschen.

Und doch nehmen viele Kulturen körperliche Unterschiede zum Anlass, Gruppen zu bilden und „andere" zu definieren. Aber diese Kategorien sind willkürlich. Hautfarbe ist wohl eines der beliebtesten Merkmale zur Einteilung von Ethnien. Aber auch diese Einteilung ist widersinnig. Menschen aus dem südlichen Indien gelten als „Asiat*innen", obwohl ihre Haut in der Regel dunkler ist als die der „Schwarzen" im südlichen Afrika. Dabei dachte ich ja immer, Asiat*innen seien gelb. Diese gesamte Farbenlehre der Hauttöne taugt allenfalls zur *Beschreibung* eines Menschen. Eine *Bewertung* anhand des Hauttones hingegen ist nicht sinnstiftend, sondern diskriminierend.

Rassist*innen können nicht glauben, dass es keine relevanten genetischen Unterschiede zwischen Menschen verschiedener Hautfarbe gibt. Sie empfinden eine andere Tönung des Teints als so fremd, dass sie glauben wollen, dahinter stecke eine fundamentale Ursache. Und sie meinen, man könne anhand des

Attributs „Hautfarbe" Menschen typisieren. Aber das ist Unsinn. Man könnte genauso gut angebliche Rassen bilden, die sich durch den Körperfettanteil unterscheiden. Oder durch die Haarfarbe. Oder durch das Verhältnis von Rumpf- zu Beinlänge: Die Rasse der Sitzriesen könnte dann der der Sitzzwerge intelligenzmäßig überlegen sein. Wäre alles pseudowissenschaftlich machbar. Bliebe aber Unsinn. Niemand kann den Charakter oder die Staatsangehörigkeit eines Menschen von außen auf einen Blick erkennen. Der Volksmund weiß das schon lange: „Du kannst den Leuten nur vor den Kopf gucken." Hautfarbe verrät nichts über das Bewusstsein. Sie lässt nicht erkennen, was wir denken, und nicht, was wir fühlen. Sie erzählt uns nichts über die Person, die vor uns steht. Und vermeintliche oder tatsächliche Herkunft ergibt deshalb auch keinen begründeten Anfangsverdacht für irgendwas. Wie in unserem Beispiel zu Beginn: Weder die Sprache der beiden Frauen noch die Hautfarbe des Kellners sagt etwas über ihren Charakter, ihr Sozialverhalten und ihre kulturellen Gewohnheiten aus. Alle dunkelhäutigen Männer sollen angeblich klauen? Und alle Deutschen trinken aus Eimern? Diese kollektive Verurteilung scheitert, weil sie auf einer unlogischen Annahme beruht: Kein Staatsvolk, keine Religionsgemeinschaft, keine Ethnie ist eine homogene Gruppe. *Den* deutschen Menschen gibt es genauso wenig wie *die* Araberin, *den* Juden und *den* Schwarzen.

Die Wiege der Menschheit liegt bekanntlich in Afrika. Ob die Aborigines in Australien, die Uigur*innen in China oder wir Rheinländer*innen hier in Deutschland – von der Abstammung her sind wir alle Afrikaner*innen. Aus einer kleinen Gruppe von Migrant*innen entstanden dann all die Ethnien, die wir heute außerhalb Afrikas kennen. Über Jahrtausende haben sich die Menschen auf den Kontinenten verteilt – und ihre genetische Zusammengehörigkeit war da schon lange besiegelt. Im

Laufe der Zeit passte sich die Haut der ausgewanderten Afrika-ner*innen an die jeweiligen Klimazonen an. Waren ursprüng-lich alle Menschen schwarz, so haben wir heute einen wunder-vollen Reigen aller Hauttöne. Weiße sind mithin nichts anderes als Afrikaner*innen, die ihre Farbe verloren haben. Und angeb-liche menschliche „Rassen" sind nur eine soziale Konstruktion.

Einen Unterschied mit der Hautfarbe zu begründen wäre so, als würde man einen grün lackierten VW Golf für ein komplett an-deres Auto erklären als ein gelb lackiertes, aber ansonsten iden-tisch ausgestattetes Exemplar desselben Modells.

Entfernen wir uns von der biologischen Bedeutung des Be-griffs „Rasse". Eine brauchbare Definition des Rassismus als ge-sellschaftliches Phänomen darf weder zu eng noch zu weit sein. Hätte man vor einigen Jahrzehnten die (West-)Deutschen be-fragt, was Rassismus ist, hätten die meisten vermutlich ge-antwortet: „Gewalt gegen Schwarze." Und dabei hätten sie bei-spielsweise den Ku-Klux-Klan vor Augen gehabt, im fernen Amerika. Diese extrem verkürzte und eingeschränkte Defini-tion ist einer der Gründe dafür, dass sich in der BRD die Über-zeugung herausbildete, wir hätten hier kein Rassismusproblem. Weil es keine öffentlich sichtbaren Gewalttaten gegen Schwarze gab oder diese nicht als rassistisch erkannt und gedeutet wur-den. Und weil es sehr wenige Schwarze in Deutschland gab. Die damals entstandene Überzeugung, es gebe bei uns keinen Rassismus, war und ist extrem hartnäckig.

Die Diskussionen seit dem tragischen Fall George Floyd haben dankenswerterweise deutlich gemacht, dass Rassismus mehr ist als das offene Beleidigen, Beschimpfen, Diskriminieren oder gar Angreifen eines Menschen mit anderer Hautfarbe. Es gibt in der Gesellschaft tiefliegende rassistische Strukturen, die den Handelnden nicht bewusst sein müssen und dennoch diskriminierend sind – etwa beim „Racial Profiling", also diskriminierenden Polizeikontrollen, oder bei der Vergabe von Wohnungen, Jobs und Filmrollen. Auch wenn alle Beteiligten glaubhaft versichern, persönlich keine rassistischen Gedanken zu hegen, haben sich diese Gewohnheiten eingeschliffen und bestehen weiter. Oft wird das „struktureller Rassismus" genannt. Der Begriff weist darauf hin, dass der Kampf gegen den Rassismus mehr braucht als nur das vernünftige Gespräch mit den gedankenlosen Nachbar*innen, Kolleg*innen oder Verwandten. Er ist vielmehr eine politische und gesellschaftliche Aufgabe.

Diese Erkenntnis der strukturellen und institutionellen Probleme war nötig und überfällig – sie hat viele blinde Flecken enttarnt und den Blick für systemischen Rassismus und tief verborgene und anerzogene rassistische Sichtweisen geöffnet. In der letzten Zeit allerdings schlägt das Pendel, wie so oft, in die gegenteilige Richtung aus: Bei manchen Aktivist*innen gilt mittlerweile praktisch alles, was Weiße tun oder mögen, als rassistisch, und es wird teilweise eine Art „rassistische Erbsünde" konstruiert, die Weiße schon im Kindesalter zu „toxischen" Geschöpfen macht. Das hat manchmal seinerseits rassistische Züge.

Ich bevorzuge einen Begriff von Rassismus, der nicht uferlos ist und der nicht zum Ergebnis führt, dass alle Weißen Rassist*innen sind. Denn eine solche Definition wäre fruchtlos und ohne jede Trennschärfe – also etwa so unsinnig wie die Behauptung, das „kavalierhafte" Offenhalten einer Tür für eine Dame sei sexistisch und gehöre also in dieselbe Kategorie wie ein gewaltsamer sexueller Übergriff. Ich möchte weiterhin unterscheiden dürfen zwischen bewusst feindseligem Verhalten und der unbewussten Reproduktion rassistischer Stereotypen. Wie schon im Vorwort ausgeführt, steht für mich der Nazi, der mich körperlich attackiert, weil ihm meine Hautfarbe nicht passt, auf einem anderen Blatt als die ältere Dame, die seit ihrer Jugend „Negerkuss" sagt und bis heute keine Ahnung vom rassistischen Charakter dieser Süßigkeitenbezeichnung hat. Objektiv handeln beide rassistisch, aber ihre sehr unterschiedlichen Absichten auszublenden finde ich falsch. Und doch: Überwinden müssen wir beides. Dabei hilft es übrigens, wenn man möglichst sorgfältig unterscheidet, was jemand *tut* und was jemand *ist*. Wir alle kennen den Unterschied in der Empfindung, wenn uns gesagt wird: „Das war jetzt gerade nicht so schlau von dir", oder wenn man hört: „Du bist ein Idiot!" Und genauso sollte man nachdenken, bevor man behauptet: „XY ist ein Rassist/eine Rassistin" – auch wenn man eigentlich nur der Meinung ist, er oder sie habe etwas gesagt, das als rassistisch verstanden werden könnte. (Selbst das muss ja nicht immer stimmen, nur weil es jemand meint.) Dem Schriftsteller George Bernard Shaw wird ein Satz zugeschrieben, der wie ich finde eine gute Mahnung ist: „Eines der traurigsten Dinge im Leben ist, dass ein Mensch viele gute Taten tun muss, um zu beweisen, dass er tüchtig ist, aber nur einen Fehler zu begehen braucht, um zu beweisen, dass er nichts taugt." Das sollte man durch verallgemeinerndes Reden nicht befördern.

Hier also in fünf Sätzen meine Definition des aktuellen Rassismus (die sich natürlich auf diverse Ansätze stützt):

1. Rassist*innen definieren anhand bestimmter Merkmale wie der Hautfarbe und der geografischen und/oder kulturellen Herkunft Menschengruppen oder „Rassen".
2. Sie behaupten, dass es einen Zusammenhang gebe zwischen diesen Merkmalen (zum Beispiel der Hautfarbe) einerseits und bestimmten Eigenschaften (zum Beispiel geringere Intelligenz oder Faulheit oder Unehrlichkeit) andererseits.
3. Diese Eigenschaften haben angeblich alle Mitglieder der jeweiligen Gruppe oder „Rasse" gemeinsam.

4. Es gibt eine wertende Hierarchie der Gruppen oder „Rassen".
5. Die Mitglieder „höherer Rassen" beanspruchen mit Hinweis auf diese Hierarchie, also ihre „natürliche Überlegenheit", das Recht, die ihrer Meinung nach niedriger stehenden Gruppen oder „Rassen" zu benachteiligen, zu unterdrücken, auszubeuten und gegebenenfalls zu vernichten.

Zusammengefasst bedeutet Rassismus: Menschen auf ihre Herkunft und/oder ihr Aussehen reduzieren, ihnen kollektive (in der Regel negativ besetzte) Merkmale zuschreiben und sie durch Sprechen, Handeln oder Unterlassen benachteiligen.

Und wie kam der Rassismus nun in die Welt? Um die *heute* wirksamen Ursachen von Rassismus geht es im folgenden Kapitel 2. Hier sollen vorerst nur die Theorie von der Ungleichheit der „Rassen" sowie die Motive beleuchtet werden, die einst zu dieser Theorie führten. Obwohl das Wort „Theorie" einen an „Wissenschaft" erinnert, sollte man dieses Wort in diesem Zusammenhang eigentlich nur in Anführungszeichen verwenden. Denn beim Gedankengebäude „Rassismus" handelt es sich nicht um Wissenschaft, sondern um eine interessengeleitete Ideologie – an deren Formulierung sich schändlicherweise auch viele Wissenschaftler*innen beteiligten.

Der Ursprung des Abwertens von Menschengruppen ist die Sklaverei, also das Ausüben von Macht und Gewalt. Für entwickelte Gesellschaften war es seit jeher problematisch, wenn die Herrschenden Angehörige ihres Volkes, also ihresgleichen, zu unfreien Arbeitstieren degradierten. Also musste das „ihresgleichen" wegdefiniert werden, indem man Menschen, die Sklavenarbeit verrichten mussten, als niedere Wesen betrachtete. Irgendwann begann man, systematisch die Angehörigen fremder, durch Krieg unterworfener Völker zu versklaven – meist aus Afrika. Und da sich deren Äußeres von dem der Sklavenhalter*innen unterschied, übertrug man das abwertende Urteil über Sklav*innen nach und nach auf die unterworfenen Völker, also auf Menschen mit dunklerer Haut. Das fiel umso leichter, als die „anderen" ohnehin in vielen Kulturen herabgesetzt wurden. Perfiderweise „bestätigt" wurde das negative Urteil, weil der Status als Sklav*in natürlich nicht ohne Wirkung auf Wesen und Verhalten der Versklavten blieb – wie eine schreckliche sich selbst erfüllende Prophezeiung. Wer zum Zwangsarbeiten und zum Eigentum von Besitzer*innen degradiert ist, verhält sich irgendwann auch ängstlich, misstrauisch und unterwürfig. Und wird verständlicherweise wütend.

Folgt man dem Historiker Egon Flaig,[1] gab es einen Rassismus, der nach Hautfarben unterschied, erstmals im arabischen Reich des 9. Jahrhunderts. Das Wort „Rasse" geht demnach auf das arabische „ras" für „Kopf" zurück. Als am positivsten bewertete Norm galt bei den Araber*innen ihre eigene, bronzene Hautfarbe – während sowohl die blassweißen Nordeuropäer*innen als auch die versklavten Afrikaner*innen als minderwertig betrachtet wurden. Eine theologische Scheinrechtfertigung der Sklaverei schufen die Araber*innen durch eine verfälschte Überlieferung aus dem Alten Testament: Ham, einer der Söhne Noahs, wurde verflucht – aber davon, dass der Fluch in einer Schwarzfärbung seiner Haut bestanden habe, war ursprünglich nicht die Rede. Diese fromme Lüge setzte sich erst durch, als man eine Rechtfertigung für das Versklaven von Schwarzen und den Handel mit ihnen brauchte. Im Christentum des Mittelalters war Ham hingegen nicht schwarz – aber das galt nur so lange, bis die Europäer*innen mit Beginn der Neuzeit den Sklavenhandel von den Araber*innen übernahmen. Diese Übernahme war die Geburt des europäischen Rassismus und der ihn stützenden „Theorien". Und mit der Ausweitung des Sklavenhandels in Richtung Süd- und Nordamerika sowie mit der Gründung von Kolonien verfestigte sich die praktische

Ideologie von der Minderwertigkeit von Afrikaner*innen immer mehr. Die Diskreditierung ganzer Volksgruppen schuf die scheinbare Rechtfertigung für deren Ausbeutung, für Zerstörung, Raub, Versklavung und Mord. Dahinter stand eine politische und wirtschaftliche Absicht. Die pseudowissenschaftliche Begleitmusik kam erst später dazu. Beispielsweise änderte sich ab dem 16. Jahrhundert die Methode, gute von gottlosen Menschen zu unterscheiden. War es bisher die Taufe gewesen, die Zugehörigkeit schuf, musste man sich nun etwas Neues ausdenken, denn die Kirche drang auf die Zwangstaufe möglichst vieler neuer Schäfchen. So entstand als Ersatz die Vorstellung, es sei „das Blut" (heute würde man von den Genen sprechen), das Menschen wertvoll oder wertlos mache. Kurz: die Rasse.

Vor einer besonderen Herausforderung stand die Aufklärung des 18. Jahrhunderts – schuf sie doch die Idee der allgemeinen Menschenrechte. Weil die Ausbeutung und Versklavung Afrikas aber längst eine wichtige Grundlage des europäischen Wohlstands war, intensivierten sich die „wissenschaftlichen" Bemühungen, durch eine „Rassenlehre" klarzustellen, dass Afrikaner*innen keine Menschen im Sinne der Menschenrechte seien. Sie seien wild und ohne Seele und daher minderwertig. Einer der größten Denker*innen der Aufklärung, Immanuel Kant, trug Folgendes zur Absicherung der weißen Herrschaft bei: „Die Menschheit ist in ihrer größten Vollkommenheit in der Rasse der Weißen. Die gelben Indianer haben schon ein geringeres Talent. Die Neger sind weit tiefer, und am tiefsten steht ein Teil der amerikanischen Völkerschaften."[2] Auf die Rolle der Aufklärung und auf die Frage, wie man angesichts unseres heutigen Wissens mit Kant umgehen soll, gehe ich in den späteren Kapiteln näher ein.

Bis ins 18. Jahrhundert war die Bewertung von Menschen anhand der Hautfarbe noch nicht so verfestigt. Von einem Schwarzen, der durch eine europäische Stadt lief, hätte man angenommen, dass er aus einer sonnenscheinreichen Gegend stamme.[3] Über Vererbung und „Rassen" wussten die allermeisten noch nichts. Ihren Höhepunkt erreichten der Rassismus und mit ihm die kolonialistische Grausamkeit erst im 19. und Anfang des 20. Jahrhunderts. Berüchtigt ist der belgische König Leopold II., unter dessen Herrschaft die Hälfte der Bevölkerung des Kongo massakriert wurde, das waren zehn Millionen Menschen. Den Feldarbeiter*innen, die ihr Tagespensum nicht schafften, ließen die katholisch-christlichen Kolonialherr*innen eine Hand abhacken. Die deutsche Kolonialmacht herrschte sowohl in Kamerun als auch im Südwesten Afrikas blutig. Dort, in Namibia, schlugen die deutschen Kolonialist*innen den Aufstand der Herero brutal nieder. Die überlebenden Männer, Frauen und Kinder trieben sie in die Wüste und verweigerten ihnen den Zugang zu den Wasserstellen. Zehntausende Menschen verdursteten; insgesamt starben 75 000 Menschen. Hier geschah einer der schlimmsten Völkermorde – was die Bundesregierung im Mai 2021 auch endlich offiziell anerkannte. Und die Europäer*innen, die all das anrichteten, waren überzeugt, auf einer höheren Zivilisationsstufe zu stehen als die Völker, denen sie all dies antaten – und sie hatten ja den Segen der Kirchen.

Fassen wir zusammen: Rassismus ist eine Ideologie. Sie wurde erfunden, um Ausbeutung und Unterdrückung zu rechtfertigen. Rassismus ist ein Machtinstrument. Er entstand immer im Zusammenhang mit imperialistischen Bestrebungen, die behaupteten, es gebe verschiedene Menschenrassen. Rassismus wertet Menschen anhand ihres Äußeren, ihres Namens, ihrer Herkunft oder sogar ihrer Religion ab. Nachdem diese Vorstellung genetisch verschiedener Menschenrassen durch die Wissenschaft verworfen wurde, fokussierte man sich, um sich am Hass festzuhalten, auf die angeblich unüberwindlichen

Kulturunterschiede. Wobei natürlich auch hier vorausgesetzt wird, dass die Menschen eines Kulturkreises allesamt dieselben Eigenschaften haben. Und so denken ausgerechnet Angehörige einer westlichen Gesellschaft, die den Individualismus zur Ersatzreligion erhoben hat …

Es gibt keine vernünftigen Gründe für eine Rassenlehre. Wir alle sind von derselben Art.

„Ich schwieg und lächelte es weg": Meine Rassismusgeschichte

Aufgrund meiner dunkleren Hautfarbe werde ich gerne auf Englisch angesprochen. Oder zwar auf Deutsch, aber sehr laut und langsam, weil ich ja vermutlich *nix verstehn*. Wegen meines Aussehens gehen immer noch sehr viele davon aus, dass ich zu Besuch aus Afrika hier bin. Oder zugewandert. Um es satirisch zuzuspitzen: Der Umstand, dass ich in Deutschland geboren und aufgewachsen bin und heute mit meiner Familie nicht in einer Hütte, sondern in einer Dreizimmerwohnung in Köln am Rhein wohne, wo wir uns auf Deutsch unterhalten, stört die Erwartungen. Er passt nicht in die mir zugedachte Schublade, auf der wahlweise „böser Fremder" oder „armer Schwarzer" steht. Über all das musste ich mir jedoch erst einmal bewusst werden. Das war ein langer und manchmal schmerzhafter Prozess. Abgeschlossen wird er wohl nie sein.

Die meiste Zeit meines Lebens verdrängte ich den Rassismus, den ich erfuhr, so gut es ging. Ich wurde 1965 in eine praktisch ausschließlich weiße Mehrheitsgesellschaft hineingeboren und lebte als ein exotisches, dunkleres Exemplar zwischen lauter hellhäutigen Deutschen. Lange Zeit befanden sich die einzigen dunkelhäutigen Menschen, die ich sah, im Fernsehen. Prägend war für mich die Minifernsehserie *Roots* über das Leben des

Sklaven Kunta Kinte, die nach dem Roman *Roots: The Saga of an American Family* von Alex Haley entstanden war und in Deutschland ab 1978 lief. *Roots* war mein erster bewusster Kontakt mit Rassismus, der offen und brutal ausgelebt wurde. Da war ich zwölf. Zum Glück war mir in *Jim Knopf* vorher schon ein schwarzer Held geschenkt worden. Heute kann ich sehen, dass auch der Autor Michael Ende ein Kind seiner Zeit war und das N-Wort benutzte. Den Halt, den mir seine Schöpfung Jim gegeben hat, kann mir diese (nicht sehr überraschende) Erkenntnis zum Glück nicht mehr nehmen. Es gilt dasselbe wie bei *Pippi Langstrumpf* und anderen: Dass das damals noch übliche Wort benutzt wurde, macht diese bezaubernden Kinderbücher nicht zu rassistischen Werken und ihre Autor*innen erst recht nicht zu Rassist*innen. Und ich wünsche allen Kindern, dass sie die wunderbaren Geschichten um Lukas, Emma und Jim Knopf kennenlernen dürfen. Man kann beim Vorlesen ja das N-Wort ändern, wenn man eine Ausgabe hat, in der es noch steht. Oder, besser noch: Es vorlesen und seinen heute allgemein bekannten Charakter erklären. Das ist sicherlich etwas komplexer, denn Kinder können nicht historisch denken. Aber sie werden schließlich dauernd mit Dingen konfrontiert, die sie noch nicht oder nicht vollständig verstehen. Man nennt diesen Prozess „Aufwachsen".

Als Kind stand mir das Wort „Rassismus" für das, was mir aufgrund meiner Hautfarbe geschah, nicht zur Verfügung. Und ich weiß nicht, was ich damals bewusst oder unbewusst mitbekam – etwa vom Getuschel der anderen Eltern, wie die weiße Frau da wohl zu diesem „Negerjungen" gekommen sei. Die Vorstellung ist bedrückend. Wie ich es damals empfunden habe, kann ich tatsächlich nicht sagen. Denke ich heute darüber nach, bin ich empört, wie feindselig das weiße Deutschland damals auf das Ergebnis einer Liaison mit einem amerikanischen

Soldaten reagierte. Gott sei Dank war mein sozialer Vater nicht so gestrickt. Ich wuchs in einer liberalen Blase auf, in der die Freund*innen meiner Eltern, linksintellektuelle Bildungsbürger*innen, mich zumeist freundlich aufnahmen. Aber eines Tages, mit drei Jahren, wurde ich jäh aus dieser Blase gerissen:

Wir wohnten damals in Mainz – und ich sollte in den Kindergarten gehen. Die Vorstellung fand ich semioptimal. In meiner Gruppe war kein einziges Kind aus meiner Siedlung. Und dass ich das einzige dunkelhäutige Kind in der gesamten Einrichtung war, fand ich ebenfalls wenig hilfreich. Einige garstige Kinder belegten mich gleich am ersten Tag mit fiesen Ausdrücken. Ich sage „fiese Ausdrücke", weil „rassistisch" mir unpassend erschiene. Es waren kleine Kinder, die die rassistischen Beleidigungen in ihrem Umfeld aufgeschnappt hatten. Sie konnten deren Tragweite nicht einschätzen. Dreijährige sind nicht reflektiert. Es ging um ein Machtspiel, und da greifen Kinder zur ersten Keule, die herumliegt. Ohne zu wissen, was sie damit anrichten können. Total doof und verletzend fand ich es dennoch. Der dreijährige Marius reagierte mit Fluchtinstinkt: Ich rannte raus auf den Flur und setzte mich unter meinen Mantel an der Garderobe. Das war ein Verhaltensmuster, das ich in den Kaufhäusern von Mainz bereits reichlich eingeübt hatte und das meine Mutter schon so einige Nerven gekostet hatte. Ich saß dort gerne unter den Drehständern mit Klamotten. Es fühlte sich nach Geborgenheit an.

Doch zurück zum Thema Kindergarten: Unter meinem Mantel weinte ich meinen Frust raus und ließ mich lange nicht darauf ein, überhaupt wieder zu den blöden anderen Kindern zurückzugehen. Der Hunger trieb mich irgendwann zurück. Doch meine Entscheidung war gefallen: Ich wollte da nicht sein. Ich wollte nach Hause. An einen sicheren Ort ohne diese Anfeindungen. Mit meinen drei Jahren war ich logischerweise nicht in der Lage, mich zu wehren und die Situation zu überblicken.

Dass die anderen Kinder mich wegen meiner Hautfarbe verspotteten, war objektiv gesehen natürlich Rassismus. Aber woher sollte ich das wissen? Es tat weh, aber ich war auch nur Teil des Chores der Dreijährigen. Wir trampelten voran, ohne zu reflektieren, was wir taten und sagten. Wie kleine Papageien wiederholten wir Gehörtes und beobachteten neugierig, welche Reaktionen unsere Aussagen wohl auslösen würden. Bekomme ich Applaus oder finden die anderen das doof? Ich fand es doof. Und stand damit auf verlorenem Posten. Sprang mir das pädagogische Personal zur Seite? Absurde Frage! Es war Ende der 60er-Jahre – und Rassismus war totale Normalität. Die Erzieherin sagte etwas wie: „Hab dich nicht so", und meinte, damit habe sie ausreichend eingegriffen und geschlichtet. Sie empfand mich wahrscheinlich als überempfindlich. Eine kleine Heulsuse eben. Auch die fehlende Unterstützung erklärt wohl mein schnelles Aufgeben. Meine Mutter holte mich ab und schickte mich nie wieder hin. Ich genoss die Zeit zu Hause mit meiner Mutter, wenn meine beiden Schwestern in der Schule waren. Bis ich dann selbst eingeschult wurde. Und diesmal hatte ich Glück. Ich ging sehr gerne zur Montessorischule. Das freiheitliche Schulkonzept gefiel mir außerordentlich. Es war toll, in einem integrativen und multikulturellen Umfeld zu sein. Da waren Kinder aus der ganzen Welt. Da waren Kinder mit Behinderung. Wir alle spielten miteinander. Vielfalt öffnet unseren Horizont!

Dann zogen wir aufs Land, ins Siebengebirge. Wir hatten ein Haus mit Garten in einem Dorf namens Thomasberg. Drum herum waren Felder und der Wald. In Oberpleis bei Königswinter besuchte ich das Gymnasium am Ölberg. Das Highlight des Ortes war damals der neu gebaute Busbahnhof. Er verband uns mit der Welt. Das Schulzentrum – Gymnasium und Realschule in einem Komplex – war riesig. Ein typischer, monströser Betonklotz aus den 70er-Jahren, in dem man immer fröstelte. Aber immerhin war nicht alles grau: Für die Türgriffe hatten sie Gelb genommen ... Wir nannten das damals gern „humaner Strafvollzug". Zu wenig bunt war mir nach meiner multikulturellen Grundschulzeit in der Stadt auch die Zusammensetzung der ländlichen Schülerschaft: Auf der ganzen Schule gab es genau einen afrodeutschen Jungen. Der war ich. Das ist nur so mittelgut, wenn man unentdeckt seine Umgebung erkunden möchte. Doch ich fand Freunde und Freundinnen. Das machte alles leichter. Nach einigen Jahren kam zu meiner Erleichterung ein zweiter dunkelhäutiger Junge an die Schule. Zur Verwunderung aller kannten wir uns vorher nicht. Und obwohl wir uns ganz und gar nicht ähnlich sahen und er als Kenianer auch viel dunkler war als ich mit meiner weißen Mutter, konnten vor allem viele Erwachsene uns nicht unterscheiden. Das führte zu witzigen Verwechslungen. Dabei verband uns optisch nur die Tatsache, dass wir nicht weiß waren. Dieses Phänomen erlebe ich bis heute. Ich betrachte es nicht als typisch für Weiße und als Ausdruck von Rassismus. Auf der ganzen Welt fällt es Menschen schwer, die Angehörigen von Ethnien, mit denen sie selten in Kontakt kommen, zu unterscheiden. Rassistisch ist nur der patzige Satz: „Die sehen ja auch alle gleich aus." Denn das tun wir natürlich genauso wenig, wie Joko und Klaas gleich aussehen. Oder Laurel und Hardy.

Ich war von Anfang an weiß sozialisiert. Eine schwarze Community fand in meinem Leben kaum statt. Meine Eltern konnten mir auch nichts über meinen Stammbaum oder gar über die Pflege meines Afros beibringen. Als 15-Jähriger hatte ich in einem Friseursalon ein prägendes Erlebnis: Die Friseurin nahm den Langhaarschneider und begann meinen Kopf ohne Sinn und Verstand zu bearbeiten. Dazu muss man wissen, dass es durchaus eine eigene Kunst ist, einen Afro zu schneiden. Aber statt ihre Schwierigkeiten einzugestehen, rief sie quer durch den Laden: „Das ist mehr so, wie ein Schaf zu scheren." Sie wollte wohl nur einen Scherz machen. Aber ich war bis ins Mark getroffen und schämte mich bodenlos. Mir die Normalität absprechen und mich einem Tier gleichzusetzen, verletzte mich tief. Ich war mitten in der Pubertät und mit meiner Selbstfindung beschäftigt. Ich verließ den Laden umgehend und unter lautem Protest. Der Frust musste mal raus. Ich war traurig, verletzt und hatte einen wirklich miesen und unfertigen Haarschnitt. Danach musste ich mich dann selbst eingehend mit der Pflege eines Afros auseinandersetzen, da ich zwei Jahre lang keine Friseursalons betrat. Für die Menschen, denen ich auf der Straße begegnete, war es allerdings egal, ob mein Afro gepflegt war oder nicht – viele griffen gerne beherzt und unangekündigt hinein. Und verstanden überhaupt nicht, dass ich diesen körperlichen Übergriff nicht mochte. Das Angrapschen und die Verletzung meiner persönlichen Sphäre waren doch positiv gemeint.

Immer und immer wieder bin ich damals über unbedarfte Formulierungen, schlechte Scherze, instinktlose Bemerkungen und ignorante Fragen einfach hinweggegangen. Ich wollte auf keinen Fall zickig wirken. Und ich beruhigte mich mit der Annahme, es sei bestimmt nicht böse gemeint. Mit den in uns allen schlummernden Ressentiments habe ich mich nicht auseinandergesetzt. Die rassistischen Strukturen, die sich in unserer Sprache wiederfinden, habe ich nicht erkannt. Und deshalb habe ich den Rassismus nur unbewusst gespürt, wie einen dumpfen Schmerz, den man sich nicht erklären kann. An die Verletzungen durch Sticheleien erinnere ich mich nur noch, weil da kleine Narben sind. Nur die Eskalationen sind mir deutlich im Gedächtnis geblieben. Der Rest ist diffus und liegt im Nebel, weil ich ihn lange Zeit verdrängt habe.

Zwischendurch mal ein wenig Kulturgeschichte: Johann Wolfgang von Goethe war ein begnadeter Schriftsteller. Insbesondere seine Gedichte gehören zum Schönsten, was je in deutscher

Sprache geschrieben wurde. Seine weiße Haut befähigte ihn, Gefühle in Worte zu fassen, wie nur wenige andere es konnten.

Karl Marx war einer der bedeutendsten Sozialwissenschaftler, die es je gab. Sein krauses Haar ermöglichte ihm die hellsichtige Analyse des Kapitalismus, der sich zu seiner Zeit voll entwickelte.

Der Afroamerikaner Jimi Hendrix ist eine Legende des Gitarrenspiels. Er hatte die Musikalität und das Rhythmusgefühl seiner Community im Blut wie wenige andere.

Hand aufs Herz: Ohne die beiden ersten Beispiele wäre Ihnen das dritte nicht besonders aufgefallen, oder? Mir übrigens lange Zeit auch nicht. Als Teenager freute ich mich lieber darüber, wie sehr meine Umgebung schwarze Musiker wie Jimi Hendrix bewunderte – und dass sie deren besondere Musikalität gerne auch mit der Hautfarbe begründete. Das wertete mich als Schwarzen auf. Das war für mich ein Benefit. Wer nimmt den nicht gerne mit? Ein Gesangstalent brachte ich mit – und bestätigte damit alle, die mir ob meiner Hautfarbe einen gewissen Soul andichteten. Aber eine Hautfarbe ist nicht musikalisch. Jimi Hendrix war einer der besten Gitarristen der Welt, weil er hoch talentiert war und für sein Gitarrenspiel lebte. Er war ein Ausnahmekünstler. Das hat aber nichts mit seinem Äußeren zu tun. Und man kann auch nicht allen dunkelhäutigen Menschen mit Afro eine hohe Musikalität zusprechen. So nett der gönnerhafte und herablassende Satz „Singen und tanzen können die alle" auch gemeint sein mag – er schmälert definitiv die Leistung der Einzelnen. Und er ist eine Verallgemeinerung. Das musste ich auch erst im Laufe meines Lebens verstehen: Auch ein positiv gemeintes Vorurteil ist – ein Vorurteil.

Ich singe viel und gerne. Angefangen habe ich schon als Knabe im gemischten Chor der Sängerjugend Siebengebirge. Es folgte der Stimmbruch mit dem Ausschluss aus dem Chor.

Auch wenn ich damals einmal der Versuchung erlag, einem Lehrer Rassismus vorzuwerfen, weil er meine schlechte Arbeit entsprechend benotet hatte – beim Ausschluss aus dem Chor verkniff ich mir so ein dummes „Ich bin das Opfer"-Manöver. Schon weil mit mir lauter weiße Jungs ebenfalls wegen kieksiger Stimmsprünge gehen mussten. Wie dem auch sei: Die Stimme wurde tiefer und der Musikgeschmack rockiger und souliger. Mit 19 Jahren war ich Frontmann in verschiedenen Bands. Wir waren schlecht und hatten Spaß dabei. In meinem Umfeld war es für Bands ein Qualitätsmerkmal, einen dunkelhäutigen Frontmann zu haben. Das gab mir einen Vorschuss. Aus heutiger Sicht hatte es einen faden Beigeschmack: Sie wollten nicht in erster Linie Marius, sondern „einen Schwarzen". Wie schon gesagt: Die Komplimente für meine Stimme wurden meist mit meiner Hautfarbe verbunden. Damals wirkte das auf mich sogar ermutigend. Es war Empowerment, weil es meinen Wert oder genauer gesagt: den Wert meiner dunklen Hautfarbe steigerte. Die ja sonst oft genug zu einer Abwertung führte. Es schien mir also nur gerecht.

Heute kann ich einschätzen, dass die Verbindung einer Fähigkeit wie Musikalität oder Poesie mit der Hautfarbe oder Herkunft eines Menschen ein Kompliment zumindest abschwächt und ent-individualisiert.

Mit Anfang 20 begann ich, Kabarett zu machen. Erst war ich aber nicht in der Lage, meine Hautfarbe auf der Bühne zu thematisieren. Ich hatte keine klare Sicht darauf, was sie für mich bedeutete, weil ich mich niemals mit dem Rassismus auseinandergesetzt hatte, der mich seit jeher begleitete. Erst der Besuch bei meinem leiblichen Vater in Chicago Mitte der 90er-Jahre veränderte meinen Umgang mit meinem Schwarzsein. Ich hatte ihn bis dahin nie gesehen. Das neue und noch recht karge Internet bot die ersten Suchmaschinen. Und tatsächlich fand ich ihn in Chicago. Kurz entschlossen flog ich hin. Chicago, die Stadt des Blues und des Jazz. Der berühmte, altehrwürdige Green Mill Jazz Club und The Cotton Club schenkten mir erstmals die Erfahrung, Weiße nur als Zaungäste zu erleben. Das entlockte mir dann doch ein zufriedenes Lächeln. Es sind die kleinen Dinge, die Freude bringen – aber tatsächlich hatte ich in meinem ganzen Leben noch nie so viele Menschen of Color in einem Raum gesehen. Es war im ersten Moment befremdlich. Dann stellte sich ein Gefühl der Geborgenheit ein. Hier konnte ich wesentlich besser in der Menge untertauchen als in Köln auf der Domplatte!

Wie geplant kam es dann zu diesem ganz besonderen Moment: Mein leiblicher Vater stand mir gegenüber. Mein Stiefvater war und ist zeitlebens mein Papa. Aber das hier war etwas anderes. Vor meinem leiblichen Vater zu stehen, das war für mich zum ersten Mal wie dieser ganz besondere Spiegel. Den bekommst du nur bei nächsten Verwandten. Seine Hände sahen aus wie meine. Und meine Ohren wie seine. Das war auf eine merkwürdige Art befreiend. Tage später hatte ich das Gefühl, eine Aufgabe gelöst zu haben. Sie hatte mir lange im Weg gestanden – unbewusst und schweigend, aber doch beharrlich und fordernd. Der Knoten war gelöst. Zu sehen und zu spüren, woher man kommt, ist so wichtig. Meine Kindheit und Jugend habe ich mit meiner Mutter und dem Mann erlebt, den ich bis heute meinen Vater nenne. Aber ich bin eben auch ein Teil des Mannes, den ich nur dieses eine Mal getroffen habe. Mit dem ich damals ein wenig Zeit verbracht habe. Er nahm mich mit seiner Videokamera auf und ich fotografierte ihn. Ich erzählte, was ich beruflich so machte, wie viele Geschwister ich habe und wie ich wohnte. Er erzählte von der Zeit, in der er mich verließ – noch vor meiner Geburt. Ich habe ihn nicht gefragt, warum er sich nie nach mir erkundigt hatte. Irgendwann ging ich dann von diesem Parkplatz in Chicago weg, wie aus dem Set eines

Kammerspiels, und betrank mich anschließend mit Brandy aus der Minibar in meinem Hotelzimmer.

Nach dieser Begegnung, die ein fehlendes Puzzleteil in meine Biografie eingepasst hatte, setzte ich mich zum ersten Mal ernsthaft mit meiner Hautfarbe auseinander. Das war reinigend. Ich war 30, und es war Zeit, die Leichen aus dem Keller zu holen. Als Kind hatte ich immer die N-Wort-Witze erzählt, um mit dem Lacher die Oberhand zu behalten. Ich war überzeugt, so könnten die anderen sich nicht mehr über mich lustig machen, da ich den Gag ja schon gebracht hatte.

Jetzt begann ich, das Thema Rassismus satirisch, also ernsthaft(!) aufzuarbeiten. Auf der Bühne provozierte ich, indem ich nun sensible Wörter ins Spiel brachte, um meinem Publikum die Härte des Themas klarzumachen. Das N-Wort wurde damals von der Mehrheit der Menschen of Color als provokativ, aber in einer ausdrücklich satirischen Verwendung nicht als anstößig gesehen. Ende 2013 kam dann mein erstes Buch auf den Markt. Der Titel *Singen können die alle! Ein Handbuch für Negerfreunde* und das Coverfoto, das mich nur mit einer großen Geschenkschleife bekleidet zeigte, war provokativ und wurde auch so behandelt. Nach anfänglichem Teilboykott durch die Buchhändler*innen löste das Buch dann Mitte 2014 ein so großes Medienecho aus, dass die meisten Läden nachzogen. Zu verdanken war die Aufmerksamkeit nicht zuletzt einer unfreiwillig komischen Aktion der Leipziger Studierendenvertretung. Deren Referat für Gleichstellung und Lebensweisenpolitik hatte meinem Buch einen ironischen Antipreis für diskriminierende Werbung (gemeint waren Buchtitel und -cover) verliehen und mich und den Verlag zur Preisverleihung eingeladen – offensichtlich ohne zu verstehen, dass es sich erstens um eine erkennbar satirisch-humoristische Publikation handelte, dass der Autor zweitens schwarz war und dass der drittens Titel und Cover selbst bestimmt hatte. Sie konnten in mir offenbar nur das hilflose

Opfer eines weißen Rassistenverlags sehen, der mich bloßgestellt hatte, um sein Produkt zu verkaufen. Meine Autonomie bei allen Entscheidungen sprengte anscheinend ihr Bild eines Schwarzen. Die Folge waren jede Menge belustigter Medienberichte. Auf meine freudige Zusage, den Preis persönlich entgegenzunehmen, machten die Veranstalter*innen dann einen Rückzieher, weil inzwischen klar war, dass mehrere Fernsehteams auftauchen würden. Die Peinlichkeit, einen Schwarzen für seinen Rassismus „auszuzeichnen" und vorzuführen, wollte man sich dann offenbar doch ersparen. Und mein Vorschlag eines Gesprächs wurde leider ausgeschlagen.

Mir ist klar, dass die Student*innen mein Hauptanliegen teilten, nämlich den Kampf gegen Rassismus und Diskriminierung. Aber sie gingen die Sache leider schematisch und ohne jeden Sinn für Humor an. Diese Episode (ver)führte meinen Lektor und mich dann übrigens dazu, ein zweites Buch nachzulegen, in dem wir uns über das lustig machten, was heute „woke" genannt wird, also „erwacht" oder „wach" – das ist ein erst seit Kurzem bei uns verwendeter Begriff, der eine Sensibilisierung für soziale Ungerechtigkeiten wie Rassismus beschreibt. Das Buch heißt *Moral für Dumme: Das Elend der politischen Korrektheit*. Aus meiner heutigen Sicht ist es ambivalent: Einerseits übt es Kritik an Auswüchsen der „Wokeness", zu der ich auch heute noch stehe: Es gibt auch die übertrieben Woken oder Superwoken, zu denen ich später noch komme! Andererseits ist es ein Dokument der Abwehr gegen Änderungen beispielsweise der Sprache. Diese Teile würde ich heute gar nicht mehr oder wenn, dann sehr anders schreiben. So ändern sich Debatten und Einstellungen manchmal innerhalb weniger Jahre.

Über das erste Buch und seinen Titel führe ich bis heute viele gute und kontroverse Diskussionen. Dass ich das N-Wort – wie ich weiterhin meine: in erkennbar satirischer Form und Absicht – auf das Buchcover gebracht hatte, wurde oft kritisiert.

Manchmal allerdings ohne dass Menschen sich die Mühe gemacht hatten, wenigstens die erste Seite des Buchs zu lesen. Dort stand geschrieben: „Grundregel 1: Das Wort Neger hat inzwischen den Beigeschmack des Rassismus und sollte von nicht-schwarzen Menschen nicht verwendet werden." Ich habe damals bewusst eine für „meine Community" provozierende Formulierung gewählt. Heute sage ich: Das N-Wort ist rassistisch und sollte von nicht-schwarzen Menschen nicht verwendet werden.

Seit der Veröffentlichung meines ersten Buchs bin ich durch das Lesen vieler Artikel und Bücher, durch Diskussionen und durch Streitgespräche bei vielen Themen zu neuen Überlegungen und Ideen gelangt. (Wäre ja auch schlimm, wenn es anders wäre.) So war ich beispielsweise 2019 für die *ZDF-History*-Sendung „Rassismus: Die Geschichte eines Wahns" in Deutschland unterwegs, um im Gespräch mit Expert*innen die Mechanik des Rassismus teilweise offenzulegen. Ich interviewte Menschen, um der Frage nachzuspüren, wie und wieso das Denken in Rassenkategorien entstanden ist.

Wie erwähnt betrachte ich beispielsweise Debatten über rücksichtsvolle und achtsame Sprache heute deutlich differenzierter. Ich gehe zärtlicher und vorsichtiger mit Worten um. Das ist für einen Comedian keine geringe Herausforderung, weil Comedy zwangsläufig mit Zuspitzungen und Übertreibungen arbeitet. Ein durch und durch achtsamer Humor hätte es sicherlich schwer, sein Publikum zu finden und zum Lachen zu bringen. Zudem bin ich in einer weitaus grobschlächtigeren Zeit aufgewachsen. Machohaftes und Rassistisches wurde sprachlich nicht hinterfragt. So fand ich es immer spannend, mein Publikum nach seinem Sprachgebrauch zu fragen: „Wie nennen Sie nicht-weiße Menschen?" Oft wurde mir gerade in ländlichen Gebieten recht unbekümmert das N-Wort genannt. Auf meinen Einwand, ich hätte doch eben erklärt, wie rassistisch das sei, war die Antwort immer dieselbe: „Ich mein das doch nicht so."

Eines Abends gab eine ältere Dame wieder einmal diese Argumentation zum Besten. Da sagte ich mit meinem herzlichsten Lächeln zu ihr: „Wissen Sie was? Wenn wir uns erst mal besser kennen, dann nenne ich Sie nur noch Schlampe. Meine ich total nett." Sie sah mich zunächst geschockt an, um dann aber verstehend zu lächeln. Diese didaktisch sehr wertvolle Szene wäre heute so vermutlich nicht mehr denkbar. Die meisten würden wohl nicht mehr zugeben, dass sie das N-Wort verwenden. Und vielleicht tun es auch wirklich weniger als noch vor zehn Jahren, weil die Botschaft vom rassistischen Charakter des Wortes sich zum Glück weiter herumgesprochen hat. Vor allem aber würde eine Gesprächssituation, in der jemand auf meine Aufforderung hin(!) einräumt, das N-Wort zu benutzen, sofort skandalisiert, weil dabei eben die Buchstaben N-E-G-E-R ausgesprochen werden müssten. Was für das sofortige Auslösen des Empörungsdetektors und einen Shitstorm sorgen würde. Und einen Nebenshitstorm gäbe es, weil ich als Mann gegenüber einer Frau das S-Wort verwendet hätte. Eigentlich auch bedauerlich, dass wir die Fettnäpfchen inzwischen so dicht an dicht aufgestellt haben, dass solche Aha-Momente nicht mehr möglich sind.

Heute lebe ich mit meiner Familie in Köln. Mein Umfeld besteht aus vielen Individualist*innen, Künstler*innen und anderen liebenswerten Spinner*innen. Ich fühle mich wohl. Mein Umfeld ist divers. Ich fühle mich sicher und aufgehoben. Und ich muss nichts mehr weglächeln. Wenn eine Freundin von einer Pflegekraft als „unserer Polin" spricht, kann ich das ansprechen und diskutieren. Und die Sache ist vom Tisch. Es ist ein sicherer Ort. Auch wenn mein Leben natürlich auch heute nicht frei von Rassismus ist.

Hautfarbe –
das unverschuldete Handicap

Die älteren unter den Leser*innen werden sich erinnern: Ende der 60er hörten viele junge Männer auf, sich die Haare zu schneiden. Der Aufbruch, der mit der Chiffre „1968" umschrieben wird, ging einher mit Anton-Hofreiter-Frisuren. Das wurde von vielen vor allem älteren Deutschen als Provokation empfunden. Lange Haare sorgten für eine gewisse Grundaggressivität in Begegnungen. Anfangs gab es noch einen Zusammenhang zu den politischen Auseinandersetzungen mit den Hippies und linken Student*innen – aber irgendwann, als längst auch völlig unpolitische Männer solche „Hippiefrisuren" trugen, genügte das rein äußerliche Merkmal „lange Haare" für Voreingenommenheit und Ablehnung bei Teilen der Gesellschaft. Wer Anfang der 70er-Jahre als Schwiegersohn in spe bei den Eltern eines Mädchens aus bürgerlichem Hause vorsprach und die Haare über den Kragen hinaus hatte wachsen lassen, wer dazu gar einen zotteligen Bart trug, der hatte von vornherein schlechte Karten. Wer sich daran erinnert oder es sich vorstellen kann, mag eine Ahnung haben, wie es Menschen mit dunkler Hautfarbe geht.

Ende April 2021 ging ich über den Parkplatz eines Kölner Getränkemarkts auf den Eingang zu. Plötzlich hupte mich von hinten ein Autofahrer an, der bis auf wenige Zentimeter an mich herangefahren war. Es war kein kurzes Antippen der Hupe, sondern dieses aggressive Geh-weg-da-Hupen. Erschrocken und sauer drehte ich mich mit einem What-the-fuck-Blick um und fragte, was das werden solle. Der Fahrer, ein älterer weißer Mann, stieg aus und begann sofort, mich ultraaggressiv und wüst rassistisch zu beschimpfen. Um dann gegenüber dem „Gesindel" und dem „Pack", also mir, geltend zu machen, dass das eine Straße sei und kein Fußweg. Als ich ihn darauf hinwies, dass auch er gleich zu Fuß von seinem Auto über diesen Parkplatz zum Eingang werde gehen müssen, fragte er nur, was ich hier überhaupt zu suchen habe. Es handele sich um ein Privatgelände. Sein ganzes Verhalten war verletzend und machte mir Angst. Und Wut. In solchen Momenten bin ich immer froh, wenn ich meine Tochter nicht bei mir habe. Es kann schnell eskalieren, und ich will, dass ihr das Miterleben solcher demütigenden Anfeindungen erspart bleibt. Wie ich reagiere, hängt aber auch von meiner Tagesform ab: Manchmal werde ich wütend, manchmal rette ich mich in Arroganz – gerade bei Angriffen von Zeitgenossen wie diesem, die die tiefen Teller nicht erfunden haben. Manchmal ziehe ich mich auch verletzt zurück und schlucke den Frust herunter. Keine dieser Reaktionen ist gesund. Viel hängt auch davon ab, wie die Umstehenden reagieren. Das ist leider selten ermutigend. Auch in dieser Situation gab es Zuschauende, darunter die Angestellten und der Chef des Getränkemarkts – die übrigens allesamt Migrationshintergrund hatten (zu diesem Thema an anderer Stelle mehr). Nur ein Kunde, ein junger Mann, griff ein und nahm mich in Schutz gegen den wild schimpfenden Autofahrer. Der Marktleiter dagegen plauderte kurz danach freundlich mit diesem. Und verlor mich damit für immer als Kunden.

Was war hier geschehen? Eine typische Situation von sich aufschaukelnder Gereiztheit. Aber auch wenn ich die coronabedingt blank liegenden Nerven des rassistischen Pöblers berücksichtige und auch wenn er zu den Autofahrer*innen gehört haben mag, die sich durch die Anwesenheit von Fußgänger*innen auf ihrer

Route grundsätzlich provoziert fühlen: Dass der Mann mich umgehend in meiner Eigenschaft als Schwarzer beschimpfte, zeigt, dass auch meine Hautfarbe eine Provokation für ihn war. Dass ich schwarz bin und mich „trotzdem" ungeniert über den Parkplatz seines bevorzugten Ladens bewegte, machte ihn wütend. Über die häufige Konstellation Fußgänger*in vs. Autofahrer*in hinaus gab es für ihn einen weiteren Trigger: meine Haut. Und genau das erleben Weiße nie – eine Grundaggression nur wegen ihrer Hautfarbe. Menschen of Color hingegen gehen in jede Situation in der Öffentlichkeit mit einem zusätzlichen „Handicap", nämlich ihrer Hautfarbe, die manche Weiße bereits als Einstieg in die Provokationsspirale empfinden. Deshalb sind Menschen of Color auch häufiger und massiver von sogenannten „Resonanzstraftaten" betroffen, also Beleidigungen, Bedrohungen und Angriffen, die ausgelöst werden, weil sie sich öffentlich zu Wort gemeldet haben. Natürlich müssen auch weiße, männliche Politiker, Rechtsanwälte und so weiter mit Angriffen rechnen, wenn sie öffentlich eine bestimmte Position vertreten – aber diese Angriffe beziehen sich nicht auf ihre Hautfarbe oder ihr Geschlecht oder gar auf beides.

Kommen wir noch einmal zurück zum eingangs gezogenen Vergleich mit den langen Haaren der 68er. Wie die meisten Vergleiche passt er nicht hundertprozentig. Denn die damalige Provokation durch lange Haare war in vielen Fällen einkalkuliert und gewollt. Und anders als die Hautfarbe sind lange Haare Folge einer bewussten Entscheidung, die sich auch wieder verändern lässt. Wer damals von den Anfeindungen genug hatte (oder Karriere machen oder sich verloben wollte), ließ sich einfach die Haare schneiden. Dennoch mag manche*r sich erinnern oder nachempfinden können, wie man sich fühlt, wenn man aufgrund eines äußeren Merkmals von vornherein abgelehnt wird. So geht es Menschen of Color sehr oft – und zwar

ohne dass sie es wollen und darauf anlegen – und ohne dass sie
etwas daran ändern können.

Bewusstsein kommt von Wissen

Erlebnisse wie das eben geschilderte sind leider Alltag. Über die
Frage, ob es in Deutschland Rassismus gibt, sollte man deshalb
nicht mehr diskutieren müssen, und was diesen Punkt betrifft,
verstehe ich alle, die sich mit Weißen nicht mehr auseinandersetzen wollen. Auch dass Rassismus mehr ist als „Schwarze ver-
hauen", sollten inzwischen alle verstanden haben. Rassismus ist
wie die Hydra – die Schlange mit den vielen Köpfen, von denen
zwei nachwachsen, wenn man einen abschlägt. Er hat viele Erscheinungsformen – gedankenlose bis bösartige.

Was mich immer wieder verblüfft: Wir wissen so vieles nicht.
Das gilt übrigens nicht nur für die Weißen, sondern auch für
mich als Schwarzen. Wir alle sollten es wissen und sehen *wollen*. Dann lässt die Schlange sich hoffentlich irgendwann so weit
zähmen, dass sie nicht mehr so viel Leid, Schmerz und Schre-
cken verbreiten kann wie heute. Ein paar Köpfe sind ihr ja schon
dauerhaft abgeschlagen worden. Aber es gibt noch viel zu tun –
und zu lernen. Mal ehrlich: Kanntet ihr das Urteil von 1857,
mit dem der Supreme Court den Schwarzen die Freiheit ver-
weigerte? Der 80-jährige Vorsitzende Richter begründete das
unter anderem so: „Neger" seien „Wesen einer niederen Ordnung, die insgesamt unfähig sind, sich mit der weißen Rasse
zu verbinden." Daher seien sie zu eigenem „Wohl nach Recht
und Gesetz auf die Sklaverei beschränkt."[4] (Ich hoffe sehr, dass
möglichst wenige den größten Skandal dieses Zitats in der Tatsache erblicken, dass ich das rassistische N-Wort darin zitie-
rend ausgeschrieben habe, um den Rassismus des Richters zu
dokumentieren. Denn er sagte und schrieb nicht schamhaft

„N-word".) Apropos „sich verbinden mit der weißen Rasse":
Wusstet ihr, dass es in den USA zur Zeit der Sklaverei die
gesetzlich festgeschriebene „Ein-Tropfen-Regel" gab, mit der
man die „Rassen" sortierte? Ein Tropfen „schwarzen" Bluts genügte, damit jemand als Schwarzer galt – und sozial gilt diese
Regel bis heute: Wer eine schwarze Ururgroßmutter hat, gilt in
den USA als schwarz. Die „Ein-Tropfen-Regel" sollte bei ihrer
Einführung übrigens verhindern, dass die unehelichen Kinder
von Sklav*innen erbberechtigt waren.[5] Wäre ja noch schöner gewesen, wenn sie etwas von dem Vermögen bekommen hätten,
das ihre versklavten Eltern erarbeitet hatten.

Wusstet ihr, wie systematisch das FBI in den 50er-Jahren Billie
Holiday schikanierte und bis zum Mordversuch verfolgte, nachdem sie begonnen hatte, öffentlich das Lied *Strange Fruits* über
die Lynchmorde im Süden der USA zu singen? Diese starke
schwarze Stimme sollte zum Schweigen gebracht werden und
dafür wurde sogar ihr Leben bedroht. Und um nicht immer
nur von den USA zu sprechen: Wusstet ihr, dass Napoleon
Bonaparte 1802 die Sklaverei wieder einführte, die 1794 für
abgeschafft erklärt worden war? Napoleon handelte auf Druck
der überseeischen Zuckerfarmer. Und speziell für diese Far-
mer wurden in den – oft als modernes und aufgeklärtes Zivil-
gesetzbuch gefeierten – *Code Napoléon* Körperstrafen speziell
für schwarze Sklav*innen aufgenommen, zum Beispiel Ohr-
abschneiden und Auspeitschen. Was im Übrigen schon damals
heftig kritisiert wurde, also keinesfalls mit Hinweis auf den
„Geist der damaligen Zeit" verharmlost werden kann.[6]

Ich setze Hoffnung in die Macht des Wissens. Das ging und
geht nicht allen so: Der US-Bürgerrechtler und Soziologe W. E. B.
Du Bois (der übrigens in Berlin studierte und der erste Schwarze war, der in den USA promovierte) kam Anfang des 20. Jahrhunderts zu dem Schluss, „dass Wissen allein nicht ausreichte,

dass selbst gut informierte Leute ihr Handeln nicht änderten. […] Darum wechselte ich vom Studium zur Propaganda."[7] Du Bois erlebte auf denkbar schmerzliche Weise, was Rassismus bedeutet: Sein anderthalbjähriger Sohn starb an Diphterie. Er hätte gerettet werden können, aber die um Hilfe ersuchten weißen Ärzt*innen weigerten sich, ein schwarzes Kind zu behandeln.

Leider ist Rassismus aber mehr als ein Thema für den Geschichtsunterricht. Die US-Sängerin Andra Day meint im Interview mit der *FAZ* weiter, dass die Gesellschaft sich nur äußerlich (zum Positiven) verändert habe: „In vielen Teilen ist es vielleicht nicht mehr so offensichtlich, aber die Strukturen, die zur Benachteiligung der schwarzen Bevölkerung in den Vereinigten Staaten führen, haben sich unter der Oberfläche verfestigt."[8] Und wenn man liest, wie der Alltag der von aller Welt beachteten und bewunderten jungen Dichterin Amanda Gorman aussieht, versteht man sofort, was Day meint: Wenige Wochen nachdem Gorman vor Millionen von Fernsehzuschauer*innen ihr Gedicht zur Amtseinführung von Joe Biden vorgetragen hatte, folgte ihr abends beim Heimkommen ein Wachmann ihres Vermieters und fragte sie, ob sie hier wohne. Sie sehe verdächtig aus. Erst als er sah, dass sie den Schlüssel zum Haus hatte, verschwand er – ohne sich zu entschuldigen. Was kam ihm an Amanda Gorman verdächtig vor? Die Mappe mit den Gedichten unter ihrem Arm? Ihre finster wirkende Panzerknackermaskierung? Oder war es eventuell doch ihre Hautfarbe? Sie selbst twitterte anschließend, dass dieses Erlebnis kein Einzelfall gewesen sei, sondern „die Realität schwarzer Mädchen: An einem Tag wirst du als Ikone bezeichnet, am nächsten als Bedrohung." Und damit sich an dieser Realität nichts ändert, sind Teile der weißen Gesellschaft bereit, die Idee der Demokratie bis zur Unkenntlichkeit zu beschädigen. Wie etwa die (noch) regierenden Republikaner*innen im US-Staat Georgia, der bei den jüngsten Wahlen zum Zünglein an der Waage geworden war: Die schwarze Bevölkerung sorgte dafür, dass der einst zuverlässig republikanisch wählende Staat Demokrat*innen entsandte, sowohl ins Wahlleutegremium für die Präsidentenwahl als auch in den Senat. Bald danach beschloss die republikanische Mehrheit in Georgia eine Wahlrechtsreform, die mithilfe diverser Schikanen speziell die Briefwahl erschwert.[9] Dasselbe tun inzwischen auch andere republikanisch regierte US-Staaten wie Texas. Die Änderungen treffen vor allem Menschen, die es sich nicht leisten können, wegen der – stets an einem Werktag stattfindenden – Wahl nicht zur Arbeit zu gehen, also überwiegend Schwarze. Außerdem wird gezielt das Wählen in Vierteln erschwert, die überwiegend von Schwarzen bewohnt sind: Nach der schon früher erfolgten Verringerung der Wahllokale in diesen Stadtteilen, die an Wahltagen für lange Schlangen sorgten, wurde nun das Ansprechen von Menschen verboten, die in einer solchen Schlange stehen. Ihnen Wasser oder Essen anzubieten, gilt künftig als Verbrechen. Um ihre Macht zu sichern, bedienen sich rassistische Republikaner*innen also ähnlicher Maßnahmen wie Putin, die Mullahs im Iran und Erdoğan.

Die USA mit ihrer Millionen zählenden schwarzen Bevölkerung und als das Land der Sklaverei und des Ku-Klux-Klans, der Black-Panther-Bewegung und der „affirmative action", also der gezielten Förderung benachteiligter Gruppen, stehen im Fokus der globalen Rassismusdiskussion. Aber dieses Buch blickt vor allem auf den deutschen und europäischen Umgang mit dem Thema. Wer als Schwarze*r in die frühe Bundesrepublik kam, war erstens ein seltener Anblick für die einheimische Bevölkerung und zweitens in einer merkwürdigen Zwischensituation. Es gab selten offenen, feindseligen, gewalttätigen Rassismus – aber dafür eine extreme Herablassung. Der Schauspieler Ron Williams, der seit den 60er-Jahren in Deutschland lebt, sprach Ende März im Interview mit der *Neuen Ruhr Zeitung* von einem „naiven Rassismus" hierzulande, dem er – mit unterschiedlichem Erfolg – vor allem mit Humor zu begegnen versuche. Offenen, lebensbedrohlichen Rassismus habe er vor allem in den USA und in der US-Armee erlebt.

Was das Nachkriegsdeutschland betrifft, kann man von einer „liberalen" Variante des Rassismus sprechen: Schwarze wurden nicht mehr versklavt, geschlagen und getötet, sondern als Witzfiguren betrachtet. Sie waren kurioses, „exotisches" Dekor für das vermeintlich aufgeklärte Bürgertum, das die Anwesenheit des schwarzen Hofnarren in der Samstagabendshow als Beleg der eigenen Toleranz betrachtete. Dabei behandelte man Schwarze aber nicht als Individuen, sondern als karikaturenhafte Abziehbilder einer Klischeevorstellung von „schwarz". Ein beliebtes Mittel war das Verzerren ihrer Stimmen beim Synchronisieren – etwa bei der piepsenden Mammy in *Vom Winde verweht* oder auch bei Eddie Murphy. Dessen Synchronsprecher Charles Rettinghaus hat 2021 Folgendes über die Idee erzählt, Murphy durchgehend mit einer hohen und piepsigen Stimme sprechen zu lassen: „Wir haben es doch alle geliebt in den Achtzigerjahren, dieses ‚Hey, Leute, kommt mal her, bababa …'. So klang Murphy im Original aber nicht. Der hat manchmal gekiekst, jedoch nicht die ganze Rolle durch, insgesamt war er viel entspannter und hat normal gesprochen. Im Nachhinein kann man sagen, dass das nicht in Ordnung war, auch wenn wir es lustig fanden."[10]

Die Abwesenheit offenen, gewalttätigen Hasses in den ersten Jahrzehnten dürfte drei Gründe haben: Erstens gab es so wenige Schwarze, dass sie – anders als etwa die „Gastarbeiter*innen" aus Südeuropa, vom Balkan und aus der Türkei – nicht als Konkurrenz wahrgenommen wurden. Zweitens bewegten sich Schwarze oft in der Kulturszene, etwa als Musiker*innen und Schauspieler*innen, und dort waren primitive Beleidigungen und Verprügeln eher keine übliche Umgangsform. Und drittens waren die meisten Schwarzen damals US-Soldaten – und sich körperlich mit einem GI anzulegen war keine gute Idee.

Die Situation veränderte sich, als erstmals dunkelhäutige Fußballer in der Bundesliga spielten. Die beiden Nationalspieler Erwin Kostedde (1974 als erster Schwarzer überhaupt) und Gerald Asamoah (kurz nach 2000) haben im März 2021 in einem bewegenden Gespräch mit dem *Zeit Magazin* von ihrem Aufwachsen in Deutschland, ihrem weiteren Werdegang und der Allgegenwart des Rassismus erzählt. Von den Schikanen durch einzelne Lehrer*innen und Mitschüler*innen. Vom allgegenwärtigen Verdacht, unter dem sie stehen – etwa als Kostedde 1990 wegen einer falschen Zeugenaussage als angeblicher Spielhallenräuber verhaftet, von der Öffentlichkeit auf Dauer seiner Ehre beraubt und ein halbes Jahr lang eingesperrt wurde, nur weil er ebenso wie der tatsächliche Täter keine weiße Haut hat. Von den Demütigungen, die ihre nicht prominenten schwarzen Bekannten erleben, wenn sie beispielsweise nicht in einen Club gelassen werden oder in einer Boutique zu hören bekommen: „Hier gibt es nichts für Sie, gehen Sie bitte wieder." Und natürlich von den ekelhaften rassistischen Beschimpfungen inklusive Affenlauten und Bananenwürfen in den Fußballstadien. Dort wo ohnehin ein primitives „wir gegen die" herrscht, ist auch der Rassismus besonders roh und brutal. Asamoah wird bis heute die Bilder der wutverzerrten Gesichter auf den Tribünen in Cottbus nicht los, die ihm 1997 signalisierten: „Wir wollen euch hier nicht haben." Und es war völlig klar, dass mit „euch" nicht die Spieler von Schalke 04 gemeint waren, sondern „die Schwarzen".

Das Motiv, das sich wie ein roter Faden durch das Gespräch mit den beiden Fußballern zieht, heißt: Alleinsein. Fast nie griff jemand von den Klassen- und Mannschaftskameraden ein, um sie zu schützen und ihnen beizustehen. „Ich war immer der einzige Schwarze. Immer bekam ich diesen misstrauischen Blick: Wer ist das denn?", schildert Erwin Kostedde seine Erfahrung schon als Kind. Und Gerald Asamoah ergänzt: „Wissen Sie, was mir am allermeisten wehtut, wenn ich Weißen solche Geschichten erzähle: das fehlende Mitgefühl. Die Reaktion ist oft: Ach, seid doch nicht so wehleidig. Das sei doch alles nicht so schlimm. Ich würde übertreiben, es sei gar nicht so gemeint. Da könnte ich ausflippen: Ihr wollt mich belehren, was Rassismus ist? Wie könnt ihr überhaupt beurteilen, was Rassismus ist, wenn ihr so was nie am eigenen Leib erfahren habt?"

Das eine ist, wenn wir von dummen Menschen rassistisch beleidigt werden. Dumme, herzlose Menschen wird es leider immer geben. Aber das andere, noch Traurigere ist, wenn unsere Mitmenschen uns ohne jede Empathie mit diesen Erlebnissen alleinlassen. Wenn sie wegschauen, den Mund halten – oder die Existenz rassistischer Beleidigungen gar herunterspielen oder leugnen. Dieser Schmerz sitzt tief.

„Sie sind hier die Putzfrau?" Intuitive Abwertung

Apropos Schmerzen: In Medizinerkreisen kursiert der pseudowissenschaftliche Begriff „Morbus mediterraneus", also „Mittelmeerkrankheit". Es ist das abfällige Urteil über den anderen Umgang mit Schmerzen bei südeuropäischen und arabischen Frauen. Von denen handelt ein größerer Anteil als im protestantischen Nord- und Mitteleuropa nach dem – vermutlich gesunden – Motto: „Lass es raus." Sie schreien mehr und lauter, wenn es wehtut. Damit können deutsche Ärzt*innen oft nicht umgehen. Das tut weh. Es ist aber nur eine Facette des Rassismus in der Medizin. Es gibt zum Beispiel auch die Aussage eines Praxisteams, man behandele keine Flüchtlinge, denn danach müsse man „alles in der Praxis desinfizieren. Das sei ihnen zu viel Aufwand."[11] Aber natürlich gibt es im Gesundheitssystem auch den Rassismus, der Mitarbeiter*innen trifft. *Der Sommer, in dem ich „schwarz" wurde* ist eine eindrucksvolle

Reportage der Schweizer TV-Moderatorin Angélique Beldner, in der sie ihr Schwarzsein und ihre lange verdrängten Erfahrungen mit Rassismus thematisiert. In einer Szene erzählt ihre Halbschwester, ebenfalls schwarz und von Beruf Krankenschwester, wie sie einmal zusammen mit einer weißen Reinigungskraft ein Zimmer betrat – und die Angehörigen des Patienten, die eine medizinische Auskunft wollten, sich automatisch an die Putzfrau wandten statt an sie. Diese intuitive Abwertung von Menschen of Color ist häufig. Die Hierarchie sitzt in den Köpfen fest: Schwarze sind minderwertig und haben im Zweifel den niedrigeren Job. Tragischerweise ist es in diesem Beispiel übrigens fast egal, ob die Angehörigen weiß waren oder nicht. Denn das unbewusste Schlechterstellen von BIPoC haben auch viele von ihnen selbst verinnerlicht. Was einem Menschen nie zugetraut wird, traut er sich und seinesgleichen irgendwann selbst nicht mehr zu. Man weiß inzwischen aus Studien, dass Kinder die Hierarchisierung von Hautfarbe und Geschlecht in Bildern, Büchern, Liedern und bei realen „Vorbildern" sehr früh registrieren und in sich aufnehmen. Das traurige Ergebnis: Schwarze Kinder bewerten weiße Figuren meist als „besser" als schwarze – und als sich selbst.[12] So perfide wirkt das Gift des Rassismus.

Allerdings muss man, wie so oft, vorsichtig mit vorschnellen Vorwürfen sein: Wenn mir in einem europäischen Land zwei mir unbekannte Männer gegenüberstehen – einer schwarz, der andere weiß – und man mir vorher gesagt hat, einer sei Minister, der andere sein Referent: Ist dann meine stillschweigende Annahme, dass wohl der Weiße der Minister sei, rassistisch? Oder zieht sie nur die Konsequenz aus dem Wissen, dass der strukturelle Rassismus es extrem unwahrscheinlich macht, dass ein Schwarzer ein Ministeramt erreicht? Die Höflichkeit gebietet es, zu klären, wer wer ist, anstatt es einfach vorauszusetzen – aber die Annahme an sich ist nicht unbedingt rassistisch, sondern (leider) realistisch.

Eine häufige Erfahrung von Menschen of Color in Deutschland ist es auch, dass wir geduzt werden, wo gleichaltrige Weiße gesiezt werden. Man setzt uns mit Kindern gleich – und versteht oft nicht, wenn wir uns dagegen wehren. Duzen tue man doch nur, wen man nett finde. Natürlich werde ich gerne geduzt, wenn und weil man mich wirklich kennt und mag – genauso wie Weiße. Aber uns Schwarze ohne Ansehen der Person nett und niedlich zu finden ist leider auch eine Form von Rassismus. Und ebenso war es keine Anerkennung auf Augenhöhe, als der italienische Textilkonzern Benetton in den 90er-Jahren begann, mit schwarzen Models und dem Slogan „United Colors" für seine Mode zu werben. Die Schwarzen waren als geschätztes Dekor für die liberale weiße Mehrheitsgesellschaft gedacht – sie waren keinesfalls ein Signal an die BIPoC-Kundschaft.

Auf einem ganz anderen Blatt als die bisher genannten Beispiele steht die ganz offene, brutale Form des Rassismus: „Schwarze Menschen und People of Color werden beschimpft, bespuckt oder geschlagen, Frauen reißt man die Kopftücher runter. Was da an rassistischer Gewalt in Deutschland stattfindet, ist schockierend", sagt der Autor Mohamed Amjahid – und spricht auch von der deprimierenden Erfahrung, beim Versuch der Anzeige solcher Taten nicht ernst genommen oder am Ende sogar als der eigentliche Täter hingestellt zu werden.[13] Menschen of Color sind in Polizeigewahrsam einem höheren Risiko ausgesetzt als Weiße, so zu enden wie Oury Jalloh und Amad A., die in ihren Zellen verbrannten. Und handfeste und massive Bedrohungen und Einschüchterungen, vor allem in den „sozialen" Netzwerken, sowie Mordanschläge haben den Charakter der Bundesrepublik als offener Gesellschaft längst beschädigt. Das zeigen nicht nur die Anschläge des NSU sowie die in Halle und Hanau, sondern auch die Drohschreiben der „NSU 2.0"-Täter*innen und die Kapitulation von Tareq Alaows.

Der aus Syrien stammende Bundestagskandidat der Grünen gab seine Nominierung nach wenigen Wochen wieder zurück, weil die Beleidigungen und Drohungen gegen ihn und seine Familie nicht mehr zu ertragen waren. Seine Parteifreund*innen Aminata Touré und Cem Özdemir, so *Zeit online,* „klingen wütend, aber nicht überrascht. Weil das, was Alaows in seiner Erklärung schildert, die Lebenswirklichkeit der migrantischen Gesellschaft in Deutschland beschreibt: Dass viele Menschen, die sich einbringen wollen und sogar das Angebot machen, sich politisch zu engagieren, am Ende Hass statt Anerkennung ernten."[14] Dieser Hass kommt von einer Minderheit – aber die Mehrheit schafft es nicht, ihn zu unterbinden und ihm etwas Stärkeres entgegenzusetzen.

Warum habe ich all diese beispielhaften Geschichten erzählt? Aus einem einfachen Grund: Ich will, dass wir davon wissen. Denn Wissen heißt Wahrnehmen. Es bedeutet Anerkennung. Und es schafft Sichtbarkeit. Es geht um Repräsentation. Um Präsenz. Um Teilhabe. Es geht darum stattzufinden. Die Schriftstellerin und Journalistin Jagoda Marinić erzählt gern, wie linke Biodeutsche lange auf Zugewanderte zugingen: „Wir helfen jetzt mal den armen Gastarbeitern", oder: „Sie sind ja unsere Freunde." Und nun fragten die Kinder und Enkel dieser „Gastarbeiter*innen": Und warum sind wir dann nicht repräsentiert in der Politik? Warum gibt es niemanden von uns in den Staatsministerien? In der ersten Reihe? Warum sind wir in den Medien nicht gleichberechtigt vertreten? Was ist denn das für eine Freundschaft?[15]

Bernardine Evaristo, die 2019 den Booker-Preis gewann, den renommiertesten britischen Literaturpreis, wies in ihrer Dankesrede darauf hin, dass sie die erste schwarze Frau ist, die diesen Preis bekam. Auf die Frage, warum dieser Hinweis ihr so wichtig gewesen sei, sagte sie: „Weil viele Menschen das nicht wissen. Sie wissen nicht, wie sehr wir als Frauen und Menschen of Color marginalisiert werden. (…) Es ist wichtig, dass die Leute das wissen, weil wir dann Fragen stellen müssen: Wieso braucht es so lange, bis diese Menschen in diese Positionen kommen?" Und zu ihrem Roman *Mädchen, Frau etc.* sagt sie: „Also dachte ich mir: Ich schreibe ein Buch mit so vielen Schwarzen Frauen wie möglich, um damit zu beginnen, unsere Abwesenheit in der Literatur auszugleichen. (…) Es sagt viel über unsere Marginalisierung in der Gesellschaft aus, dass wir in der Literatur kaum sichtbar waren."[16]

Zu ihrem Statement passt, was die Autorin Rasha Khayat sich vom deutschen Literaturbetrieb wünscht: Er soll sich trennen von Sätzen und Denkweisen wie: „Also, wir müssen dein Buch leider um ein Programm schieben, in diesem haben wir schon einen Migrantenautor!" Oder: „Ja, letztes Jahr hat ja schon eine migrantische Autorin den Preis bekommen, da können wir das in diesem Jahr nicht wieder machen." (Ich schätze, dass Autorinnen, die den emanzipatorischen Aufbruch der 70er-Jahre miterlebt haben, an dieser Stelle ein Déjà-vu haben.) Kayat kritisiert auch eine Rezensionspraxis, die bei nicht migrantischen Autor*innen das Werk selbst in den Mittelpunkt stellt, bei Autor*innen of Color hingegen deren Biografie. Und die wird oft umstandslos mit der Geschichte gleichgesetzt – so als könnten Migrant*innen nicht dichten, erfinden, fabulieren, sich einfühlen und von sich selbst abstrahieren.[17]

   Es geht also um Selbstverständlichkeit und um Sichtbarkeit. Denn die Unsichtbarkeit von Menschen of Color in der Gesellschaft und vor allem ihr Fehlen in den Entscheidungspositionen ist ein Ergebnis von Rassismus – und es stabilisiert ihn zugleich. Wen ich nicht zu sehen gewohnt bin, der ist mir fremd – und das Fremdheitsgefühl ist leider ein Einfallstor für Rassismus. Ein Musterbeispiel hierfür ist die gesellschaftliche Entwicklung in der DDR, die auf dem Papier ein internationalistischer Staat war, der die Solidarität mit früher kolonialisierten Völkern betonte und praktizierte. Aber die „Vertragsarbeiter*innen" aus Angola, Kuba und Vietnam, die die DDR-Wirtschaft stützten, wurden weit weg von der einheimischen Bevölkerung in Gettos untergebracht – der Kontakt mit der ethnisch homogenen, überwiegend kleinbürgerlich-spießigen Mehrheitsgesellschaft war ausdrücklich unerwünscht oder direkt verboten. Entstand doch einmal ein Kontakt, der zu einer Liebesbeziehung und einer Schwangerschaft führte, wurde der ausländische Partner oder die Partnerin sofort ausgewiesen und heimgeschickt. Von Humanität keine Spur. Kein Wunder, dass die Ostdeutschen 1990 in keiner Weise auf den Alltag einer vergleichsweise multiethnischen Gesellschaft wie der westdeutschen vorbereitet waren und dass sich unter einigen der einstigen Untertan*innen der Diktatur nach dem Wegfall des staatlichen Unterdrückungsapparats schnell ein sehr primitiver Rassismus ausbreitete – am schlimmsten dort, wo es die wenigsten Migrant*innen gab. Aber auch in der Bundesrepublik gab und gibt es selbstverständlich Milieus, in denen ein grober, brutaler Rassismus blüht und gedeiht. Auch jenseits der Fußballstadien, in denen schwarze Spieler inmitten Zehntausender Menschen oft ganz allein waren. Alle Kameras waren auf sie gerichtet – aber ihr Leiden unter dem Rassismus wurde nicht gesehen. Diesbezüglich waren sie mitten auf der Bühne unsichtbar. Bertolt Brecht hat es schon vor fast hundert Jahren in seiner Dreigroschenoper beschrieben:

„Denn die einen sind im Dunkeln,
Und die anderen sind im Licht.
Und man sieht nur die im Lichte,
Die im Dunkeln sieht man nicht."

„Das war mir gar nicht klar!"
Struktureller Rassismus

Weiter oben habe ich bereits den Begriff „struktureller Rassismus" erwähnt, der rassistische Handlungen erfassen soll, die den handelnden Personen nicht bewusst sind; viele von ihnen bezeichnen sich selbst glaubhaft als Nicht-Rassist*innen. Der Begriff ist durchaus umstritten, weil er diffus klingt – und weil er Abwehrreaktionen auslöst. Wenn beispielsweise dem Gesundheitssystem „struktureller Rassismus" vorgehalten wird, übersetzen das die Mitarbeiter*innen schnell in den auf sie persönlich gemünzten Vorwurf des Rassismus und fühlen sich an den Pranger gestellt. Ihre aufopferungsvolle Arbeit für alle Patient*innen werde nicht anerkannt. Wir sollten es vermeiden, gleich das ganze System zu verurteilen, dem rassistische Strukturen innewohnen. Nicht der ganze Polizeiapparat ist korrupt und rassistisch, sondern einzelne Polizist*innen. Aber es gibt auch die Rechtschaffenen – und genau die brauchen wir im Kampf gegen die vergifteten Strukturen. Sonst bedienen wir uns am Ende noch derselben pauschalen Anschuldigungen wie Rechtspopulist*innen.

Ich glaube, dass der Begriff „struktureller Rassismus" den Blick geöffnet hat für Situationen, in denen die Beteiligten nicht in der bewussten Absicht handeln, eine Person of Color zu diskriminieren oder zu benachteiligen, es aber trotzdem geschieht. Eine britische Regierungsstudie definiert den Begriff so: Struktureller Rassismus liegt vor, wenn Kräfte zusammenkommen, die schwarze Menschen entmachten und ihnen Chancen nehmen. Untersuchungen zeigen, dass Migrant*innen durch „leistungsfremde Filter" der Zugang zu Bildung erschwert wird: Schüler*innen mit Migrationsgeschichte müssen höhere Leistungen erbringen als andere, um an weiterführenden Schulen genommen zu werden.[18] Der in Deutschland geborene Mohamed Amjahid bestätigt das im zitierten *Stern*-Interview, wenn er erzählt, dass seine Eltern in den 90ern mit ihm zurück nach Marokko gingen, damit er dort die Schule besuchen konnte. „Meine Eltern wollten, wie alle Eltern, nur das Beste für ihre Kinder. Ihnen wurde klar, dass sie das im Hessen der Neunzigerjahre nicht bekommen konnten. (…) In Deutschland hätte ich womöglich kein Abitur gemacht. Das Bildungssystem hatte andere Pläne für mich. Ich wäre aussortiert worden."

Zugegeben: Die Differenzierung von strukturellem und individuellem Rassismus ist bisweilen schwierig. Nehmen wir als Beispiel meine Erlebnisse mit Vermieter*innen. Noch in den 80er-Jahren hörte ich ein paarmal ganz offen die klar rassistische Ansage: „Wir vermieten nicht an Ausländer." Heute sind Wohnungen eben „leider schon vermietet", wenn der Name südländisch oder gar außereuropäisch klingt. Natürlich laufen nicht alle Bewerbungen um eine Wohnung so ab. Aber bei allen Menschen mit Migrationshintergrund, die ich befragt habe, waren und sind dieser Hintergrund, die Hautfarbe und gegebenenfalls der Name ein Hindernis bei der Wohnungssuche. Die Namenshürde übersprang ich mit dem Nachnamen Jung stets leicht. Das ist einfach nur Glück. Und da Deutsch meine Muttersprache ist, waren auch Telefonate unkompliziert. Erst bei der Besichtigung der Wohnung wurde es dann spannend. Dunkle Hautfarbe kann offensichtlich bestimmte Areale der Wahrnehmung blockieren. Ich habe bei Wohnungsbesichtigungen schon die ganze Palette von Absurditäten erlebt. Eine schöne Altbauwohnung mit Balkon in Köln-Ehrenfeld war schnell unerreichbar, nachdem mich der Vermieter anschrie. Er glaubte, Deutsch in Zimmerlautstärke sei für mich nicht zu verstehen – obwohl er den Termin ja telefonisch mit mir ausgemacht hatte, in völlig normaler Laustärke. Diese offensichtliche Herabsetzung, die einsetzte, sobald er mich in all meiner schwarzen Pracht vor sich sah, war ein ganz gutes Indiz für das eine oder andere Vorurteil. Da brauchte ich keinen Nostradamus, um die Absage durch den Schreihals schon vorauszusehen.

Nicht nur einer der Makler, denen ich begegnete (ich gendere hier bewusst nicht, weil es ausschließlich Männer waren), duzte mich – während sie die weißen Interessent*innen durchweg siezten. Für die anderen Bewerber*innen gab es auch ganze Sätze, während ich mich mit Fragmenten wie „Du das hier ausfüllen" zufriedengeben musste. Aus Ärger über diese Respektlosigkeit legte ich gerne meinen Arroganzpanzer an, um mich überlegen zu fühlen, und sagte: „Die abgefragten Informationen scheinen mir etwas ausufernd angesichts von Preis und Qualität der Wohnung." Anstatt sein Fehlverhalten direkt anzusprechen, wollte ich ihm meine Überlegenheit beweisen. Ich versuchte, dem offenen Konflikt zu entgehen, indem ich den Spieß umdrehte: Du bist *mir* unterlegen, also wovon sprichst du? Aber erwartungsgemäß brachte mein Versuch, ihn so vorzuführen, lediglich ein „Dann lass eben" ein. „Ein wenig Respekt kann ich ja wohl erwarten", erwiderte ich mit brüchiger Stimme. Ich nahm meine Höflichkeit allerdings selbst nicht ernst, denn eigentlich wollte ich ihn nur anbrüllen: Was er sich einbilde, so mit mir zu sprechen? Meine Überlegenheit war nur vorgetäuscht. Ich wollte die Wohnung. Obwohl ich mich bereits auf verlorenem Posten sah. Ich war Bittsteller. Und da offensichtlich schon meine Hautfarbe seine Vorurteile mobilisierte, zitterte ich vor dem Moment, da ich meinen Beruf nennen musste: freischaffender Künstler. Ich war verletzlich, weil ich ihm außer Empörung nichts entgegenzusetzen hatte. Aber es gelang mir nicht, ihm ein Aha-Erlebnis bezüglich seines rassistischen Verhaltens abzuringen. Weil diese rassistische Situation nur für mich als solche erkennbar war. Er kam gar nicht darauf, das Wort „Rassismus" zu denken. Heute wäre meine Ansage da deutlicher. Ich bin mir meiner Position sicherer. Da bleibt aber immer noch die Befindlichkeit. Immer wiederkehrende Anfeindungen kratzen an allen. Aber je klarer ich mir meiner Haltung bin, desto selbstsicherer kann ich in solchen Situationen reagieren.

Waren diese Makler nun individuell rassistisch oder verkörperten sie eine Struktur? Nicht ganz leicht zu sagen. Als „strukturellen Rassismus" würde ich es auf jeden Fall betrachten, wenn Wohnungsgesellschaften ihre Mitarbeiter*innen mit der Vorgabe von Quoten zentral anweisen, anhand von Hautfarbe und Nachnamen auf die „harmonische" Zusammensetzung der Bewohnerschaft von Hochhausblöcken zu achten, und wenn es – wie 2021 bei der städtischen Wohnungsgesellschaft in Bremen aufgedeckt – ein System geheimer Kürzel gibt, das Bewerber*innen rassistisch klassifiziert. Das Verhalten privater Vermieter*innen oder von Makler*innen hingegen würde ich eher unter „individueller Rassismus" fassen. Ich erinnere mich an eine Wohnungsbesichtigung, die sich so richtig irreal anfühlte. Ich war in dem Fall nicht der Bewerber. Eine Freundin hatte mich gebeten, die Wohnung mit ihr gemeinsam anzuschauen. Nach dem Motto: „Vier Augen sehen mehr als zwei." Für sie war ich einfach nur ein Freund und ein männlicher Begleiter, der ihr Sicherheit vermittelte. Aber für ihre Chancen, die Wohnung zu mieten, stellte sich meine Anwesenheit leider als Gift heraus. Der Vermieter war ein Mann um die 70. Auch er hatte sich Verstärkung in Gestalt seines Sohnes mitgebracht. Bevor es um die möglichen Vorzüge und Nachteile der Wohnung hätte gehen können, fragte der potenzielle Vermieter, ob meine Freundin denn auch alleine einziehen wolle. Sie bejahte das. Seine Zweifel waren deutlich sicht- und hörbar. Während ich neben ihm stand, mutmaßte er laut, ich werde sicherlich heimlich mit einziehen. Ich war bestürzt darüber, was dieser Mann mir unterstellte. Wieso hätte ich hier mit einziehen sollen? Ich hatte doch eine schöne Wohnung! Seine Unterstellung war frech und offensichtlich rassistisch begründet. Der Sohn versuchte zu schlichten und entschuldigte sich. Er gab an, sein Vater meine das nicht so. Da hatte er aber die Rechnung ohne den (Haus-)Wirt gemacht! Dessen Rassismus saß tiefer als gedacht. Er setzte nach: Wahrscheinlich werde über kurz oder lang meine ganze Sippe einziehen. Das machte auch seinen Sohn fassungslos. Ich reagierte direkt. Ich entschuldigte mich bei meiner Freundin und bat sie, meinen sofortigen Abgang zu verstehen. Ihre Chancen, die Wohnung zu bekommen, waren eh im Keller. Wir verließen diese unangenehme Szene dann gemeinsam.

Ja, zumindest ein klares Statement meinerseits wäre angebracht gewesen – auch wenn ein klärendes Gespräch und eine Einsicht unwahrscheinlich waren. Aber manchmal spielen meine Nerven eben nicht mit. Denn Rassismus ist anstrengend – er nervt und er schmerzt. Und manchmal bin ich zu schwach, zu genervt, ja vielleicht auch zu verletzt, um in den Diskurs zu gehen. Ohne als Held – zumindest als Held des letzten Wortes – den Kampfplatz zu verlassen, stehle ich mich manchmal davon, um einer unangenehmen Situation möglichst schnell zu entfliehen. Jede und jeder kennt diese Situationen, bei denen einem erst im Rückblick einfällt, was man hätten sagen sollen. Und manchmal spürt man nachträglich erst so richtig die Wut hochsteigen über eine Demütigung. Man kann sich dann nur trösten mit: „Der/Die Klügere gibt nach" – denn sonst würde man im Nachhinein und nur für sich selbst eskalieren.

Ich war jedenfalls keine Sekunde länger bereit gewesen, mir das anzuhören. Klar, dieser Mann meinte nicht Marius Jung. Wie denn auch? Er wusste nichts von mir. Aber diese Erkenntnis schmälert die Verletzung überhaupt nicht. Eher im Gegenteil. Mit persönlicher Ablehnung kann ich umgehen – die Chemie stimmt eben nicht mit jedem und jeder. Aber sich gewahr zu werden, dass die Farbe meiner Haut genügt, um mich und meine ganze „Sippe" als Schmarotzer*innen darzustellen – das kränkt. Gerade weil ich persönlich weder etwas dafür noch dagegen kann. Diese Situation ist geradezu exemplarisch, um das

Prinzip der Sippenhaft, des rassistischen Gruppendenkens, zu erklären.

Um aber auch mal eine positive Geschichte zu erwähnen, berichte ich gerne von meinem aktuellen Vermieter. Keine meiner oft als Vermietungshindernis betrachteten Eigenschaften war hier relevant. Mein aktueller Vermieter ist Autor. Er vermietet gerne an Künstler. Er mutmaßte auch nicht über das mögliche Einziehen meiner ganzen Familie. Nicht einmal meine Solvenz stellte er infrage. Wir wohnen seit über zehn Jahren in dieser Wohnung und es gab, oh Wunder, nie Ärger. Beide Seiten kommen ihren Pflichten nach. Und es kommt jetzt auch kein „Aber dann geschah es eines Tages doch …“. Es gibt sie eben auch, die rundum positiven Erlebnisse.

Ein klassisches Beispiel für strukturellen Rassismus, dem nicht immer eine bewusst rassistisch gemeinte Handlung zugrunde liegt, ist die künstliche Intelligenz (KI). Denn selbstverständlich ist eine KI nur so klug und so gerecht, wie der Mensch sie programmiert. Und an ihren Aussetzern merkt man, dass da bisher überwiegend Weiße für Weiße programmieren. Wenn man eine KI die Gesichtserkennung nur an weißen Gesichtern trainieren lässt, wird sie bei nicht weißen Gesichtern versagen. Dazu gibt es eine spannende ZDF-Doku von Peter Welcherin: *Algorithmische Entscheidung – wenn die künstliche Intelligenz ausrastet:* Wenn im Algorithmus der Schufa, die mit ihren Aussagen über die Kreditwürdigkeit ganze Lebensläufe zerstören kann, „Migrationshintergrund“ sehr hoch gewichtet wird und dazu noch der Name als Indikator für einen solchen Hintergrund verwendet wird, kommt es zu rassistischen Diskriminierungen. Ein Grundfehler beim Programmieren von KI ist, dass bisherige Entwicklungen einfach fortgeschrieben werden. Dann sortiert eine Personalmanagement-KI ausländische Bewerber*innen deshalb aus, weil sie nicht zum bisherigen Profil der Firma passen, die lange Zeit nur Deutsche beschäftigte. Oder benachteiligt systematisch Bewerberinnen um Führungspositionen aufgrund ihres Geschlechts – beziehungsweise stuft Frauen, wie beim österreichischen Arbeitsamt geschehen, gleich insgesamt als „arbeitsmarktfern" ein, weil sie ja Kinder betreuten. Das hatte die Software von den – ich vermute mal männlichen – Programmierern „gelernt". Die Eignung für den Job spielt dann eine untergeordnete Rolle. Das Tückische an solchen KI-Fehlern ist, wie sorgfältig der Rassismus hier in den Tiefen der Software versteckt ist, die niemand durchschaut. Was der Computer uns sagt, betrachten wir gern als objektiv und unvoreingenommen. Dabei ist das Gegenteil oft der Fall.

Autogramm oder Ausweis?

Ein Thema, das es schon viel länger gibt, als es öffentlich diskutiert wird, ist „Racial Profiling", also das gezielte Herausfischen von Menschen of Color bei Polizeikontrollen. Im Jahr 2010 war ich mit dem Comedian Abdelkarim auf Tour. Wenn jemand Racial Profiling (auch „ethnisches Profiling" genannt) nicht versteht oder an seiner Existenz zweifelt, hätte er bei dieser Tour dabei sein sollen. Dann wäre er geheilt. Abdel und ich waren mit dem Zug unterwegs. In Frankfurt am Flughafen mussten wir umsteigen und wollten uns die Zeit vertreiben, indem wir im Flughafen ein Restaurant aufsuchten. Nun ist es für Künstler*innen ja normal, auf dem Weg durch einen Flughafen (oder einen anderen Ort mit vielen Menschen) permanent angehalten zu werden, weil jemand ein Autogramm möchte. Auch wir wurden wiederholt angehalten – allerdings von Polizist*innen. Und die wollten keine Autogramme, sondern Ausweise. Mein deutscher Personalausweis hat die Beamt*innen weniger getriggert – aber Abdel hat einen marokkanischen Pass. Das machte ihn offenbar doppelt verdächtig. Bei der dritten Kontrolle fragte ich dann doch mal nach, warum wir denn kontrolliert würden. Der Polizist stammelte etwas von einem Fahndungsaufruf. Ich stellte mir vor, wie die Durchsage über Funk kam: „Da sind ein Araber und ein anderer Dunkelhäutiger unterwegs. Beide tragen Bart. Wenn das nicht verdächtig ist. Besser mal kontrollieren. Die haben doch sicher was vor." Klang eher unwahrscheinlich. Ich begriff: So geht Racial Profiling.

Abdel blieb zumindest nach außen total gelassen, aber ich bekam zunehmend schlechte Laune. Da ich die häufigen Kontrollen als Schikane empfand, stellte ich beim nächsten Mal wieder die Frage, was das denn solle, und sagte dann laut, wie ich mir den Fahndungsaufruf vorstellte. Uns gegenüber standen eine junge Polizistin und ihr Kollege. Dieser fand meine Provokation nicht wirklich lustig. Hätte die Polizistin ihren Kollegen nicht beruhigt, hätte dieser Tourtag zumindest für mich wohl in einer Zelle geendet. Die Situation beruhigte sich aber zum Glück. Und ich mich auch für den Rest der Tour. Die Kontrollen rissen nicht ab, aber ich nahm sie gelassener hin. Obwohl es richtig gewesen wäre, weiter dagegen aufzubegehren. Aber manchmal bin ich einfach nur müde.

So wird es auch dem schwarzen Hamburger Lehrer Philip Oprong Spenner gehen. Er wurde bekannt, weil er beim abendlichen Betreten seiner Schule beobachtet und als vermeintlicher Einbrecher gemeldet wurde; der Polizei genügte es dann zunächst nicht, dass er einen Schlüssel besaß. Unter anderem wurde er gefragt, woher er komme und wie lange er schon in Deutschland lebe. Über seinen Alltag erzählt er dasselbe, was alle Menschen of Color erleben: „Zum Beispiel werde ich ständig kontrolliert, wenn ich am Flughafen bin, einmal habe ich deswegen sogar einen Flug verpasst. Und als ich im vergangenen Jahr auf dem Weg zu einer Preisverleihung mit Hamburgs

Bürgermeister Peter Tschentscher war, wurde ich angehalten, und mein Wagen wurde durchsucht. Sogar den Kindersitz musste ich ausbauen! Ich hätte das nie infrage gestellt, wenn nicht am Ende dieser eine Satz gefallen wäre. Ein Beamter sagte: ,Ich hoffe, Sie können das verstehen. Bei jemandem wie Ihnen besteht ein hoher Verdacht.'"[19] Tja – manchmal macht eine vermeintliche, bedauernd vorgetragene Erklärung die Sache noch viel schlimmer ...

Rassismus? Bei uns?! Wir sind doch Kultur!

Ein spannendes Feld der Auseinandersetzung um unbewussten Rassismus ist die Kulturszene – weil die Weißen, die sich hier tummeln, sich selbst ganz überwiegend für immun gegen das Gift des Rassismus halten. Konfrontiert man sie mit dem Hinweis auf unsensibles, tendenziell rassistisches Verhalten oder auf verfestigte Strukturen, die sie als Weiße gegenüber Menschen of Color privilegieren, reagieren die einen entgeistert bis empört, die anderen mit der manchmal übertriebenen Bereitschaft, mit dem Bad auch sämtliche Kinder auszuschütten – Stichwort Cancel-Culture. Heikel wird es in der Kunst auch deshalb manchmal, weil es zu ihrem Wesen gehört, an Grenzen zu gehen. Und in Grenzsituationen kommen oft Dinge hervor, die man tief vergraben hatte und von deren Vorhandensein man nichts mehr wusste und wissen wollte. Zur Illustration ein eher erheiterndes Beispiel aus einem anderen Lebensbereich: Habt ihr schon einmal mit einer Gruppe Autonomer ein WM-Halbfinale geschaut, in dem Deutschland spielte? Bei manchen der jungen Männer, die sonst auf Demos gerne „Nie wieder Deutschland!" skandieren, klingt es spätestens beim Elfmeterschießen plötzlich so, wie sie es als Knirps neben Papa auf dem Sofa gelernt haben. Da entfällt dann beim Rufen das „Nie wieder".

Ein gar nicht erheiternder Fall war das, was sich 2019 am Düsseldorfer Schauspielhaus ereignete. Der schwarze Schauspieler Ron Iyamu berichtete im März 2021, dass ihm nach einer Probe für den Dreh von Foltervideos, die in der Inszenierung von Büchners *Dantons Tod* verwendet wurden, ein Schauspielkollege ein Teppichmesser an den Schritt gehalten und gefragt habe: „Wann schneiden wir dem ‚N-Wort' eigentlich die Eier ab?" Nebenbei bemerkt: Die falsch verstandene Übervorsicht, mit der die *Süddeutsche Zeitung* diese Äußerung wiedergab, sorgt hier für Missverständlichkeit: Es wird nicht klar, ob der Kollege tatsächlich wörtlich „N-Wort" gesagt hat und damit möglicherweise die Umschreibung und nicht die Person meinte, oder ob er – das ist wahrscheinlicher angesichts der Messeraktion – „Neger" gesagt hat. Für mich ist das ein typischer Fall, in dem man das N-Wort durchaus hinschreiben kann und sollte, um die Boshaftigkeit des verbalen Übergriffs unmissverständlich zu zeigen. Die Entgrenzung, die der Aktion des Schauspielers zugrunde liegt, war offenbar schon vorher angelegt worden: Der Regisseur nannte Iyamu während der Proben angeblich häufiger „Sklave" und fand diese Bezeichnung für den Darsteller eines Freiheitskämpfers und ehemaligen Sklaven offenbar lustig.[20] Und zwar irgendwie „künstlerisch lustig" und deshalb erlaubt. Weil man ja im modernen Regietheater gemeinsam an die Grenzen geht. Dass das aber rassistische Beleidigungen rechtfertigen würde, ist ein Irrtum. Und der Mann mit dem Teppichmesser war hoffentlich erschrocken über das, was da tief in ihm schlummerte und als misslungener „Witz" nach der Grenzerfahrung der Folterszenenprobe an die Oberfläche gekommen war.

Wir alle können in Situationen geraten, in denen wir uns enthemmt oder auch mit dem Rücken zur Wand fühlen. Dann greifen wir nach der erstbesten herumliegenden Verbalkeule – und sind später (hoffentlich) entsetzt darüber, wie diese Keule aussah. So ertappe ich mich manchmal dabei, eine Person wie die AfD-Frau Alice Weidel, deren Meinungen ich zutiefst verachte, innerlich mit frauenfeindlichen Begriffen zu belegen, die ich sonst nicht als Kategorien akzeptiere. Und dass sie eine Frau ist, hat ja nichts damit zu tun, dass sie eine Rassistin ist. Aber wer parteiisch ist, schaut oft nicht so genau hin, mit welchen Ausdrücken er seine Widersacher*innen herabsetzt. Auch im adrenalingeschwängerten Sport kann man beobachten, dass es häufig rassistische Beleidigungen sind, die in solchen Momenten der Zuspitzung aus der Kloake unseres Unterbewusstseins nach oben gespült werden. Ein deprimierender Befund, der zeigt, wie tief Rassismus und andere Vorurteile sitzen und wie dringend wir sie bearbeiten müssen.

Ein Aufregerthema im Bereich Kultur und Medien ist das Blackfacing, also das lange Zeit unhinterfragt übliche Schwarzschminken weißer Darsteller*innen, die eine schwarze Figur verkörpern sollen. 2021 sorgte der Kabarettist Helmut Schleich für Aufsehen, weil er – wie schon seit Jahren immer wieder einmal – schwarz geschminkt als fiktiver afrikanischer Diktator und unehelicher Sohn von Franz-Josef Strauß auftrat. Die Spitze seiner Figur richtete sich nicht gegen afrikanischstämmige, sondern eher gegen politische Schwarze, also gegen die CSU – aber er hatte nicht reflektiert, dass Blackfacing inzwischen generell als rassistisch betrachtet wird. Kurz danach bekam auch der WDR Ärger: Wegen des coronabedingt ausgefallenen Karnevals zeigte man im Februar 2021 ein Potpourri älterer Karnevalsszenen. Darunter war auch eine mit Blackfacing, was für erneute mediale Aufregung sorgte – schon deshalb, weil der WDR kurz zuvor die peinliche Sendung *Letzte Instanz* gezeigt hatte, in der die ausschließlich weißen, biodeutschen Gäste darüber schwadroniert hatten, dass man sich wegen Wörtern wie „Zigeuner" nicht so anstellen solle. Später entfernte der Sender die Blackfacingszene aus der Karnevalssendung und fügte stattdessen eine Hinweistafel ein: „In diesem Video ist ein Ausschnitt aus

2010 enthalten, den wir entfernt haben. Er zeigt Personen mit ‚Blackfacing' auf der Bühne." Meine Meinung dazu: Hinweistafel gut, Rausschneiden schlecht. Ich finde nicht, dass man die Erinnerung daran tilgen sollte, was es einmal gab und was üblich war – auch wenn man es heute als rassistisch erkennt und betrachtet. Man soll es zeigen und kommentieren. Tabus lehren nichts, sondern lenken die Neugier in die falsche Richtung.

Ich gebe zu, dass beim Thema Blackfacing zwei Herzen in meiner Brust schlagen. Denn ich würde es sehr bedauern, wenn infolge der eindeutig rassistischen, verhöhnenden Darstellung von Schwarzen, für die das Blackfacing oft genutzt wurde und wird, die gesamte Tradition des Maskenspiels auf den Index geriete. Für meine Theaterarbeit war die Commedia dell'Arte nämlich prägend. Sie entstand als Maskenspiel im Italien des 16. Jahrhunderts. Ich nenne sie gerne die Wiege der Impro-Comedy. Die Darsteller*innen spielten die Szenen aus dem Stegreif. Die Maske nahm ihnen die Mimik und verlieh ihnen etwas Clowneskes. Ihr Ziel war es, Alltagssituationen überspitzt und parodistisch darzustellen. Wer die Möglichkeit hat, mal mit einer Maske zu spielen, sollte es tun. Es befreit. Es gibt einem Schutz, um schauspielerische Grenzen auszuloten, ohne das eigene Gesicht zu zeigen. Die Commedia dell'Arte war im Grunde Satire. Da gab es den dummen, stets hungrigen „Arlecchino" (Harlekin), das junge Liebespaar und den geizigen Kaufmann. Die Figuren waren bewusst überzeichnet, und oft waren es die Privilegierten, die zum Narren gehalten wurden.

Den Ursprung des Blackfacing, die Minstrelshows, kann man grundsätzlich in der Tradition des Maskenspiels und der fahrenden Spielleute sehen. Im 19. Jahrhundert waren diese Shows in den USA sehr populär. Allerdings ging es nicht mehr gegen die Privilegierten – ganz im Gegenteil. Weiße wurden schwarz geschminkt, um dann in klischeehafter und herabsetzender Weise schwarze Menschen darzustellen. Die Schauspieler färbten ihr

Gesicht mit Ruß und schminkten den Mund weiß. So ergab sich das Pendant zum dummen August. Sie nannten ihn Jim Crow. Er war tollpatschig und recht schlicht. Die andere Variante war nicht minder rassistisch: der schwarze Dandy. Die stereotype Übersexualisierung von schwarzen Männern wurde hier humoristisch verarbeitet. Keine der Figuren hatte positive Züge – es war also keine differenzierte Darstellung des schwarzen Mannes, sondern er wurde durchgehend als minderwertig und lächerlich dargestellt. Geschrieben wurden die Lieder und Sketche der Minstrelshows von Weißen für Weiße. Lange Zeit wurden auch nur weiße Darsteller eingesetzt. Diese ersten Comedyshows waren somit leider hoch rassistisch. Und dass später schwarze Männer mit weiß geschminkten Mündern Karikaturen ihrer selbst spielen mussten, machte die Sache keineswegs besser. Ihnen war der Zugang zum Showgeschäft ansonsten leider verwehrt. Sie waren Vorläufer von Hattie McDaniel, die 1939 in *Vom Winde verweht* das Dienstmädchen Mammy spielte – die Karikatur einer Schwarzen schlechthin. Sie bekam sogar als erste Person of Color einen Oscar für ihre Rolle – aber bei der Preisverleihung durfte sie nicht mit ihren weißen Kolleg*innen Clark Gable und Vivien Leigh an einem Tisch sitzen, so wie sie bereits von der Premiere des Films ausgeschlossen gewesen war: Das Kino war nur für Weiße. Später einmal auf ihre Mitwirkung an der rassistischen Darstellung der Mammy angesprochen, erwiderte sie trocken: „Ich bekomme lieber eine Wochengage von siebenhundert Dollar, um ein Hausmädchen zu spielen, als sieben Dollar, um eins zu sein."

Angesichts der Vorgeschichte kann ich nachvollziehen, dass Blackfacing auf der Tabuliste gelandet ist. Aber muss es in jedem Fall rassistisch sein? Der *Spiegel* schrieb 2021 zum Thema: „Wenn weiße Schauspieler für eine Rolle schwarz geschminkt werden, wirft dies immer grundsätzliche Fragen auf, muss aber nicht in jedem Fall rassistisch sein. Je nach Kontext kann es auch ein legitimer Kunstgriff sein. Wenn aber ein Weißer – wie Dieter Hallervorden vor einigen Jahren – behauptet, er habe dies tun müssen, weil er keinen schwarzen Darsteller gefunden habe, klingt das nach einer schlechten Ausrede."[21] Das ist wahr. Aber stellen wir uns vor, ein Schwarzafrikaner und ein weißer Sachse machen ein Experiment: Sie nehmen plakativ die Hautfarbe des anderen an. Wir hätten dann sowohl Black- als auch Whitefacing. Die beiden improvisieren und überzeichnen die Figur des anderen. Das fände ich spannend. Es wäre vom Set-up her nicht rassistisch. Und keinem Schwarzen oder PoC ginge einer der für uns eh rar gesäten Schauspieljobs im Theaterbereich verloren.

Fazit: Wir sollten mehr Einzelfallentscheidungen treffen. Kunst braucht die Möglichkeit, Grenzen auszuloten. Wie der Harlekin und der Narr es bei Hofe taten, sollte auch das Maskenspiel dem Publikum den Spiegel vorhalten. Die Kunst ist es, dabei nicht nach unten zu treten.

In fast allen Bereichen der Kultur- und Medienszene ist dunkle Hautfarbe weiterhin ein klarer Nachteil. „Für schwarze Personen ist es immer noch schwer, auf ein Zeitschriftencover zu kommen. Bei meinem letzten Shooting wurde ich damit konfrontiert, dass der Fotograf verwitzelt fragte, wie man eine schwarze Frau ausleuchtet. Ich hab mich wie ein Alien gefühlt", erzählt die in Äthiopien geborene deutsche Schauspielerin Dennenesch Zoudé 2021 in dem gerade genannten *Spiegel*-Report. Der Antirassismusaktivist Daniel Gyamerah erklärt das Problem fehlender Repräsentation und fehlender Daten am Beispiel der Ermittlung der Einschaltquote, die für die programmatische Ausrichtung der TV-Sender zentral ist: Dafür würden nur Haushalte befragt, in denen die Person mit dem Haupteinkommen deutschsprachig sei. Und für viele Befragungen werde per Zufall eine bestimmte Anzahl von Festnetznummern ausgewählt – obwohl junge Menschen kaum noch Festnetzanschlüsse hätten und die schwarze Bevölkerung in Deutschland überdurchschnittlich jung sei. Das verzerre die Ergebnisse mit hoher Wahrscheinlichkeit. Aber mangels Daten wisse man es einfach nicht genau, und das sei ein Teil des Problems.[22]

Und die bereits erwähnte Autorin und Bookerpreisträgerin Bernardine Evaristo erklärte im Interview mit der *taz* die blinden Flecken der Literaturbranche – und die ersten, zarten Anzeichen für Veränderungen: „Literaturpreise werden von denen geformt, die sie vergeben. Noch vor einigen Jahren bestand die Jury des Booker Prize nur aus Personen des Establishments. Das waren natürlich mehr Männer als Frauen, man müsste mal rausfinden, wie viele von ihnen in Cambridge oder Oxford studiert haben, wahrscheinlich die meisten. Als ich gewonnen habe, war es eine sehr unübliche Jury: Es waren mehr Frauen als Männer, zwei davon waren of Color. Das hat es davor noch nie gegeben. Es geht immer um die Qualität von Literatur, aber auch darum, wer den Geschmack bestimmt, wer determiniert, was Qualität eigentlich bedeutet. Ich habe diesen Preis bekommen, weil die Jury mein Buch verstanden hat. Wäre es eine andere Jury gewesen, hätte mein Buch vielleicht nicht gewonnen." Die Buchbranche sei „eine sehr traditionelle, sehr weiße, mittelschichtige Industrie. Sie ist sehr ‚Oxbridge'. Die Gesellschaft wird nicht in den Entscheidungspositionen abgebildet. Aber das ändert sich. Black Lives Matter war ein wichtiger Katalysator. (…) Die Verlage sind aufgewacht, weil die Menschen sie gefragt haben, wieso sie uns nicht veröffentlichen."

Zu dunkel? Zu hell? Die düstere Welt des Colorism

2021 wurde bekannt, dass der Schauspieler Will Smith in einem Film über die „Tennisschwestern" Serena und Venus Williams deren Vater spielen soll. Bei einigen vermeintlich antirassistischen Aktivist*innen erhoben sich daraufhin Proteste: Smith sei nicht dunkel genug, um den Williams-Vater zu spielen. Diese Stimmen verbreiteten sich natürlich sofort in den „sozialen" Netzwerken. Hier werden ja auch abwegige Meinungen einiger weniger Menschen so behandelt, als seien sie superrelevant und -interessant – weil Krawall eben immer interessant ist für die Gaffermedien. Und dieses Missverständnis – Shitstürmchen gleich Relevanz – übernehmen andere Medien dann gerne und verstärken es weiter. Wie dem auch sei: Wenn das Ganze keine Satire war, gibt es offensichtlich schwarze Menschen, die dem schwarzen Schauspieler Will Smith vorwerfen, nicht schwarz genug zu sein. Das rassistische Schema, das hier plötzlich von Schwarzen gegen Schwarze angewendet wird, heißt „Colorism" – und es war bisher eigentlich ein „Privileg" von Weißen.

Mit Colorism ist das Phänomen gemeint, dass der Grad der intuitiven Ablehnung und auch der expliziten Schlechterstellung von Menschen of Color mit der Dunkelheit ihrer Haut steigt. Je dunkler, desto gefährlicher, lautet die Gleichung des Colorism. So wurden Schwarze in Südafrika stets noch stärker diskriminiert als die vielen im Land lebenden Inder*innen, von denen einer übrigens Mahatma Gandhi war, der um die Jahrhundertwende dort gewaltlos gegen die Diskriminierung seiner Volksgruppe kämpfte. Und bis heute spüren Schwarze, die „light-skinned", also von hellerer Hautfarbe sind, Rassismus weniger als die, die „dark-skinned" sind.[23] Über die Ursprünge der positiveren Bewertung heller Haut, also den Zusammenhang mit Sklaverei und Kolonialismus, habe ich bereits weiter oben geschrieben. Kulturell kam noch hinzu, dass unter den Europäer*innen blasse Haut bis etwa Mitte des 20. Jahrhunderts als Zeichen von Vornehmheit, also eines höheren sozialen Rangs galt. Wer gebräunt war, musste offensichtlich auf dem Feld arbeiten – während blasse Zeitgenoss*innen für ihren Lebensunterhalt nicht auf körperliche Arbeit unter freiem Himmel angewiesen waren. Diese soziale Distinktion verstärkte noch die intuitive Besserbewertung heller Haut gegenüber dunkler. Erst mit dem Aufkommen des Massentourismus ab Mitte der 50er-Jahre wurde die gebräunte Haut (von Weißen, wohlgemerkt!) sozial umgedeutet: Wer sie hatte, konnte sich Urlaub leisten. Und die Arbeit draußen wurde immer seltener, taugte also nicht mehr als generelle, sozial abwertende Erklärung für Bräune.

Kleiner Einschub: Eine ähnliche Umkehrung gab es auch bei der Körperform: Wer dick war, galt früher als Mensch, der sich ausreichend Nahrung leisten konnte – das ging bis zur „Fress-welle" nach dem Zweiten Weltkrieg so. Erst danach drehte es sich und Schlankheit wurde zum Zeichen des bewussten und gesunden Lebens der Privilegierten, während Korpulenz auf fehlende Impulskontrolle und das Angewiesensein auf preis-wertes, dick machendes Junkfood hinwies. In dieser Zeit än-derte sich übrigens – passend zu unserem Thema – auch die Bewertung von Weiß- und Schwarzbrot: Weißbrot war lange ein Privileg der Reichen und Vollkornbrot ein Armeleuteessen.

Zurück zum Colorism: Als ich vom Will-Smith-Beispiel las, war ich fassungslos darüber, wie hier argumentiert wurde. Ver-teilen wir Schwarzen jetzt Teilhabe ernsthaft anhand kleiner Unterschiede in Hauttönen? Obwohl wir gegen ein System kämp-fen, das Hautfarben verschiedene Wertigkeiten andichtet, sagen wir: „Deine Haut ist nicht dunkel genug. Gib die Rolle einem anderen Schauspieler, der noch mehr Opfer ist als du." Ist das nicht die Opferolympiade, die wir vermeiden sollten? Ich stehe hinter Quotenregelungen, um Teilhabe gegen das Festhalten am Status quo durchzusetzen. Ich finde die Frauenquote sinnvoll, um in DAX-Vorständen Frauen entsprechend ihren Fähigkei-ten vertreten zu sehen. Und auch Quoten für Menschen of Color braucht es wohl, um eine Gesellschaft in ihrer Diversität darzu-stellen. Aber hier hat ein Regisseur eine Vision. Die hängt nicht an feinen Farbunterschieden. Die Hauptrolle soll auf jeden Fall schon mal hochkarätig besetzt werden. Da geht es dann um

Typbesetzung. Das muss man dem Künstler doch zugestehen. Es gilt schließlich, den besten Schauspieler für die Rolle zu bekommen. Hätte er Meryl Streep oder Bruce Willis für die Rolle angefragt, hätte ich die Aufregung vielleicht noch verstanden. (Wobei Meryl Streep definitiv alles spielen kann.) Aber hier wird innerhalb der Gruppe der Rassismusopfer ein absurdes Rassismussystem installiert. Die Leidtragenden sind also nicht einmal die Weißen, die jahrhundertelang Rassismus praktiziert oder von ihm profitiert haben. Wenn die Hautfarbe nur ein gesellschaftliches Konstrukt ist, sollten wir diesem Konstrukt mit aller Kraft entgegenwirken. Es zu überwinden, ist mein Ziel – und nicht, es unter anderem Vorzeichen zu übernehmen.

Eine gute Idee hingegen finde ich das „Colorblind Casting". In jedem Film, in jeder Serie gibt es eine Vielzahl von Rollen, die mit Schauspieler*innen jeder Herkunft besetzt werden könnten. Und in den USA und Großbritannien geschieht das auch mehr und mehr. Eine x-beliebige US-Serie von 2021 wäre uns vor 20 Jahren noch wie eine sehr gewollte und künstliche, quotierte Feminismus- und Antirassismusveranstaltung vorgekommen. Heute fallen uns die asiatischstämmige Anwältin, der schwarze Hauptkommissar und die Bürgermeisterin der Großstadt gar nicht mehr auf. In Deutschland hingegen: Flaute. Rollenangebote erreichen mich weiterhin nur, wenn im Drehbuch explizit ein Migrationshintergrund beschrieben steht. Da ist es schon ein Fortschritt, wenn es mal kein Dealer ist. Für mein erstes Buch machte ich 2013 eine Umfrage unter PoC und schwarzen Schauspieler*innen. Das Ergebnis war sehr eindeutig: Bei Anfragen ging es immer um migrantisches Aussehen. Da wünschte ich mir ein wenig mehr Fantasie. Ich glaube nicht, dass man überhaupt noch Mut dafür braucht. Vor ein paar Jahren fragte mich ein Regisseur, ob ich mir vorstellen könne, in einer Episode der Serie, die er gerade drehte, einen Oberarzt zu spielen. Klar konnte ich mir das vorstellen. Warum denn auch nicht? – So dachte ich mir das ganz naiv. Kurze Zeit später bekam ich eine Absage – zusammen mit der perfiden „Argumentation" der Redaktion: Niemand würde ihnen einen Schwarzen als Oberarzt abnehmen. So schlimm sei der Rassismus in der Gesellschaft, leider. Mein Einwand, es gebe ja nun mal in Deutschland unbestritten Oberärzte jeder Hautfarbe, konnte nicht überzeugen. Ich blieb fassungslos zurück. Viel mehr als der Verlust des Jobs schmerzte mich, dass hier die Chance auf das Abbilden der längst vorhandenen Diversität mit der dreisten Begründung verschenkt wurde, das Publikum glaube das nicht. Selbst wenn das wahr wäre, wurde das Potenzial von Fiktion übersehen: eine neue Realität sicht- und vorstellbar zu machen und damit wahrscheinlicher. Die viel diskutierte Kostümserie *Bridgerton* ist ein gutes Beispiel. Hier wurde nicht nur Colorblind Casting praktiziert, sondern bewusst gegen den Strich und gegen die historischen Fakten gecastet. Dadurch enthielt eine Serie, die sonst nur zum x-ten Mal die Intrigen der oberen Zehntausend abgebildet hätte, im wahrsten Sinne des Wortes eine zusätzliche Farbe. Die Möglichkeit der Kunst, eine Geschichte neu und mit viel Fantasie zu erzählen, wurde gesehen und genutzt – bis hin zu einer schwarzen Königin von England. In Deutschland hingegen traut man sich nicht mal, den Buchhalter Klaus mit einem Schauspieler of Color zu besetzen, obwohl Klaus' bisheriges Leben und seine Herkunft für die Geschichte gar keine Rolle spielen, weshalb man sie unabhängig von Hautfarbe und Physiognomie besetzen könnte. Colorblind Casting statt schwarzem Colorism wäre für mich die Devise.

Noch eine Überlegung zum Colorism: Ich arbeite gerne als Sprecher. Im Radio und für Hörspiele sollte die Hautfarbe keine Rolle spielen. Aber auch hier werde ich bevorzugt als Overvoice für die Stimmen von Schwarzen gebucht. Für einen Bericht über die afroamerikanische Musikerszene in New Orleans sprach ich zum Beispiel die Zitate eines afroamerikanischen

Bürgerrechtlers. Ich habe diesen Job gerne gemacht. Aber es ist ein wenig absurd, hier auf Hautfarbe zu achten. Wenn die Annahme rassistisch ist, ich hätte die Musik und den Rhythmus „im Blut", weil ich schwarz bin, dann ist die antirassistisch gemeinte Überlegung, nur ein Schwarzer habe die richtige „Seele", um einen Schwarzen zu synchronisieren, letztlich ebenso rassistisch. Quoten für Menschen of Color sind okay – aber sie sollten unabhängig von der Rolle und der Aufgabe sein. Sonst mischt sich in die gute Absicht der Gleichstellung durch Quote die merkwürdige Erwartung an BIPoC, sie sollten bestimmte Bereiche (und nur diese) als ihr Zuständigkeitsgebiet akzeptieren. Hier wiederholt sich wieder einmal ein Muster, das wir aus dem mühsamen Prozess der Gleichstellung von Frauen kennen. Die ersten Ministerinnen, die es gab, waren immer für „weibliche" Themen (alias „Gedöns") zuständig – aber nie für die „harten Männerjobs" wie Verteidigung, Finanzen und Inneres. Das hat sich so richtig erst mit Angela Merkels Kanzlerschaft erledigt. Aber an migrantisch geprägte Politiker*innen gibt es weiterhin die Erwartung, sie sollten sich doch bitte nur mit „ihren" Themen beschäftigen. Das legt zum Beispiel eine merkwürdige Studie nahe, die 2021 veröffentlicht wurde. Politikwissenschaftler*innen hatten untersucht, wie oft Bundestagsabgeordnete mit Migrationshintergrund in Anfragen die Themen Ausländer*innen und Migration behandelten. Und stellten entgeistert fest: Je länger die Fremden im Bundestag sitzen, desto mehr erdreisten sie sich, auch Fragen zur Finanz-, Außen-, Agrar- und Verkehrspolitik zu stellen. Ohne Bezug zu Migration! Ihr Schluss: Das habe mit „strategischen Kalkülen der Karriereplanung" zu tun. Die Forscher*innen konnten sich offenbar nicht vorstellen, dass die Abgeordneten mit den dunklen Haaren und den merkwürdigen Namen von sich aus Interesse an und Kompetenz für andere Politikfelder mitbrachten. Nein, das musste Karrieregeilheit sein. Zusätzlich absurd war die Annahme, das Engagement für Integration und gegen Rassismus sei ein Nischenthema der migrantischen Community. Dabei sind es Themen, die alle angehen.[24]

Die kurdischstämmige Bundestagsabgeordnete Helin Evrim Sommer (Linkspartei) kommentierte die Studie gegenüber mir und meinem Co-Autor so: „Als Abgeordnete mit Migrationshintergrund muss ich mich nicht nur um migrationspolitische Themen kümmern. Wir werden ja schließlich nicht nur von unserer Community gewählt. Wir müssen uns, wie die biodeutschen Abgeordneten, um die Probleme unserer Wählerinnen und Wähler kümmern. Ansonsten werden wir von unseren Parteien nicht wieder aufgestellt. Und ich möchte mich als Bundespolitikerin nicht nur auf Migrations- und Flüchtlingspolitik reduzieren. Ich kann auch Außen- und Verteidigungspolitik machen. So denkt inzwischen die postmigrantische Generation."[25]

Kulturelle Aneignung

Eine in letzter Zeit regelmäßig zu hörende Kritik von Antirassist*innen bezieht sich auf den Umgang mit kulturellen und geistigen Schöpfungen und Traditionen unterdrückter Ethnien durch Weiße. Leider ist der Begriff „kulturelle Aneignung", der ein ernst zu nehmendes und kritikwürdiges Phänomen benannte, mittlerweile in die Hände übereifriger „Superwoker" geraten, was auch in diesem Fall bedeutet: zu 200 Prozent empört, aber nur zu 20 Prozent verstanden. Wir erinnern uns: „Superwoke" sind für mich die übertrieben Woken, sie treten nur vermeintlich aufgeklärt auf und sehen in allem einen Angriff oder eine Verletzung. Aber wie wir ja wissen: Gut gemeint ist manchmal das Gegenteil von gut.

Gemeint war mit dem Begriff der kulturellen Aneignung ursprünglich der kolonialistische Zugriff auf die Kultur von

Indigenen oder von marginalisierten Ethnien zum Zwecke der Bereicherung, der Erniedrigung und der Enteignung. Der Begriff kritisiert das Loslösen einzelner Elemente wie zum Beispiel der Malstile, der grafischen Muster oder musikalischen Traditionen aus ihrem ursprünglichen Zusammenhang, damit man sie als seine eigenen Schöpfungen ausgeben kann. Eine solche Berücksichtigung von Machtverhältnissen, die den kulturellen Austausch prägen, ist sicherlich berechtigt und notwendig. Mittlerweile jedoch ist daraus ein denunziatorisches Aufspüren „fremder" Elemente in der Alltagskultur von Weißen geworden, das wir unbedingt zurückweisen müssen, wenn wir nicht in einer Art Biedermeier 2.0 landen wollen, in dem sich der Westen in der Behaglichkeit seines Wohlstands einrichtet und vom Rest der Welt nichts mehr wissen will. Beziehungsweise gar nichts mehr wissen *darf* – weil kultureller Austausch ja sofort als „Aneignung" denunziert wird. Wenn Irokesenfrisuren und Essstäbchen als Zeichen einer kolonialistisch-rassistischen Gesinnung gedeutet werden, gerät etwas gewaltig in Schieflage. Dann wird „Aneignung" missverstanden, indem man nicht nur Wegnehmen, Ausbeuten und Verfälschen darunter versteht, sondern auch Interesse, Austausch und Wertschätzung. Lebendige Kultur bestand seit jeher im Austausch, und die Eingliederung einst fremder Traditionen war immer eine Bereicherung. Wobei ich dieses Wort mit Bedacht gewählt habe, weil es die Ambivalenz des globalen kulturellen Austauschs zeigt: Man bereichert sich gegenseitig kulturell und geistig und schafft damit geistige Öffnung – und manchmal bereichert sich auch jemand materiell und auf Kosten benachteiligter Ethnien und macht ihre Kultur zu seiner Beute. Aber schauen wir uns den andalusischen Stil an, in dem sich der orientalische und der mediterrane Stil gegenseitig ergänzen und etwas ganz Eigenes, Wunderbares zum Vorschein kommt. Auch das ist das Ergebnis einer Eroberung, der eine lange Fremdherrschaft folgte. Die Vermischung von Kulturen entsteht zwar oft infolge kriegerischer Unterwerfung – aber sie entwickelt danach ein Eigenleben, das Menschen eint und das Neues schafft. Manchmal hat dieser Prozess sogar einen geradezu subversiven Charakter: Das alte Rom beherrschte Griechenland militärisch – aber das, was wir als „römische Kultur" kennen, ist in Wahrheit die griechische. Und den großen Einfluss der schwarzen Musiker*innen auf die populäre Musikgeschichte sollten wir wohl kaum als bloße Niederlage der Unterdrückten werten. Blues und Swing, Soul und Hip-Hop – all das wurde maßgeblich von schwarzen Musiker*innen geprägt. Auf jeden Fall wäre ein klinisch reines Aufräumen der Kultur, also ein Tilgen jeder Spur kultureller Aneignung in der woken Definition, nur mit einer Cancel-Culture gigantischen Ausmaßes zu erreichen. Und wenn ich mir eine Runde von Leuten vorstelle, die nach dem Yoga auf Rattanmöbeln sitzend und mit einer Buddhafigur auf der Anrichte bei einem Currygericht und bei Reggaemusik aufgeregt über „kulturelle Aneignung" diskutiert, weil die Frisur einer biodeutschen Schauspielerin zu afrikanisch war, dann fehlt mir in diesem Bild die Selbstreflexion. Und das richtige Maß. Vielleicht kann man die Sache mit einem Vergleich aus dem Lebensmittelbereich verdeutlichen: Wenn man Menschen in ärmeren Gegenden die Nahrungsmittel nimmt, die sie für ihre eigene Ernährung brauchen, ist das kolonialistische Aneignung. Aber wenn man sich durch ihre Rezepte anregen lässt und die eigenen Gerichte künftig fantasievoller würzt, betrachte ich das eher als Austausch.

Unerheblich finde ich hingegen den manchmal zu hörenden trotzigen Einwand, die Angehörigen marginalisierter Ethnien und Kulturen nutzten schließlich auch westliche Errungenschaften wie Autos und Smartphones; das sei dann doch auch kulturelle Aneignung. Abgesehen davon, dass diese Produkte am Ende einer langen Entwicklung stehen, zu der etwa die Erfindung des Rades im heutigen Indien und die arabischen

Beiträge zur Mathematik gehören: Zur kulturellen Enteignung gehört die Macht, sich etwas anzueignen. Und die liegt nun mal bei den nördlichen und westlichen „Dominanzkulturen".

Was also ist rassistisch – und was nicht? Letztlich geht es aus meiner Sicht um die Frage, ob die Hautfarbe beziehungsweise die Herkunft ein Kriterium für die *Beurteilung* und die *Bewertung* eines Menschen ist. Das sollte sie nicht sein. Diesem Ziel gilt meiner Meinung nach der Kampf gegen den Rassismus. Die Ausgangsannahme, jemand mit dunkler Haut und krausem Haar habe einen anderen kulturellen Hintergrund als ein weißer Mensch, ist in unseren multikulturellen Gesellschaften veraltet. Das sollten Weiße allmählich mal verinnerlichen. Für illusorisch und überflüssig hingegen halte ich die Vorstellung, äußere Merkmale wie die Hautfarbe sollten auch für die wertfreie *Beschreibung* von Menschen tabu sein, die man nicht näher kennt. Wenn zwei Barkeeper*innen in eine wimmelige Menschenmenge blicken, weil eine Person ihr Portemonnaie auf dem Tresen hat liegen lassen, und der eine sagt zur anderen: „Ich glaube, das gehört der Schwarzen da hinten", sehe ich keinen Anlass, das Lokal wegen eines Rassismusskandals mit einem Shitstorm zu überziehen. Wo viele Menschen sind, die man nicht kennt, werden äußere Merkmale wie groß – klein, dick – dünn, blond – dunkelhaarig oder eben schwarz – weiß immer eine Rolle spielen. Sie dürfen nur nicht zu einer Bewertung führen – und sie dürfen natürlich nicht das Kriterium *bleiben*, mit dem man Menschen kategorisiert, wenn man sie näher kennt. Die stellvertretende Landtagspräsidentin von Schleswig-Holstein, die Grünen-Politikerin Aminata Touré, wundert sich immer wieder über den verengten Blick, den Menschen auf sie haben:

„Mit dem Lebenslauf, den ich habe, bin ich eigentlich gar nicht so untypisch für die Politik, sowohl ich als auch meine Eltern haben einen akademischen Abschluss. Relativ untypisch wäre, wenn ich keinen Abschluss hätte. Das übersehen die Leute gerne, obwohl es eine große Rolle spielt. Sie sehen nur: Okay, da ist jetzt eine, die ist schwarz, die hat einen Fluchthintergrund, das kennen wir nicht."[26]

In Deutschland leben Menschen mit dunkler Haut, die hier geboren wurden, zur Kita und zur Schule gehen, studieren, arbeiten, im Verein Sport treiben, Unternehmen führen und gründen, in Parlamente gewählt werden und und und. Was Deutsche eben so tun. Es wird Zeit, dass wir das kennen. Und erkennen. Und vor allem anerkennen.

Wenn das einzige Werkzeug, das man kennt, ein Hammer ist ...

... dann sieht alles wie ein Nagel aus. Es ist eigentlich ein banaler, aber manchmal notwendiger Hinweis: Selbst in einer Gesellschaft, die von strukturellem Rassismus geprägt ist, fällt nicht alles Negative, das einem Menschen of Color widerfährt, unter die Rubrik „Rassismus". Vor dieser Denkfalle muss man sich hüten – auch als Opfer. Ich habe oben erwähnt, dass ich mal einem Lehrer Rassismus vorgehalten habe, weil er mir im Rahmen seiner beruflichen Pflichten eine unerfreuliche Ansage gemacht hatte. Und zwar mir als Schüler, nicht mir als Schwarzem. Schon Sekunden nach meiner pubertären Anschuldigung wäre ich vor Scham am liebsten im Boden versunken. Also: Wenn ein schwarzer Angestellter von seiner weißen Chefin kritisiert wird, weil er eine bestimmte Aufgabe nicht zufriedenstellend erledigt hat, ist das nicht zwingend rassistisch. Dasselbe gilt für Kritik an Seminararbeiten oder Referaten, Hinweise auf das Übertreten von Verkehrsregeln und so weiter. Das automatisch und anlasslos als rassistisch zu deuten, ist wehleidiges Opfergetue und ein Missbrauch des Rassismusbegriffs. Rassistisch ist es, wenn jemand *in seiner oder ihrer Eigenschaft als Schwarze*r* kritisiert, herabgesetzt, benachteiligt, gedemütigt wird. Nicht wenn er oder sie überhaupt kritisiert wird. Und das Benennen von Fällen des eingebildeten Rassismus bedeutet kein Leugnen oder Verharmlosen des existierenden Rassismus – so wie die Feststellung, dass es Hypochondrie gibt, nicht bedeutet, dass man die Existenz von Krankheiten leugnet. Noch abstoßender und lächerlicher ist es, wenn Weiße sich angesichts ungewohnter Kritik an ihren Privilegien zu Rassismusopfern ernennen. Da fehlen mir dann oft die Worte.

Es sollte deutlich geworden sein, dass der letzte Absatz seltene Ausnahmen beschreibt – kleine Inseln in einem Ozean des echten Rassismus. Für Weiße ist die Gefahr, Rassismus nicht zu bemerken, sehr viel größer als die, ihn dort zu entdecken, wo keiner ist. Wie aber kann man Rassismus erkennen, wenn man ihn dank der weißen Haut nur sehr selten oder nie zu spüren bekommt? Nun, wenn man eine soziale Situation erlebt, an der Menschen of Color beteiligt waren, sollte man sich danach ehrlich fragen, ob das Ereignis sich genauso abgespielt hätte, wenn alle Beteiligten weiß gewesen wären. Und wenn die Antwort „vermutlich nicht" lautet, dann war man Zeug*in von Rassismus. Also stell dir ab und zu diese Frage.

Warum handeln Menschen rassistisch?

Was bringt Menschen dazu, mich rassistisch zu behandeln? Ich möchte das verstehen – damit ich mit denen, die nicht aus Bösartigkeit rassistisch sind, ins Gespräch kommen kann. Dabei ist mein Signal nicht: „Ich sehe ein, dass ich schwarzer Mann dir Angst mache; du kannst nichts dafür." Sondern eher: „Du wohnst seit zehn Jahren im Haus neben mir und ich habe dich bislang nicht aufgegessen. Vielleicht sind deine Sorgen vor Schwarzen also unbegründet?" Warum also diskriminieren Menschen? Beginnen wir mit einem kurzen Reigen möglicher Motive.

Bei Kindern nennt man es „fremdeln": Was wir nicht gewohnt sind, macht uns erst mal ängstlich. Und um uns in einer uns fremden Situation der Unsicherheit zurechtzufinden, treffen wir Annahmen. Diese sind oft pauschal und falsch und wirken sich rassistisch aus. Aber es gibt auch die recht egoistische Angst um Privilegien oder um den Vorrang der eigenen Gruppe. Es gibt die Angst der Marginalisierten vor Konkurrenz. Es gibt den Widerwillen gegen das Verändern von Gewohnheiten. Es gibt ein „Wir gegen die"-Denken, also das Bedürfnis, die eigene Gruppe zu stärken. Und es gibt das Überlegenheitsgefühl aufgrund der eigenen Kultur, Religion oder Hautfarbe. Oft ist es auch schlicht Ignoranz: Man weiß nichts – oder nur Falsches – über die anderen und will auch nichts lernen. Dabei kommt dann oft diskriminierendes Verhalten heraus. Nicht zu vergessen: Bösartigkeit und Verrohung. Und ein entscheidender Faktor ist das, was ich den „Sippenhaftmechanismus" nenne.

Schauen wir uns die Motive genauer an – und beginnen wir mit der Angst. Das Tückische an Ängsten ist: Sie können so irrational sein, wie sie wollen – sie wirken trotzdem. Bevor wir uns aber den unterschiedlichen Angstmotiven für Rassismus zuwenden, sollten wir eine entscheidende Sache bedenken, auf die Alice Hasters hingewiesen hat. Sie räumt ein, dass Weiße Angst haben – um ihre Macht, vor Veränderung, vor dem schlechten Gewissen. (Oder, so füge ich hinzu, weil sie aus Schwäche zum Typ „Angstbeißer*in" gehören.) Aber: „Die Diskriminierten haben Angst um ihr Leben. Nach Halle, nach Hanau, nach zahlreichen Anschlägen auf Asylheime."[27] Diesen gravierenden Unterschied sollten wir nie vergessen, wenn wir über die Ängste der privilegierten Mehrheit sprechen, die sie rassistisch handeln lässt.

Die Angst vor dem Fremden nennt man Xenophobie. Eine Phobie ist eine übertriebene, unangemessene Angst. Der Angstforscher Borwin Bandelow erläutert dazu gegenüber der *Welt* vom 8. Oktober 2021 („Psychologie Xenophobie"), dass die Angst vor dem Fremden früher einmal überlebenswichtig war. Er vergleicht sie mit der Angst vor Spinnen. In Deutschland gibt es heute keine giftigen Spinnen mehr. Doch die evolutionär angelegte Angst aus der Zeit, als Vorsicht vor Spinnen sinnvoll war, weil sie tödlich sein konnten, hat sich bis heute gehalten. Sie sitzt in den Genen. Heute ist dieses Phänomen aber pathologisch – weil der Auslöser sozusagen weggefallen ist. Ähnlich verhält es sich mit der Xenophobie. Als wir noch in Höhlen wohnten, waren die Nahrungsmittel knapp. Wir rotteten uns in Stämmen zusammen und verteidigten unser Revier. Mitglieder anderer Stämme wurden erschlagen. Heute gibt es keinen Grund mehr, vor dem Supermarkt jemanden zu erschlagen, um mir den Laib Brot zu sichern. Die Urangst vor dem Fremden ist ihres ursprünglichen Sinnes glücklicherweise beraubt. Aber dadurch ist sie leider nicht weg. Weil sie sich nicht an die Regeln der Vernunft hält: „Ein großes Problem der überlieferten Urängste ist, dass sie in einem primitiven Teil des Gehirns entstehen, der keinen Hochschulabschluss hat", so formuliert es Bandelow. Genau deshalb ist es der Gipfel der Verantwortungslosigkeit, wenn Parteien wie die NSDAP oder die AfD mit zynischem Kalkül an genau solche Urängste appellieren und sie schüren. Sie locken damit mutwillig den Höhlenmenschen heraus, der in uns allen steckt. Das Ergebnis sehen wir, wenn Rassist*innen mit Gewalt auf die „Fremden" oder zum Beispiel „die Juden" losgehen.

Bandelow rät, sich mit der Angst auseinanderzusetzen, wie es auch in Angsttherapien praktiziert wird: „Wer Angst vor Hunden hat, muss mit Hunden spazieren gehen. Wer Angst vor Fahrstühlen hat, muss Fahrstuhl fahren. Nach hundert Versuchen ist klar: Es passiert nichts."

Tatsächlich habe ich in all den Jahren auf Deutschlandtournee immer wieder festgestellt: Die Angst vor Fremden ist da am größten, wo es am wenigsten Menschen of Color gibt. Dort werde ich leicht zur Projektionsfläche für die Ängste der Leute. Nur durch Kennenlernen werden Fremde zu Bekannten. Das durfte ich erleben, als ich eine Zeitlang außerhalb der Großstadt, im Westerwald, lebte. Anfangs wurde ich sehr kritisch von den anderen Dorfbewohner*innen beäugt. Als sie merkten, dass ich doch mit Messer und Gabel umgehen kann und auch ihre Sprache spreche, wurde es langsam besser. Und irgendwann war ich zwar immer noch der verrückte Künstler, aber trotzdem Mitglied der Dorfgemeinschaft. Nach zwei Jahren brannte meine Wohnung aus – dank eines Pyromanen, der Brände legte, um sie dann als Mitglied der freiwilligen Feuerwehr löschen zu können. Zum Glück wurde niemand verletzt, aber ich stand buchstäblich vor dem Nichts. Die Nachbar*innen nahmen mich sofort auf, bis meine Wohnung wieder bewohnbar war. Die meisten Menschen standen mir ganz handfest zur Seite: Sie sammelten Geld und Essen, halfen aufräumen und renovieren. Zwei Jahre zuvor hatte ich eher das Gefühl gehabt: Wenn meine Bude mal abbrennt, sind die Nachbar*innen die Brandstifter.

In Krisenzeiten nimmt die Angst vor Fremden regelmäßig zu. Wenn die Realität mit ihren Einschlägen näher kommt, kriecht die Furcht in uns hoch. Wir wollen Oberhand gewinnen. Wir wollen unsere Angst überwinden, indem wir dafür sorgen, nicht die Letzten in der Nahrungskette zu sein. Anfang 2021 war zu lesen, dass asiatisch aussehende Menschen in New York sich seit Beginn der Pandemie vermehrt rassistischen Beschimpfungen und Übergriffen ausgesetzt sehen. Sie werden für die Coronapandemie verantwortlich gemacht und gelten als Übertragende des Virus. Donald Trump hat mit seinem fortgesetzten Reden vom „chinese virus" perfekt vorgemacht, wie ruchloser Rassismus funktioniert. Und die Abwehr ansteckender Krankheiten ist evolutionär gesehen ein ebenso altes und starkes Motiv von Fremdenhass wie die Nahrungskonkurrenz. Aber um nicht missverstanden zu werden: Archaische Ängste sind im 21. Jahrhundert selbstverständlich kein Argument und erst recht keine Rechtfertigung für rassistisches Verhalten. Weil wir eben nicht mehr in der Steinzeit leben. Dass wir Rassismus als „primitiv" betrachten, markiert ja gerade, dass wir keine Primaten mehr sind.

Ein historisches Beispiel für „Krisenrassismus" ist die Internierung aller aus Japan stammenden US-Bürger*innen im Zweiten Weltkrieg. In Großbritannien traf es alle dort lebenden Deutschen – auch die dorthin geflohenen Jüd*innen. Hier drückte sich ein Misstrauen aus, das nur auf Herkunft und Ethnie schaute. Und auch die Angst vor „den Russen" während des Kalten Kriegs ist ein Beispiel für den Bedarf nach einem Feindbild. Hier wurden ebenfalls Urängste reaktiviert: „Der

Russe kommt! Unsere Lebensart ist bedroht! Wir müssen alle Kommunisten werden und all unser Eigentum abgeben." Bedingung für ein gelungenes Feindbild ist, dass der Status quo gefährdet ist. Sonst funktioniert es nicht. Die Angst vor „dem Russen" gab es seit etwa 1943. Dass man da um einen Status quo fürchtete, der durch und durch verbrecherisch war, spielte keine Rolle.

Islamistische Terroranschläge lösen regelmäßig Wellen von antiarabischem und antimuslimischem Rassismus aus. Aber der Anlass muss nicht zwingend Terrorismus sein. Wir alle erinnern uns noch an die Kölner Silvesternacht 2015/16. Diese Nacht änderte für die von massiven Belästigungen und Drangsalierungen betroffenen, traumatisierten Frauen alles. Und indirekt auch für mich eine Menge. Es war das erste Mal, dass ich unter Ächtung litt. Ich berichte das hier nicht aus Wehleidigkeit oder um zu relativieren, was den Opfern damals angetan wurde, sondern um irrationale Angstmechanismen zu illustrieren. Ich konnte die Verstörung der Frauen damals verstehen. Zugleich verstörte mich, was danach geschah. Die meisten Tatverdächtigen wurden laut Polizeiberichten als nordafrikanische junge Männer identifiziert. Dass auch biodeutsche Männer beteiligt waren, ging in der Empörung unter. Etwa drei Monate lang war es für mich Alltag, dass ein Großteil der Frauen die Straßenseite wechselte, wenn ich ihnen entgegenkam. Sie sahen in mir einen potenziellen Täter, weil ich eine dunklere Haut habe. In Bus und Bahn blieben die Sitze neben mir frei. Es war bedrückend, gemieden zu werden. Eine gesamte Volksgruppe für die Taten einiger zu ächten, ist purer Rassismus. Für mich waren diese Monate quälend. Natürlich setze ich den Preis, den ich bezahlt habe, in keinem Moment in Vergleich zu dem, was Hunderten von Frauen in jener Nacht widerfahren ist. Aber warum haben weiße Männer anschließend nicht denselben Preis bezahlt? Warum kommt nach den regelmäßigen sexuellen

Übergriffen auf dem Oktoberfest niemand auf die Idee, alle Männer in Lederhosen zu stigmatisieren? Und warum denken wir überhaupt so: Der Täter hatte dieses und jenes Gruppenmerkmal – also machen wir alle Angehörigen dieser Gruppe verantwortlich. Was viele Menschen of Color in diesen Monaten Anfang 2016 erfahren mussten, war eine Folge der Schlüsse, die ein großer Teil der weißen Bevölkerung aus diesen Ereignissen zog: Das waren Fremde – also meidet alle Fremden. Da ist sie wieder, die Urangst vor dem Fremden. Und sie hielt sich hartnäckig über Monate. Es gab damals Momente, in denen ich den Gedanken an Auswanderung recht sympathisch fand.

Kommen wir zur egoistischeren Angst: der um den eigenen Vorrang und die Privilegien. Wenn bisher Marginalisierte wie Frauen und Menschen of Color Gleichberechtigung einfordern, bedeutet das, dass andere Macht und Einfluss abgeben müssen. Wir Männer fürchten, die Privilegien des Patriarchats zu verlieren, und Weiße haben Angst um die Annehmlichkeiten ihrer Vorherrschaft. Die Furcht vor Rival*innen um Macht und Ressourcen ist ein starkes Bollwerk gegen Emanzipation.

Wir haben begonnen, die politische und ökonomische Macht umzuverteilen, um Gerechtigkeit herzustellen. So geschah es immer wieder in der Menschheitsgeschichte. Zum Beispiel, als der Adel seine Privilegien mit Bürger*innen teilen musste. Die gute Nachricht: Betrachtet man nur die Ökonomie und lässt die Ökologie außen vor, hat die Menschheit damals sehr profitiert. Und sie wird auch jetzt wieder profitieren, weil Teams umso effektiver und vor allem produktiver arbeiten, je diverser sie zusammengesetzt sind. Mehr selbstbewusste und selbstbestimmte Menschen bringen auch mehr Tatkraft und Kreativität in die Gruppe. Wir wären entwicklungsmäßig definitiv noch in den Höhlen, wenn Menschen nicht immer und immer wieder Veränderung ausgehalten hätten. Ich schreibe „ausgehalten", weil ich weiß: Der Mensch ist ein Gewohnheitstier. Und Veränderungen machen erst mal Angst. Auch die guten.

Auch Konkurrenzangst kann ein starkes Motiv für Fremdenhass und Rassismus sein. Dazu eine frappierende Geschichte, die ein befreundetes Paar mir erzählte. Im Spätsommer 2015, als sich Deutschland noch in der „Willkommen!"-Stimmung befand, unterhielt sich ihre damals zwölfjährige Tochter auf dem Schulhof mit Klassenkamerad*innen über die Ankunft der vielen Geflüchteten. Ein Junge sagte, dass seine Eltern das mit den vielen Flüchtlingen blöd fänden. Dem schloss sich ein zweiter an, der ebenfalls von großen Vorbehalten seiner Eltern gegen „diese Leute" berichtete. Und auch ein Mädchen haute in dieselbe Kerbe und sagte, ihre Eltern seien total dagegen, „so viele Ausländer" aufzunehmen. Die Tochter des befreundeten Paars war mutig genug, dennoch zu sagen: „Also meine Eltern finden das gut, dass wir die aufnehmen." Worauf die drei anderen wie im Chor antworteten: „Ja, *deine* Eltern. Die sind ja auch *Deutsche!*" Was war hier geschehen? Die Mitschüler*innen hatten Vorfahren, die aus Russland, aus Kurdistan und aus Bosnien stammten. Aber müssten „die Fremden" nicht untereinander solidarisch sein? Dieser Gedanke geht von der falschen Vorstellung aus, „die Nichtbiodeutschen" seien eine homogene Gruppe mit einheitlichen Interessen. Aber so wie „die Deutschen" aus unzähligen Interessengruppen bestehen, verschiedene Parteien wählen, unterschiedliche Lebensverhältnisse haben und so weiter, gilt das natürlich auch für „die Ausländer" (die ja sehr oft bereits Deutsche sind). Mein Freund erklärte sich die Schulhofszene damals mit einem Vergleich: Stellen wir uns eine wartende Menge auf einem U-Bahnhof vor. Aber der Zug, der einfährt, ist bereits rappelvoll, was die an der Tür Stehenden auch deutlich machen: „Ist voll." Dem ganz vorne Wartenden gelingt es, die Leute in der U-Bahn durch bittende Blicke dazu zu bringen, noch etwas zusammenzurücken. Er quetscht sich in den Wagen, dreht sich zur Tür – und ist nun selbst der, der den anderen Wartenden sagt: „Tut mir leid, jetzt ist es wirklich voll." 2015 nahmen viele Migrant*innen, die sich gerade in Deutschland integrierten, die Neuankömmlinge als Konkurrent*innen wahr und nicht als ihresgleichen. Weil beide Gruppen tendenziell um dieselben prekären Jobs, um dieselben günstigen Wohnungen und auch um die Empathie der Einheimischen konkurrieren. Und übrigens auch, weil es nicht gegen Rassismus immunisiert, selbst dessen Opfer zu sein. In den Unterkünften für Geflüchtete erleben Afghan*innen oft Rassismus seitens der Syrer*innen – und beide Gruppen erniedrigen häufig die jungen Männer aus Eritrea – weil die Christen sind. Und schwarz. Opfer von Rassismus zu sein, heißt nicht, dass man selbst nicht rassistisch denkt und handelt. Oder andere diskriminierende Ansichten teilt. Die schwarze und zugleich durch und durch homophobe Rastafarikultur auf Jamaika ist nur ein Beispiel dafür.

Menschen of Color sind keine schlechteren Menschen als Weiße – aber eben auch keine besseren.

Verlassen wir die Ängste und betrachten andere Entstehungsbedingungen für rassistisches Reden und Handeln. Nach Jahrhunderten der Versklavung und kolonialistischen Ausbeutung sind die westlichen Gesellschaften sozusagen in der Wolle rassistisch gefärbt. Das drückt sich bis heute in einem Überlegenheitsgefühl der Weißen und Europäer*innen aus. Wir sehen mit Stolz unsere Wirtschaftskraft, unsere Infrastruktur, unsere Bildung und Kultur – und übersehen sowohl die Fähigkeiten etwa der afrikanischen Gesellschaften als auch die zerstörerische Wirkung, die unser Lebensstil auf ärmere Länder hat. Der Fisch, den wir braten, fehlt auf den Tellern der Menschen an der westafrikanischen Küste. Die Billigkleidung, die wir kaufen, basiert auf der Ausbeutung von Frauen in Bangladesch. Die Avocados, die wir essen, entziehen mexikanischen Bäuer*innen das

Wasser für ihre Felder. Aber wir schauen oft auf sie herab. Wir halten sie für weniger fähig; das beweist ja in unseren Augen ihre fortdauernde Armut. Das ist die darwinistische, selbstzufriedene und erbarmungslose „Moral" des Neoliberalismus: Wer arm ist, hat sich nur nicht genügend angestrengt.

Das Überlegenheitsgefühl zeigt sich oft in ganz banalen Alltagssituationen. Kürzlich war ich mit meiner Tochter in einem Drogeriemarkt. Ich suchte gerade nach den richtigen Müllbeuteln, als meine Tochter einige Meter weiter weg stolperte und hinfiel. Es war nur der Schreck, aber sie begann zu weinen. Bevor ich bei ihr sein konnte, stürzte eine ältere weiße Frau herbei und wollte ihr aufhelfen. Das war erst mal nett von ihr. Nur vertraute mein Kind dieser Frau offensichtlich nicht und lehnte die Hilfe ab. So was kann passieren – aber die Dame schien es nicht akzeptieren zu wollen, weil sie sich als die beste anwesende Retterin betrachtete. In dem Moment kam ich dazu und merkte an, dass das Kind offensichtlich keine Hilfe von ihr wolle. Darauf fragte sie ziemlich barsch, was mich das wohl angehe. Ich sagte, ich sei der Vater. Darauf sie: „Na, da müssen sich solche wie Sie aber auch nicht wundern." Solche wie ich? Schon erstaunlich, wie viel Missbilligung in einem so schlichten Satz enthalten sein kann. Bis zu diesem Moment hätte ich eher gedacht, ich werde gerade nur mit dem typischen Alltagssexismus von Frauen konfrontiert, die Männern den angemessenen und liebevollen Umgang mit Kindern grundsätzlich nicht zutrauen. Aber Männer (oder Frauen) bezeichnet man nie als „solche wie Sie". Musste also auch etwas mit meiner Hautfarbe zu tun haben. Mal wieder. Ich antwortete: „Wundern tue ich mich tatsächlich – und zwar über Sie. Und egal wer ‚solche wie ich' auch immer sein mögen – klar ist: Meine Tochter möchte von solchen wie Ihnen keine Hilfe."

Unwissenheit ist ein weiterer möglicher Grund für Rassismus. Was der Bauer nicht kennt, frisst er nicht, sagte man in meiner Kindheit. Heute könnte man sagen: Was der Mensch nicht kennt, mag er nicht. Wenn Nichtwissen einhergeht mit Neugier, kann man das ändern. Schlimm ist die Dummheit, die aus dem Nichtwissen*wollen* und dem Festhalten an Vorurteilen kommt. Gegen diese Form der Ignoranz ist kaum ein Kraut gewachsen – außer vielleicht, mit einem schwarzen Schwiegersohn überrascht zu werden, den man plötzlich doch mag. Ron Williams sieht in der Ignoranz sogar die „Ur-Ursache von Rassismus" und sagt: „Da sind wir alle gefragt: Eltern, Freunde, Berufskollegin, die Kirche und vor allem die Schule."[28]

Und manchmal sind Menschen rassistisch, weil sie einfach böse sind. Sadist*innen, die Freude am Quälen und am Leiden der Schwächeren haben. Wir kennen solche Typen vom Schulhof – und manchmal werden sie sogar US-Präsident. Oder Präsident Brasiliens, der Philippinen, der Türkei … Gegen den primitiven Fremdenhass von Menschen, die nicht über das Horden- und Stammesverhalten vorzivilisatorischer Zeiten hinausgekommen sind, hilft nur der wehrhafte Rechtsstaat. Für Gespräche fehlt da die Grundlage.

Willkommen in Pauschalien!
Der Sippenhaftmechanismus

Was liegt dem Rassismus überhaupt zugrunde? Es ist das Prinzip der Sippenhaft; dieses etwas altertümlich klingende Wort beschreibt den Mechanismus, viele Menschen in einen Topf zu werfen und ihre individuellen Charaktereigenschaften auszublenden, ziemlich gut. Ohne die Idee, dass alle Angehörigen einer Gruppe als Feind zu betrachten sind, gibt es keinen Rassismus. Rassismus richtet sich nie gegen eine Person als Individuum, sondern immer gegen die Merkmale, die sie mit anderen verbindet. Sippenhaft bedeutet, dass eine Person verantwortlich gemacht wird für das Handeln von Mitgliedern einer Gruppe. Und obwohl diese Gruppe immer heterogen ist und ihre Mitglieder sich niemals alle gleich verhalten, wird ihr ein einheitlicher Wille und ein koordiniertes Handeln unterstellt. So wird aus dem hochgebildeten Arzt, hilfsbereiten Nachbarn und liebevollen Familienvater Dr. Mohammad A. im Handumdrehen ein Angehöriger der Gruppe „die Flüchtlinge". Oder noch schlimmer: der Gruppe „die Muslime", also „Islamisten", also „Terroristen". Und aus dem gelernten Bauzeichner und begabten Geiger Martin, den eine Scheidung und eine Erkrankung aus der Bahn geworfen haben, wird „der Penner", um den ich einen weiten Bogen mache und den ich auch dann nicht anspreche, wenn ich ihm einen Euro in den Hut werfe. Er ist auch eine Art Feindbild, weil ich ihn als Bedrohung wahrnehme. Nicht weil er mich tatsächlich bedroht, sondern weil er mir, dem wirtschaftlich einigermaßen abgesicherten Wohnungsmieter Marius Jung zeigt, wie gefährdet meine eigene bürgerliche Existenz ständig ist. Das will ich verdrängen – und wenn mich jemand durch sein Schicksal daran erinnert, empfinde ich das unbewusst als feindselig.

Wieso aber ist der Sippenhaftmechanismus so stark? Und warum springen wir so schnell darauf an? Woher kommt das Bedürfnis, sich als Teil einer Gruppe zu definieren, die sich von anderen Gruppen absetzt? Ein Freund sagte neulich in leicht ironischem Ton zu mir: „Ein Feindbild bringt innere Ruhe." Dann lachte er länger und lauter, als es der laue Gag eigentlich hergab. Ich befürchte, in seinem Satz steckt sehr viel Wahrheit – und er wusste das. Sollten wir uns also tatsächlich über andere erheben müssen, um innere Ruhe zu erlangen? Ich fürchte: Ja. Ganz einfach gesagt: Gruppendenken schafft Frieden nach innen und Krieg nach außen. Das scheinen Gemeinschaften leider oft zu brauchen. Aber das spricht uns als aufgeklärte

Individuen der Gesellschaft natürlich nicht frei. Was also machen wir da dauernd?

Nun, wir alle kategorisieren Menschen. Dauernd. Wer meint, völlig frei von Vorurteilen zu sein und jeden Menschen und jede Situation völlig unvoreingenommen zu betrachten, also jedes Mal bei null zu beginnen, ist entweder ein sehr kleines Kind oder ein Mensch, der sich selbst und andere belügt. Wir könnten gar nicht in einer anonymisierten Massengesellschaft leben, wenn wir uns nicht anhand äußerer Merkmale ein erstes Bild der Menschen machten, die uns begegnen. Denn anders als in einer vormodernen Dorfgemeinschaft kennen wir nicht alle persönlich, mit denen wir in Kontakt kommen. Also schätzen wir ihr voraussichtliches Verhalten aufgrund unserer Erfahrungen ein und haben entsprechende Erwartungen. Das geschieht oft blitzschnell und unbewusst. Die Frau mit Kopftuch und im langen bunten Wollrock, die dort an der Straßenecke auf dem Pflaster sitzt, wird mich vermutlich anbetteln. Der unsicher gehende Mann dort ist wahrscheinlich betrunken oder zugedröhnt und verhält sich unberechenbar – ich wechsle mal lieber die Straßenseite, zumal ich mein Kind bei mir habe. Die Frau hinter dem Schalter schaut so mürrisch – sie wird mein Anliegen wohl nicht sehr wohlwollend prüfen. Die vier lauten jungen Männer da vorne mit ihrem Machogehabe suchen vielleicht Streit oder wollen mich ausrauben – ich gehe ihnen lieber aus dem Weg und vermeide auf jeden Fall Blickkontakt. Den könnten sie als Angriff auf ihre Ehre verstehen. Hand aufs Herz: Welche Haarfarbe hatten die Jugendlichen im inneren Bild, das gerade bei Ihnen entstanden ist? Ich frage das, weil ich glaube, dass jeder bestimmte Bilder hat, die seine Ängste ausdrücken. In meinem Bild waren die Männer eine bunte Mischung aus blonden und dunkelhaarigen jungen Männern. Es war die Angst, wegen meiner Hautfarbe von ihnen angemacht zu werden.

So navigieren wir durch unseren Alltag. Das funktioniert so ähnlich wie bei Verkehrsteilnehmer*innen. Auch sie schätzen ab, wie die anderen sich verhalten werden. Täten sie das nicht, bestünde der Verkehr nur aus vorsorglichen Bremsmanövern und Stillstand. Deshalb wird es übrigens lustig werden, wenn immer mehr selbstfahrende Autos unterwegs sind. Weil sie sich notwendigerweise anders – nämlich viel defensiver – durch den Verkehr bewegen als Fahrzeuge mit Fahrer*innen aus Fleisch und Blut, wird es eine Zeitlang zu vielen aus menschlicher Sicht unnötigen Vollbremsungen autonomer Autos und daraus folgenden Auffahrunfällen durch menschliche Chauffeur*innen kommen. Aber irgendwann werden wir dazulernen und unsere Voraussagen anpassen. Und genau darum geht es: Wir müssen bereit sein, unsere Erwartungen und Vorurteile zu revidieren. Wenn wir unsere Annahmen zu Tatsachen erheben und auch dann an ihnen festhalten, wenn sie sich als falsch erweisen, dann sind wir Kandidat*innen für Rassismus, Sexismus, Behindertenfeindlichkeit und so weiter. Sobald wir mit einem Menschen in Kontakt treten, gebietet es der Respekt, ihn als Individuum zu sehen. Er ist kein Vertreter einer Gruppe, der wir bestimmte Eigenschaften zuschreiben. Sonst sehen wir in ihm kein Individuum, sondern ein Abziehbild.

Wie schon beim Thema „Wohnungssuche" angedeutet: Viele, die mich als einen Menschen mit dunklerer Hautfarbe ansprechen, gehen offenbar davon aus, dass Deutsch nicht meine Muttersprache sein kann. Sie sprechen dann gerne lauter und grammatikalisch unkorrekt, weil sie meinen, das sei verständlicher für mich. Eine Frage wie „Woher du kommen?" wird meist nicht aus Bosheit gestellt. Aber sie ist diskriminierend. Ich erwarte, dass Menschen ihre Vorannahmen überprüfen, wenn sie in Kontakt mit mir kommen – und sie dann korrigieren, also normal sprechen und sich mit der Antwort „aus Köln" zufriedengeben. Die Frage nach meiner Hautfarbe können sie stellen, wenn wir uns besser kennen. Und wenn ich nach dem Ursprung ihrer roten Haare gefragt habe.

Um Pauschalurteile zu vermeiden, bedarf es einer bewussten Anstrengung. Denn bereits als Kinder beobachten wir und entwickeln Muster, an denen wir uns orientieren: Langes Haar mit Spangen gleich Mädchen, kurzes Haar gleich Junge. Mädchen spielen mit Puppen, Jungs mit Autos. Mädchen plappern, Jungs schmeißen mit Sachen. Um die Wäsche kümmert sich Mama, um die Autoreparatur Papa. Wer Dialekt spricht, weiß nicht so viel wie andere. Mit Hellhäutigen sprechen meine Eltern schnell, mit Dunkelhäutigen langsam. Wenn eine Person of Color das Wartezimmer betritt, zieht Oma ihre Handtasche näher an sich heran. Und so weiter und so weiter.

Später verfestigen sich die Muster dann und nisten sich, wenn wir nicht bewusst darauf achten, als kleine Ressentiments ein, die wir gerne mit ironischen Anführungszeichen von uns geben, zumal sie ja fast immer negativ sind: Chines*innen treten nur in Horden auf und klauen unsere Technologien. Das über alle 1,4 Milliarden Chines*innen zu behaupten, ist recht gewagt, aber wir neigen dazu. „Der Südeuropäer" ist laut, fröhlich und unzuverlässig. „Der Pole an sich" hat ein lockeres Verhältnis zum Eigentumsbegriff. Der mit dem B-Kennzeichen da vorne ist sicher ein großkotziger Hauptstadtarsch. Wir wissen, dass solche Verallgemeinerungen falsch sind, und jede*r von uns hat ganz sicher schon mehr unzuverlässige Deutsche getroffen als Spanier*innen oder Italiener*innen. Das hält uns freilich nicht davon ab, solche Bilder im Hinterkopf zu behalten und zu denken: „Aber irgendwas ist doch dran." Und wenn es stressig wird, mobilisiert unser Hirn diese Bilder. Stellen wir uns vor, dass ein arabisch aussehender Mann in der S-Bahn sitzt und jemand ruft etwas von einer Bombe. Es ist leider ziemlich klar, wohin sich alle Köpfe drehen. Und spätestens dann werden die

Klischees und verallgemeinerten Erwartungen gefährlich. Extrem kränkend sind sie ohnehin für die jeweiligen Betroffenen.

Kann es ein Leben ohne Annahmen geben? Ich denke, nein – und auch wenn man sich darüber bewusst ist, dass man gerade im Blindflug der Vorurteile unterwegs ist, ist die Lage keineswegs immer klar. Ist es wirklich rassistisch, wenn ein Arzt annimmt, dass eine verschleierte, des Deutschen nicht mächtige Frau nicht in Abwesenheit ihres Mannes untersucht werden will – oder ist es umgekehrt rassistisch, wenn er diese Möglichkeit *nicht* in Rechnung stellt? Jedenfalls werden wir immer wieder in die Versuchung geraten, mit Pauschalisierungen eine einfache Antwort auf komplizierte Situationen zu finden – wir sind eben schwache Menschen. Wichtig ist aber, dass wir uns dieser Versuchung bewusst sind und dagegen anarbeiten. In dem bereits erwähnten *Spiegel*-Streitgespräch zwischen dem Lehrer Philip Oprong Spenner und dem Polizeipräsidenten Ralf Martin Meyer räumt Letzterer ein, dass er beim Wort „Drogendealer" eher an Afrikaner als an Skandinavier denke (weil es Afrikaner seien, die den organisierten Drogenhandel in der Hamburger City dominierten) und bei „Giftmord" eher an eine Frau als an einen Mann. Es komme darauf an, sich solcher Stereotypen bewusst zu sein und sie zu reflektieren. Worauf Spenner richtigerweise forderte: „Minderheiten müssen das Gefühl haben, die Polizei geht mit ihnen genauso um wie mit Karl-Heinz." Denn pauschale Annahmen sind falsch und unfair, weil sie sich nicht auf einzelne Personen beziehen, sondern stets auf eine ganze Gruppe wie ein Volk oder eine Ethnie. Und wenn wir uns diese Mechanismen nicht bewusst machen, werden daraus schnell Projektionen, die für Einwände und Gegenbeweise unzugänglich sind.

Ein berühmtes Beispiel für eine solche Projektion stammt von Paul Watzlawick; viele kennen es und der sarkastische Titel seines Buchs passt zu unserem Thema: *Anleitung zum Unglücklichsein*. Die kurze Episode spielt sich ausschließlich im Kopf eines Mannes ab, der einen Hammer benötigt und überlegt, ihn sich von seinem Nachbarn zu leihen. Aber dann beginnt er, über mögliche Gründe nachzudenken, aus denen ihm der Mann seinen Wunsch abschlagen könnte. In diese (höchstwahrscheinlich falschen) Erwartungen steigert er sich dermaßen hinein, dass er am Ende zum Nachbarn stürmt und ihn, anstatt nach dem Werkzeug zu fragen, sofort anbrüllt: „Dann behalten Sie doch Ihren verdammten Hammer!" Auch beim Thema Rassismus gibt es solche Projektionen – etwa wenn jemand dermaßen von der Gefährlichkeit von Menschen mit dunkler Haut überzeugt ist, dass er oder sie Menschen of Color grundsätzlich keinen Job gibt oder keine Wohnung vermietet. Und spätestens im Fall offener Ausgrenzung oder gar Angriffen wird die Unsicherheit der einen zum Problem der anderen. Die destruktiven Gedanken machen andere zu angeblich Schuldigen. Solche Konflikte sind schwer zu vermeiden, weil sie gar nicht offen zutage treten, also ausgetragen und gelöst werden können. Der gesamte Prozess läuft nur im Kopf einer Person ab – aber getroffen wird ein anderer Mensch.

Feindbilder

Menschen sind bekanntlich soziale Wesen. Wobei „sozial" nicht zwingend „nett und rücksichtsvoll zu anderen" bedeutet, sondern erst mal nur: Wir sind darauf angewiesen, in einer Gruppe zu leben, in ihr anerkannt und integriert zu sein. Wir brauchen unser Rudel, um Geborgenheit zu erleben. Das beginnt mit der Familie als kleinster Gruppe. Das sind die Menschen, für die ich in ein brennendes Haus rennen würde, um sie zu retten. Familie ist mir das Wichtigste. Als Nächstes kommen die Freund*innen. Für sie würde ich nicht unbedingt ins brennende Haus rennen und riskieren, meine Familie alleinzulassen (sorry, ihr Lieben!).

Aber sie können mich nachts anrufen und bekommen jederzeit Hilfe. Wir sind füreinander da und hören einander zu. Sie genießen meinen uneingeschränkten Respekt.

Die nächsthöhere Ebene kann der Ort oder der Stadtteil sein, in dem ich lebe, oder auch der Sportverein. Bei mir sind es Kolleg*innen und solche, die mich auf dem Weg im bunten Kleinkunstbetrieb begleitet haben. Natürlich gefällt mir hier nicht jedes Programm. Nicht jede Haltung, die auf Bühnen vertreten wird, finde ich gut. Durch die fehlende Nähe zu diesen Menschen ist meine Toleranzschwelle niedriger. So kann es passieren, dass ich jemandem nicht nur die gebührende Aufmerksamkeit verweigere, sondern auch den vollen Respekt. Und schon gehe ich hin und stelle mich über ihn oder sie. Wodurch ich selbst in meinem Ranking steige. Da sind Leute schlechter als ich oder vertreten die falsche Meinung. Die bashe ich jetzt mal, um mich besser zu fühlen. Wenn ich jetzt noch zusammen mit anderen über sie herziehen kann, gewinne ich noch mehr Kraft aus meinem Mobbing. Denn nun sind wir ja schließlich solidarisch. Das „wir" bezieht sich natürlich auf uns Winner, die ihre Stärke durch kraftspendendes Lästern und Höhnen beweisen. Und schon haben wir ein „wir" gegen „die". Denn eine Gruppe ist nicht nur durch ihre Gemeinsamkeiten definiert, sondern auch durch ihre Begrenzung. Zu wissen, wer *nicht* dazugehört, ist genauso wichtig für die Gruppenidentität wie das Wissen darum, wer Teil der Gruppe ist. Und warum ist es wichtig? Damit innere Konflikte der Gruppe nach außen abgeleitet werden können. Immer wieder fragen mich Schüler*innen, wie es denn sein könne, dass Menschen ganze Volksgruppen auf der Basis unwahrer Behauptungen verunglimpfen. Ich erkläre dann den Mechanismus des Feindbilds: Wenn jemand etwas erzählt, wodurch meine Gruppe und ich uns besser oder stärker fühlen, gibt uns das inneren Frieden. Über den Wert eines auf Lügen aufgebauten Friedens lässt sich streiten. Aber so lässt sich erklären, warum wir eine Lüge, die uns in den Kram passt, gerne als Wahrheit annehmen. Erzählte mir jemand, er habe mehrfach davon gehört, dass AfD-Wähler*innen dazu neigen, ganze Ferkel lebend zu verspeisen: Ich würde es erst mal bereitwillig glauben. Es wäre doch wundervoll, so die Monstrosität der politischen Gegner*innen beweisen zu können. Und damit meine überlegene Moral. Ich esse schließlich nur niedliche Tiere, wenn sie vorher für mich getötet wurden. Sinnvoll oder wahrheitsfördernd ist diese Vorgehensweise allerdings nicht. Das ist die Krux an Fake News: Sie helfen nur denen, die uns lenken wollen. Verallgemeinerungen sollten wir stets mit Vorsicht genießen. *Den* Juden, *den* Afrikaner und *den* Moslem gibt es nicht. Gruppen lieben aber nun mal Feindbilder. Und besser als eine Einzelperson ist dafür immer eine andere Gruppe geeignet. Das deckt eine größere Menge von Schuld und Angst ab, die wir projizieren können. Um eine Gruppe zu bewahren, brauchen wir offenbar immer einen Arsch vom Dienst. Der ist dann an allem schuld. Und vor allem ist er der Grund für all unsere Ängste. So können wir unsere Hände in Unschuld waschen. Und unsere Angst vor der Globalisierung, der Industrie 4.0, dem Klimaschutz und anderen Veränderungen, die wir nicht umfassend verstehen, findet endlich ein Gesicht.

Ich habe es oben bereits erwähnt: Frieden nach innen, Krieg nach außen. Um das hinzubekommen, muss man die „Gegenseite" dämonisieren als eine, der alles zuzutrauen ist. Insbesondere wenn eine Gruppe autoritär geführt, also mehr durch Angst als durch Respekt zusammengehalten wird, kommt ein äußerer Feind höchst gelegen, um den Zusammenhalt zu bewahren. Deswegen steuern Diktaturen früher oder später stets auf einen Feldzug gegen einen angeblichen Feind zu. Feindbilder sind also Friedensstifter und Kriegstreiber in einem. Und sie präsentieren Schuldige für die eigenen Probleme und Konflikte. Wirtschaftskrise? Die geldgierigen Juden sind schuld.

Die Kinder hören nicht mehr auf die Erwachsenen? Die grünen Hippies sind schuld. Das Klima kippt? Die Muttis mit dem SUV sind schuld. Die heile Welt der 50er-Jahre ist vorbei? Die Einwanderer sind schuld. Angst um den wirtschaftlichen Status? Die Fremden sind schuld. Natürlich ist eine Schuldzuweisung nie ein Weg zur Lösung eines Problems. Aber sie lenkt den Fokus so schön weit weg von mir. Das ist eine wichtige Funktion des Feindbilds: Ich muss mich nicht mit meinen eigenen Fehlern und Versäumnissen befassen, sondern projiziere sie auf andere. Wir kennen den Mechanismus aus unserem ganz direkten Lebensbereich: Ein äußerer „Feind" schweißt die Gruppe zusammen. Die Familie kann noch so zerstritten sein – wenn der Hausmeister eines ihrer Kinder zusammenstaucht, weil es im Hof spielt, schließen sich alle gegen ihn zusammen. Ebenso läuft es, wenn die Vermieterin die WG-Bewohner*innen nervt oder der Chef die Mitarbeiter*innen, die sich eigentlich spinnefeind sind, und so weiter.

Für eine erstklassige Sippenhaft eignen sich natürlich Gruppen, deren Angehörige man auf den ersten Blick erkennt. Religion ist zum Beispiel schwierig – wer vermag schon Salafist*innen zuverlässig von Hipster*innen zu unterscheiden? Viel besser funktioniert es mit dunkler Haut. Die Hautfarbe ist für Rassist*innen so etwas wie das Fußballtrikot. Sie hilft zu unterscheiden: Das sind „unsere" und das sind die anderen. Wenn „unsere" Foul spielen, bestreiten wir das und beschimpfen die Schiedsrichter*innen für ihr Eingreifen. Wenn die anderen dasselbe tun, entsteht schnell eine kollektive Lynchstimmung gegen sie. Alle, die mal bei einem umkämpften Fußballspiel im Stadion waren, wissen, wovon ich spreche – und wie schnell man sich auch als normalerweise besonnener und differenziert handelnder Mensch anstecken lässt vom kollektiven, grölenden Schwarz-Weiß-Schema. Von Schwarz-Weiß-*Denken* will ich hier lieber nicht sprechen. Das Gehirn ist in solchen Situationen ja weitgehend im Stand-by-Modus und liefert nur noch archaische Impulse. In meiner Vorstellung sind Feindbilder deshalb immer schwarz-weiß. Farbe ist nur hinderlich, denn dann könnte Vielfalt aufkommen. Das wäre das Ende von gut funktionierenden Feindbildern. Und das Bild des Feindes kann gar nicht holzschnittartig genug ausfallen. Je schematischer und fratzenhafter, desto besser. Ohne klares Schwarz-Weiß-Denken funktioniert eine vernünftige Sippenhaft nicht. Feindbilder sind zudem keine ausgefeilten, holografischen, dreidimensionalen Bilder. Sie sind zweidimensional. So verwehren sie uns den Perspektivwechsel. Jemanden nur von einer Seite zu betrachten, macht es viel leichter, ihn oder sie pauschal zu verurteilen.

Das Gefährliche an Feindbildern ist, dass sie Menschen mit einem Label versehen. Es mag sinnvoll sein, Äpfel zu etikettieren, damit ich ihre Herkunft recherchieren und nachhaltig konsumieren kann. Aber Menschen sind keine Äpfel. Sie sind Individuen – und deshalb haben Etikette nichts auf ihnen zu suchen.

Gut gemeint ...

Mein Freundeskreis besteht überwiegend aus linksliberalen, aufgeklärten Großstadtmenschen, die nichts mit primitiven Ressentiments gegen vermeintlich Fremde am Hut haben. Wir alle haben gemeinsam, dass wir uns über niedere Instinkte wie Rassismus und Diskriminierung erhaben fühlen und angegriffene „Fremde" gerne in Schutz nehmen. Das geht allerdings schnell mal Hand in Hand mit der Vorstellung einer gewissen kulturellen Überlegenheit gegenüber den Volksgruppen, die wir so gerne verteidigen. Wir sollten stets überprüfen, ob wir neben unserer Bildung und unserer Weltoffenheit nicht auch ein wenig Arroganz in uns tragen. Schon wegen der realen Distanz: Wer in einem gentrifizierten Altbauviertel wohnt und einen akademischen Arbeitsplatz hat, trifft relativ selten auf Menschen mit Migrationshintergrund oder konkurriert gar mit ihnen um die Wohnung oder den Job.

Und niemand ist frei von pauschalisierenden Ausdrucks- und Denkweisen. In einem Banker sehen wir Aufgeklärten gern mal ungeprüft einen Verbrecher. Polizist*innen sind generell rassistisch. Ossis ebenso. Und wenn wir eine Putzfrau gefunden haben, sprechen wir gerne von „unserer Polin" oder „unserer Türkin".

Immer wieder habe ich diese arglosen rassistischen Ausrutscher erlebt. Um sie euch näherzubringen, habe ich sie in einer Geschichte zusammengefasst. Wirkt übertrieben, ist auch so. Bernd, Ulrike und Yesim sind fiktive Figuren. Aber: Ähnlichkeiten zu realen Menschen sind voll beabsichtigt ...

Das Putzfrauencasting

Bernd und Ulrike sind ein wenig aufgeregt. Der Biologe und die Grundschullehrerin wollen heute erneut unter Beweis stellen, dass sie aus der Geschichte Deutschlands gelernt haben. „Deutsche und Menschen anderer Kulturen können miteinander auskommen, wenn wir uns alle bemühen", so lautet Ulrikes Credo, seit ich sie kenne. Bilde ich es mir ein oder sagt sie es in meiner Gegenwart besonders gern? Obwohl ich doch aus derselben Kultur komme wie sie.

Für das Gespräch mit der Bewerberin um den Putzjob hatten sie extra die türkische Kaffeemaschine aus dem Schrank gekramt, die ihnen Freunde mal aus Antalya mitgebracht hatten und die sie dann nie benutzt haben. Der Gedanke, dass es nach türkischem Mokka duftet, wenn Yesim gleich kommt, gefiel ihnen. Wie ging das jetzt noch mal? Zuerst den Zucker und dann auf den Herd …? Oder vielleicht doch lieber den Apfeltee, den sie extra gekauft haben?

Lange haben die beiden überlegt, ob es überhaupt grundsätzlich in Ordnung ist, jemanden zum Putzen anzustellen. Oder ist das schon diskriminierend? Ulrike erschrickt: „Sag mal, Bernd, ist dir eigentlich klar, dass wir nur Frauen zum Vorstellungsgespräch eingeladen haben? Da zementieren wir ja schön alte Rollenbilder." Bernd ist leicht empört: „Ulrike, wir machen doch kein Vorstellungsgespräch mit den Frauen. Das wären die alten Rollenbilder von den Herrschaften und dem Dienstbotenvolk. Nur weil sie bei uns putzen, sind sie nicht weniger wert als wir. Es ist ein Gespräch auf Augenhöhe, damit wir uns kennenlernen. Und sei mir nicht böse, aber ich habe keinen Mann gefunden, der bei uns putzen will. Das war kein Machoding von mir. Aber nach drei Stunden hatte ich keine Lust mehr zu suchen. Zumindest haben die Damen alle einen Migrationshintergrund. Und wir helfen ihnen damit. Neun Euro Stundenlohn sind für so eine Familie viel Geld. Und weil wir sie schwarz bezahlen und nicht teuer versichern, muss sie sich auch nicht mit der deutschen Steuerbürokratie herumschlagen."

Ulrike lenkt ein: „Entschuldige, du hast ja recht. Ich bin nur schon so aufgeregt. Ich möchte alles richtig machen."

Es klingelt. Bernd wundert sich: „Mein Gott, ist die pünktlich. Und das meine ich jetzt nicht negativ."

„Oh Bernd, bitte!" Ulrike macht sich Sorgen, dass Bernd mit seiner laxen Art unfreiwillig rassistisch sein wird. „Komm, jetzt mach dich mal nützlich und öffne die Tür. Ich hole den Apfeltee und das türkische Gebäck. Dann mach ich uns gleich noch zwei Cappuccino." Wieder zweifelt Ulrike an ihrer Entscheidung, Yesim nur den Apfeltee anzubieten. Vielleicht hätte sie doch türkischen Mokka kochen sollen. Aber das gibt immer so eine Sauerei.

Bernd öffnet die Tür und stammelt: „Guten Tag, Frau Cülük... äh ... Mist! Eben konnte ich den Namen noch!" Noch bevor die Kandidatin die Schwelle überschritten hat, schiebt er hinterher: „Ach so: MERHABA!"

Die Frau ist sichtlich irritiert und sagt leicht ironisch: „Hallo, na da war wohl jemand im Türkeiurlaub. Ich bin Yesim."

Bernd atmet erleichtert auf wegen des Vornamens und lacht dann etwas gekünstelt. Ein wenig mehr Begeisterung über seine landesübliche Begrüßung hätte er schon erwartet. Glücklicherweise kommt in dem Moment Ulrike mit Tee und Gebäck um die Ecke. Alle drei stehen im engen Flur.

Ulrike nimmt die Sache nun in die Hand und bemerkt: „Jetzt lass die Frau doch mal in die Wohnung kommen. Sind Sie so lieb und ziehen Ihre Schuhe aus? Aber das kennen Sie ja aus der Moschee. Herzlich willkommen. Ich habe Apfeltee aus dem türkischen Supermarkt geholt. Ich hoffe, es ist der richtige. Und hier ist noch etwas Gebäck. Bernd, möchtest du noch ein Schweineohr? Oh, entschuldigen Sie, aber das ist nichts mit Schwein.

Das würden wir nicht machen, während Sie hier sind. Na ja, wir sind Vegetarier. Eigentlich sind wir sogar Veganer, aber Cappuccino mit Sojamilch schmeckt eklig. Na, wie gesagt: Nichts mit Schwein. Wir kennen uns da aus. Respekt! Sie verstehen?"

Yesims Irritation nimmt zu. „Nein, das verstehe ich nicht wirklich, aber das ist ja lediglich Gebäck. Ich esse übrigens auch Schwein, auch wenn ich den Zusammenhang mit unserem Gespräch im Moment nicht erkennen kann."

Bernd möchte gleich seine Toleranz in den Vordergrund stellen: „Jeder so, wie er denkt. Wir sind da ganz offen. Sie können auch ruhig eine Burka tragen."

Yesim scheint jetzt zu überlegen, ob sie Opfer einer Sendung mit versteckter Kamera geworden ist. Um sicherzugehen, fragt sie vorsichtig: „Ich verstehe nicht, warum sollte ich das tun? Weil ich aus der Türkei bin? Also, nein danke, ich trage keine Burka, trinke keinen Apfeltee und habe auch kein Problem mit Schweinefleisch."

„Sehen Sie, das macht Köln aus Ihnen. Diese Art gelebter Liberalität kennen Sie ja nicht aus Ihrer schönen Heimat. Aber hier gilt: Jeder Jeck ist anders. Alles nicht so bierernst sehen. Also … äh … alkoholfreies Bier natürlich."

Yesim möchte etwas klarstellen: „Ich bin Koptin."

Ulrike kennt den Begriff nicht, gibt sich aber weltgewandt: „Ah, keine Burka, sondern Kopftuch! Klar, kein Problem."

„Nein, ich … bin Christin, keine Muslima."

Bernd sieht eine Chance, seine fast grenzenlose Offenheit zu zeigen: „Na, da sag ich mal: Herzlich willkommen im Christentum! Köln hat sehr viele Kirchen, Sie werden sehen."

Langsam wirkt Yesim etwas ungehalten: „Wir sind seit sehr langer Zeit Christen. Und ich weiß, wo meine Kirche steht."

Jetzt fühlt sich Bernd missverstanden. Ulrike und er wollten doch lediglich ihre Toleranz zeigen. Er startet einen weiteren Versuch:

„Bei uns gibt es keinen Streit über Religionen oder sexuelle Ausrichtung. Nur für den Fall, dass Sie lesbisch sind: Das ist keine Sache. Wir sind da so was von tolerant."

Yesim muss jetzt sehr tapfer sein, um einigermaßen Ruhe zu bewahren: „Warum reden wir denn jetzt über meine Sexualität?"

Ulrike bemerkt das Unwohlsein bei Yesim und springt ihr bei: „Bernd, ein bisschen Feingefühl wäre mal schön. Entschuldigen Sie bitte, Männer sind auch bei uns oft ziemlich grobschlächtig. Mir ist schon klar, dass Lesbierinnen in Ihrem Land nicht so willkommen sind. Wir haben da kein Problem. Und dran denken: Kopftuch, warum auch immer, ist völlig okay."

„Wissen Sie was? Ich werde nicht für Sie putzen. Das ist mir ..."

Ulrike unterbricht sie und ist voller Enthusiasmus: „Sagen Sie nichts. Das ist wirklich toll, dass Sie die Fesseln der unterbezahlten, niederen Arbeit jetzt sprengen. So emanzipiert. Und das, obwohl Sie Türkin sind."

Nun hat Yesim wirklich genug und möchte so schnell wie möglich aus dieser Situation heraus. Aber sie will diesen selbst ernannten Gutmenschen doch noch irgendwie klarmachen, dass ihr Verhalten sein Ziel verfehlt und hoch rassistisch ist: „Merken Sie eigentlich nicht, was Sie hier mit Ihrem Halbwissen anrichten?"

Ulrike ist schwer irritiert. Sie überlegt, ob der Tipp ihres türkischen Gemüsehändlers, sich bei Yesim zu melden, doch falsch war. Oder hätten sie ihre Religion besser nicht erwähnt? War es gar das tabulose Ansprechen ihrer lesbischen Vorlieben, das Yesim nun offensichtlich in Verlegenheit bringt? Ulrike versucht zu beschwichtigen: „Verstehen Sie uns nicht falsch. Wir sind eigentlich ganz offen, gerade gegenüber Fremden. Egal welchen Gott Sie verehren, wessen Körper Sie begehren. Das ist für uns in Ordnung. Na ja, und wie gesagt: Meinetwegen auch mit Kopftuch."

Das bringt das Fass zum Überlaufen.

„Ich habe keine Ahnung, welche Drogen ihr nehmt, aber um das mal kurz klarzustellen: Ich habe mich hier vorgestellt, um eure Wohnung zu putzen. Nicht mehr und nicht weniger. Ich finde es völlig in Ordnung, zu putzen, und sehe im Gegensatz zu euch keine niedere Arbeit darin. Wir müssen nicht über meine Religion sprechen, wenn wir nicht miteinander beten wollen. Wir müssen nicht über meine Sexualität sprechen, wenn wir nicht miteinander schlafen wollen. Und schlussendlich müssen wir auch über meine Herkunft nicht sprechen, weil sie in unserer Zusammenarbeit keine Rolle spielen würde. Ihr seid rassistisch und beleidigend und ihr merkt es noch nicht einmal. Ach übrigens: Seht ihr an mir irgendwo ein Kopftuch? Ich nicht. Aber euer Klischeebrett vorm Kopf sehe ich sehr gut."

Yesim nimmt ihre Tasche und ihre Jacke und geht.

Ulrike und Bernd sind sich keiner Schuld bewusst und fühlen sich sehr ungerecht behandelt. Die Tür steht offen und Yesim zieht sich im Flur ihre Schuhe an. Ulrike findet klare Abschlussworte: „Soweit ich weiß, waren wir noch nicht beim Du. Aber wenn das bei euch so üblich ist, dann soll es so sein. Du hast sehr viel Wut in dir. Wir sind nicht die Bösen. Da versucht man, alles richtig zu machen, und das ist auch wieder falsch. Dann holen wir uns eben eine deutsche Putzfrau. Die kulturellen Unterschiede sind manchmal eben doch unüberwindbar."

Yesim hat keine Lust mehr, dieses Gespräch weiterzuführen. Ulrike zu erklären, dass Unwissenheit und Arroganz etwas anderes sind als Kulturunterschiede, wäre wohl vergebliche Liebesmüh.

Im Gehen sagt Yesim noch: „Ich weiß, dass Sie es gut meinten. Aber gut gemeint und gut gemacht sind eben nicht dasselbe! Schönen Tag noch."

Die Geschichte habe ich mir wie gesagt ausgedacht. Aber einzelne Aussagen sind es nicht, ich habe sie alle schon oft gehört. Aber so geballt wird klar, wie paradox solch wohlmeinender Rassismus ist. Gäbe es sie, würden mich Bernd und Ulrike wahrscheinlich fragen, was wir Ausländer*innen eigentlich noch verlangen an Toleranz. Und dass ich ihnen bescheinigen soll, dass sie kein bisschen rassistisch seien. Dann hätte ich mit Yesim und ihrer Heiligen Schrift antworten müssen: „Du sollst kein falsch Zeugnis reden wider deinen Nächsten."

„Man wird doch wohl noch ...": Die vielbeinige Abwehr von Team Weiß

Der weiße Schauspieler Hank Azaria sprach in der Original-version der Zeichentrickserie *Die Simpsons* viele Jahre lang den indischen Ladenbesitzer Apu – mit der karikierenden Über-treibung des typischen Akzents, mit dem viele Inder*innen Englisch sprechen. Um 2015 herum begann die Öffentlichkeit, das zur Kenntnis zu nehmen und darüber zu diskutieren, dass in den USA lebende Inder*innen sich durch diese klischee-hafte Darstellung beleidigt fühlten. 2021 schließlich entschied sich Azaria, der Sprechrolle den Rücken zu kehren, weil er sich mit dieser Karikatur nicht mehr wohlfühlte. In einem *Spiegel*-Interview sagte er einige wohltuende und kluge Sätze über den Rassismus, der „im Grundwasser unserer Gesellschaften" exis-tiere, der nicht bösartig und hasserfüllt, sondern eher ignorant sei und dessen Grundhaltung er wie folgt auf den Punkt brach-te: „Was auf mich nicht zutrifft, was ich nicht erlebe, das kann auch nicht wahr sein. Was mich nicht stört, existiert nicht." Kennzeichnend ist, wie er im Rückblick seinen Umgang mit den ersten Debatten über Apu schildert: „Abwehr war meine erste Reaktion. Und meine zweite und dritte."[29]

Diese Reaktion kennen Menschen of Color bestens. Wenn wir Rassismus thematisieren, stehen wir fast immer erst einmal vor einer Wand. Die kann unterschiedlich aussehen und unter-schiedlich massiv sein – aber wir stehen selten vor einer offenen

Tür. Was auch logisch ist – wer lässt sich schon gerne Rassismus nachsagen?

Wie im Sport gibt es auch bei diesem Thema zwei Strategien: zurückziehen oder das Motto „Angriff ist die beste Verteidigung". Welche Strategie Menschen wählen, hängt zum einen von der Art und der Intensität des Angriffs ab, zum anderen von ihrem Selbstbild. Wer sich selbst nie als Rassist*in gesehen hat und hohe moralische Maßstäbe an sich selbst stellt, wird sich eher defensiv verteidigen, also eher betroffen reagieren; wer hingegen wenig Empathie für andere empfindet und sich selbst für überlegen hält, wird schnell zum Gegenangriff übergehen. Und für beide Seiten gilt: Wer sich mit dem Rücken zur Wand fühlt, greift an. So ging es mir vor einiger Zeit mal mit meinem Freund Jörg. Er, der einige Jahre Ältere, und ich sind damals ziemlich aneinandergeraten. Seit die Sensibilität für verletzende Wörter wie „Mohrenkopf", „Negerkuss" und „Zigeunersoße" steigt, habe ich ihn ab und zu darauf hingewiesen, dass diese Wörter eine rassistische Färbung haben, und ihm geraten, sie nicht mehr zu verwenden. Anfangs schaute er dann verdutzt und ein wenig verletzt und murmelte, dass er das doch schon immer so gesagt habe. Aber irgendwann fiel mir auf, dass er diese Wörter in meiner Gegenwart mit einer Art Vergnügen und einer gewissen Bockigkeit häufiger und an völlig unnötigen Stellen in seine Rede einbaute. Er lauerte geradezu darauf, dass ich erneut etwas sagte. Da ich es spürte, vermied ich zunächst die Konfrontation – aber irgendwann platzte ich dann natürlich doch heraus und bat ihn recht barsch, dieses rassistische Gerede in meiner Gegenwart zu unterlassen. Er fuhr mich sofort an: „Du hältst mich also für einen Rassisten, ja? Mich, deinen Freund! Und du bist der Meinung, dass ich schon immer ein Rassist war, ja? Weißt du eigentlich, was du da sagst? Du wirfst mich in einen Topf mit Leuten, die dich wegen deiner Hautfarbe totschlagen würden, ohne zu zögern. Und das, obwohl ich dich jederzeit gegen sie verteidigen würde!"

Er war hoch erregt und den Tränen nahe. Ich war völlig perplex. Was lief hier gerade aus dem Ruder? Die anderen Anwesenden schauten betreten und die Stimmung war plötzlich im Keller. Dann sagte Jörg mit bebender Stimme: „Jetzt bin ich natürlich wieder schuld!"

Ich kapierte nichts. „Wieso Schuld? Ich hab dir doch keine Schuld an irgendwas gegeben! Ich hab dich nur gebeten …"

„Natürlich hast du mich beschuldigt! Du weißt, dass ich seit meiner Kindheit ‚Negerkuss' sage, und unterstellst mir, dass ich das getan habe, um Schwarze zu beleidigen!"

Ich begriff endlich, wo der Hund begraben lag – und warum Veränderungen der Sprache oder des Verhaltens so oft erst mal vehement abgewehrt werden: Es ist ein – meistens eingebildetes – Gefühl von Schuld. Die Aussage: „Auch wenn du es schon immer benutzt hast: Dieses Wort ist rassistisch", wird vom Gegenüber oft gleichgesetzt mit: „Durch die Verwendung dieses Worts wolltest du seit jeher Schwarze beleidigen", oder noch verkürzter: „Du bist ein Rassist!" Das ist aber in den wenigsten Fällen gemeint. Und bezüglich der Vergangenheit wird der Vorwurf auch meistens gar nicht erhoben. Der Angriff auf die Biografie findet also überhaupt nicht statt. Aber es fühlt sich für manche trotzdem so an.

Wenn das Schuldthema erst mal vom Tisch ist – und dafür muss es zunächst offen auf den Tisch kommen –, fällt es den meisten Menschen viel leichter, sich für neue Gegebenheiten zu öffnen. Und so ging es zum Glück auch mit meinem Freund. Er verstand, dass ich erstens eher eine Bitte und einen Rat als eine Kritik oder eine Beschuldigung hatte äußern wollen und dass es dabei zweitens nicht um sein *vergangenes* Leben ging, sondern um seine *zukünftige* Redeweise. Er konnte also Jörg bleiben und einfach ein paar Vokabeln verändern. So wie er ab und zu eine neue Handynummer bekommt. Oder ein neues Auto fährt. Oder neuerdings weniger Fleisch isst. Auch dabei bleibt er immer Jörg, obwohl er ein paar Gewohnheiten verändern muss. Oder noch besser: verändern will. Für mich habe ich gelernt, keine Vorwürfe, sondern eigene Bedürfnisse zu formulieren: „Ich fühle mich nicht wohl, wenn du dieses Wort benutzt, und freue mich, wenn du darauf Rücksicht nimmst."

Jörgs Verteidigung während unserer Auseinandersetzung war eine Hybridform: Er ging sofort recht aggressiv an die Decke, um dann aber direkt den Tränen nahe zu sein. Er appellierte also ziemlich schnell an meine Bereitschaft, ihn mit weiteren Vorwürfen zu verschonen. Das erlebe ich häufig – und nicht nur ich. Diese weinerliche Reaktion auf Hinweise ist ziemlich effektiv. Ich fühle mich dadurch immer entwaffnet. Dasselbe gilt für übertriebene Selbstanklagen, die oft etwas Narzisstisches haben: „Mir war nicht klar, dass ich so vergiftet und zerfressen bin vom Rassismus. Ich kann gut verstehen, wenn du den Kontakt zu mir abbrichst. Ich schäme mich meines Weißseins." Solche Sätze – die genauso klingen wie eine aggressiv-ironische Abwehr, aber ernst gemeint sind – verschieben den Schwarzen Peter zu mir als dem, der Rassismus thematisiert hat. Die Botschaft heißt: „Immer du mit deinem Rassismus, Marius! Hättest du einfach mal den Mund gehalten, würde der Martin jetzt nicht weinen und wir säßen weiter fröhlich zusammen." Die schwarze Autorin Tupoka Ogette erzählt, dass ihr derselbe Mechanismus während ihres Studiums in Leipzig auffiel: Wenn sie weiße Kommilitoninnen auf rassistischen Sprachgebrauch hinwies, wechselten manche von ihnen flugs in die Rolle des Opfers und begannen zu weinen – und am Ende stand Ogette als „Täterin" da, und nicht die rassistisch redende Weiße.[30]

Typisch defensiv ist das Beschwichtigen und Abwiegeln: „Es hat sich doch für euch schon vieles zum Positiven verändert. Denkt mal an die Zeit der Sklaverei und der Rassentrennung."

Ja, es hat sich zweifellos einiges getan. Aber Schwarze möchten das nicht gerne von denen hören, die ihnen allein aufgrund ihrer Hautfarbe noch immer voraus sind, wenn es um Chancen und Teilhabe geht – und die sich ihrer Privilegien oft nicht bewusst sind.

Eher defensiv ist meistens auch die Reaktion, wenn ich zu erkennen gebe, dass ich die Frage „Woher kommst du?" nicht besonders mag. Für mich ist allerdings entscheidend, an welcher Stelle des Gesprächs diese Frage kommt. Überfällt mich jemand gleich zu Beginn damit, fühlt es sich verdammt an wie: „Mir ist sofort aufgefallen, dass du hier nicht hergehörst." Kommt man im Rahmen einer Konversation, in der es um Kinder, die Herkunftsfamilie, den Beruf und alles Mögliche andere geht, irgendwann auch auf den Ursprung meiner gesunden Gesichtsfarbe, stört es mich weitaus weniger. (Wobei es natürlich am angenehmsten ist, wenn ich selbst entscheiden darf, wann ich das Thema anspreche.) Anders verhält es sich allerdings mit der berüchtigten Anschlussfrage. Nachdem ich auf die Woherfrage wahrheitsgemäß „aus Köln" geantwortet habe, wird sehr oft nachgehakt: „Und woher *wirklich*?" Ich antworte dann gern: „Ach so. Ich bin in Rheinland-Pfalz geboren." Und danach sind wir beide unzufrieden. Ich, weil meine erste Antwort nicht genügt hat, und mein Gegenüber, weil seine eigentliche Frage noch immer nicht beantwortet ist. Sie lautet: „Wieso hast du dunkle Haut?" Und es wird fest davon ausgegangen, dass jemand mit meiner Hautfarbe doch Migrant sein und von einem anderen Kontinent kommen müsse. Interessanterweise wird diese Diskussion mit der Migrantin Antje aus Holland und dem Migranten Sven aus Schweden übrigens nicht geführt; sie werden weder als Migrant*innen wahrgenommen noch bezeichnet. Jedenfalls lautet die Antwort auf Kritik an der Woher-kommst-du-Frage fast immer ein wenig beleidigt und verunsichert: „Ich hab doch nur aus Interesse gefragt." Ich will auch gar nicht bestreiten, dass das in vielen Fällen zutrifft. Es ist ein Gesprächseinstieg wie etwa der Satz: „Sie sind aber groß!" Und ich hüte mich, immer sofort eine rassistische Absicht in diese Frage hineinzuinterpretieren. Denn man kann fast jede Gesprächseröffnung als diskriminierend und ausgrenzend deuten, wenn man es darauf anlegt. Aber es gibt definitiv elegantere Fragen zum Einstieg in eine Konversation. Spricht man jemanden auf eine äußere Eigenschaft an, die er mit vielen anderen teilt, fühlt er sich eben nicht als Individuum gemeint, sondern als Teil einer Kategorie von Menschen. Und ich beginne ja auch kein Gespräch mit: „Ich sehe, Sie haben Brüste, sind also eine Frau." Schon weil ich weiß, dass die weitere Konversation dann etwas zäh verlaufen dürfte.

Manche Abwehraktionen beginnen tief im eigenen Strafraum, werden dann aber zügig offensiver. Dazu gehört der Satz meines Freundes Jörg: „Ich hab das doch schon immer so gesagt." Äußert man Kritik an der Verwendung respektloser Bezeichnungen für Menschen, dann zeigt sich: Die eigene Sprache wird als intimer Teil der Persönlichkeit begriffen, den man unbedingt schützen muss. Und sie wird merkwürdigerweise als statisches System wahrgenommen: „Das war schon immer so, also bleibt es so." Dabei ändert Sprache sich doch dauernd. Niemand sagt mehr „Fräulein", und auch „dufte", „volle Kanne" und „Warmduscher" hört man nicht mehr sehr oft. Ich musste auf diesem Feld übrigens auch dazulernen. In meinem Buch *Moral für Dumme* habe ich mich noch dagegen gewehrt, mich auf neue sprachliche Gewohnheiten einzulassen – wohl auch, weil ich dann hätte einräumen müssen, dass ich bis dahin eine teilweise respekt- und gedankenlose Sprache verwendet hatte. So was gibt man als Autor nicht sehr gerne zu. Lieber wehrt man es ab. Und wenn das Gegenüber keine Ruhe gibt, verbittet man sich auch schnell mal mit lauterer Stimme den „erhobenen Zeigefinger", die „ständigen Belehrungen" und die „Sprechverbote".

In solchen Ausbrüchen äußert sich oft auch ein Überdruss, der so ungefähr sagt: „Wir haben euch jetzt ein Jahr lang zugehört, aber jetzt ist auch mal wieder gut. Die Großen müssen jetzt weiterarbeiten. Also, Kinder: Geht wieder raus, spielen." Aber das Thema Rassismus ist gekommen, um zu bleiben.

Eine häufige Abwehrstrategie der „Defensiven" ist das Verlagern der Debatte: „Haben wir nicht größere Sorgen als korrekte Sprache? Gibt es nichts Wichtigeres zu tun? Zum Beispiel den gewalttätigen Rassismus der Rechten und die soziale Ungleichheit bekämpfen?" Gerade Vertreter*innen der traditionellen Linken wie die Linken-Politikerin Sahra Wagenknecht und der Dramaturg und Autor Bernd Stegemann kritisieren recht vehement und offensiv die Konzentration auf Identitätsfragen statt auf Klassen- und Verteilungskämpfe. Diese Entlastungsstrategie lautet also in etwa: „Kann ja sein, dass ich manchmal ein unkorrektes Wort benutze, aber das ist kein echtes Problem, weil das Thema völlig nebensächlich ist." Dieses Abwehrargument konstruiert allerdings eine Scheinalternative: echtes Engagement oder Identitätsgetue. Mir ist jedoch noch nie jemand begegnet, der oder die gesagt hätte: „Gewalttätige Übergriffe gegen Schwarze sind mir völlig egal – ich kümmere mich nur um korrekte Sprache." Beides geht normalerweise Hand in Hand – zumal Sprache und Bewusstsein sich gegenseitig beeinflussen.

Eine Strategie der offensiven Wehleidigkeit verfolgen Menschen, die den Rassismusvorwurf umdrehen, also „Rassismus gegen Weiße" beklagen, wenn Schwarze in Positionen oder Rollen sichtbar werden, die ihnen bisher verwehrt waren. So bekam der Disney-Konzern 2019 massives Sperrfeuer von weißen Aktivist*innen, als er die Meerjungfrau Arielle mit der schwarzen Musikerin und Schauspielerin Halle Bailey besetzte. Und genauso gab es heftige Proteste, als Alice im Wunderland und Peter Pan von Schwarzen gespielt wurden. Manche Menschen betrachten fiktive Figuren offenbar als kulturelles Eigentum der

Weißen – obwohl es für diese literarischen Erfindungen keinerlei Rolle spielt, welche Hautfarbe sie haben: Sie bewegen sich ja in erfundenen Welten. Aber viele scheinen sie sich trotzdem irgendwie als „weiß" vorzustellen und es als Angriff zu empfinden, wenn sie von Schwarzen verkörpert werden. Sie sind es einfach gewöhnt, dass Filme und Fernsehserien auf ihre Sehgewohnheiten zugeschnitten werden, dass also alle entscheidenden Figuren weiß sind. Oder ihretwegen auch blau (Schlümpfe), gelb (Minions) oder grün (Shrek). Aber bitte nicht schwarz. Der Vorwurf „Rassismus gegen Weiße" dient meistens dazu, die moralisch bequemere Rolle des Opfers einzunehmen – weil man sich von jeder Form des Antirassismus als „Täter*in" angegriffen fühlt. Wieso aber fühlen manche sich direkt gemeint, wenn es allgemein gegen Rassismus geht? Alle, die die Kritik am Rassismus auf sich persönlich beziehen, sollten sich fragen, ob es dafür vielleicht Gründe gibt. Und ob sie daran etwas ändern können. Das ist produktiver als das Rückzugsgefecht, das sich im Gerede vom „Rassismus gegen Weiße" ausdrückt.

Eine aggressive Abwehr wird häufig provoziert durch bestimmte Schlüsselwörter. Ich hatte einmal einen heftigen Streit mit einem älteren Bekannten, der sich am Wort „Privilegien" entzündete. Dieses Wort spielt eine große Rolle in der Diskussion – und taucht auch in diesem Buch häufiger auf. Als ich in einer Runde mal von den Privilegien der Weißen sprach, wurde der Bekannte, ein erfolgreicher selbstständiger Unternehmer, sofort fuchsteufelswild: „Wie kommst du dazu, mich als privilegiert zu bezeichnen?! Ich komme aus kleinsten Verhältnissen, meine Eltern konnten mir keine Ausbildung finanzieren, und ich habe mich mit viel Arbeit und Verzicht hochgearbeitet. Ich arbeite bis jetzt vierzehn Stunden am Tag – andere in meinem Alter sind schon im Vorruhestand. Ich habe etwas geleistet. Und mir ist nichts in den Schoß gefallen. Ich komme nicht aus einer

Mittelstandsfamilie wie du. Also komm mir nicht mit Privilegien!" Ich war perplex. Und habe mir erst lange nach diesem Streit klargemacht, welche Doppelgesichtigkeit und Brisanz das Wort „Privilegien" enthält. Damals verteidigte ich den Ausdruck stur – weil ich ja etwas ganz anderes meinte, als er verstanden hatte. Ich meinte den automatischen Vorrang, den Weiße erwarten und in Anspruch nehmen, über den sie sich aber oft nicht bewusst sind. Entscheidungen etwa eines Vermieters oder einer Personalabteilung für einen schwarzen Menschen oder eine Person of Color beruhen meist auf einer bewussten Überlegung – während man Weiße automatisch akzeptiert. Sind uns unsere Privilegien nicht bewusst, denken wir auch nicht darüber nach, auf wessen Kosten sie gehen. Und wir halten sie gar nicht für Privilegien, sondern für Ergebnisse eines fairen Leistungswettbewerbs, in dem alle dieselben Chancen haben. Um es mit einem Bild aus dem Sport zu illustrieren: Weiße sehen das Gewicht nicht, das ihre schwarzen Konkurrent*innen während des Wettlaufs mitschleppen müssen, und halten sich deshalb für die verdienten Sieger*innen, wenn sie mal wieder als Erste ins Ziel kommen.

All das versuchte ich meinem Bekannten damals zu erklären. Aber das Wort „privilegiert" stand wie eine Mauer zwischen uns und verhinderte die Kommunikation. Weil bei ihm immer nur ankam: „Du hast dich nicht angestrengt für das, was du erreicht hast." Gemeint ist aber, so die französische Autorin Emilia Roig: „Wurde die Welt (…) für die Gruppe gemacht, der ich angehöre, oder nicht? Zum Beispiel für Nichtbehinderte, für Männer, für Weiße …"[31] Diese Frage zu stellen und ehrlich zu beantworten, erfordert Empathie von Weißen. Und von mir. Seit dem Streit mit dem Bekannten weiß ich, dass es etwas bringt, wenn ich ein wenig Kommunikationsaufwand und Empathiebereitschaft aufbringe, um zu erklären, was mit „privilegiert" gemeint ist – und was nicht.

Auf ähnlich empfindliche Reaktionen stößt häufig die Bezeichnung „weiß". Weiße sind es nicht gewöhnt, sich in einer Schublade wiederzufinden – und zwar umso weniger, je ungenierter sie andere kategorisieren. Alice Hasters hat das Phänomen am Beispiel des Worts „nichtbehindert" erklärt. Für die meisten Menschen sei das gar keine Kategorie. Sie sagen oder denken einfach nur „normal" oder „gesund". Und wer die Existenz von Rassismus nicht sehen wolle, fühle sich durch die Bezeichnung „weiß" bereits angegriffen.

Wer Diskriminierung benennt, bekommt Gegenwind. Die häufigste aggressive Abwehr sind massive Gegenvorwürfe: Man strebe eine „Meinungsdiktatur" an und unterdrücke die Freiheit der Rede; man spalte die Gesellschaft; man beschreibe Geschichte und Gesellschaft einseitig und ohne empirische Grundlage; man setze identitäre Kategorien wie Hautfarbe absolut; man verändere die natürlich gewachsene Sprache aus ideologischen Gründen; man pflege einen „Opferkult". Oder man sei selbst rassistisch – ich habe diese Umkehrung bereits erwähnt. Natürlich kann man über alle Übertreibungen im Kampf gegen den Rassismus diskutieren und ich tue genau das im folgenden Kapitel – aber die genannten Vorwürfe dienen meistens dazu, das Thema Rassismus weit weg von sich zu halten, und nicht als Einstieg in ein Gespräch. In diese Kategorie gehört auch der Unmut von Weißen über eine Protestgeste schwarzer Sportler*innen: Während der Nationalhymne (die in den USA auch vor Ligaspielen ertönt) setzen seit einigen Jahren viele Athlet*innen ein Knie auf die Erde und zeigen damit: In der Nation, die hier besungen wird, ist uns der aufrechte Gang verwehrt. Rassistisch eingestellte Weiße betrachten diese Geste als unpatriotisch – und ihr stärkster Verbündeter residierte bis Januar 2021 im Weißen Haus und wütete gegen die Sportler*innen.

Endgültig offensiv und aggressiv wird die Abwehr, wenn die Existenz von Rassismus schlicht geleugnet wird – etwa durch ignorantes Reden: „Ich bin kein Rassist. Diskriminierung liegt mir fern. Toleranz ist mein zweiter Vorname. Aber es muss Grenzen geben." Oder durch das trotzige Wiederholen verletzender Ausdrücke, weil man sich in einem heroischen Kampf um die Meinungsfreiheit wähnt: „Man wird doch wohl noch ‚Zigeunersoße' sagen dürfen!" Es sind nicht zuletzt solche Abwehrreflexe, die nicht-weiße Menschen so zornig machen. Weil jede Abwehr ja auch immer sagt: „Ich nehme dich und dein Leiden nicht ernst." So etwas bei eigentlich empathiefähigen Menschen zu erleben, frustriert extrem. Vor allem aber ist es natürlich der Rassismus selbst, der wütend macht.

Die große Wut

Wie sicherlich die meisten Menschen erlebe ich mich manchmal in einem Zustand, in dem ich vor mir selbst erschrecke. Wenn ich mir in einem schlechten Tagtraum vorstelle, dass jemand meinem Kind etwas antun will, dann schießt eine geradezu elementare Wut durch meinen Körper. Ein heftiger Adrenalinschub treibt meinen Puls hoch. Mein Pazifismus und meine Vernunft sind plötzlich ganz weit weg. Bei der Vorstellung, jemanden vor mir zu haben, der oder die sich an einem geliebten Menschen vergreift, spüre ich in mir eine destruktive Bereitschaft, diesen Jemand ernsthaft zu verletzen oder gar zu töten. Ich könnte dann Kräfte des Hasses mobilisieren, die ich normalerweise gar nicht habe. Und ich bin dankbar, dass ich noch nie in eine solche Extremsituation geraten bin. Wodurch wird diese geradezu vegetative Wut ausgelöst? Außer der Liebe und Empathie für mein Kind ist es die Vorstellung, ihm nicht helfen zu können, also hilflos zu sein. Es ist eine der schlimmsten Demütigungen, die man erleben kann: das Leiden eines anderen nicht verhindern zu können, weil man machtlos ist.

Und beim Stichwort „Demütigung" sind wir bei der großen Wut, um die es in diesem Kapitel geht. Der Mord an George Floyd im Mai 2020 hat eine Welle des Zorns auf die Straßen der USA getragen, die dann weiter nach Europa schwappte. Überall standen Menschen of Color auf und machten klar: Es reicht!

Wir nehmen das nicht mehr hin! Auf Demonstrationen, in Artikeln, in Interviews, im Netz – überall wurde die Wut sichtbar. Weil der Rassismus endlich sichtbar geworden war und sich nicht länger leugnen ließ. Der Schauspieler Will Smith sagte damals: „Racism is not getting worse. It's getting filmed", also: „Rassismus wird nicht schlimmer – er wird jetzt nur gefilmt." Denn die Polizeigewalt gegen Schwarze gab es schon immer, und der nun hervorbrechende Zorn speiste sich unter anderem daraus, dass große Teile der Öffentlichkeit, der Polizei, der Richter*innen und der Geschworenen, der Politik und der Medien das stets verharmlost oder geleugnet hatten. Nun hatte die rassistische Gewalt, mit der Schwarze in den USA (und auch anderswo) ständig rechnen müssen, ein Gesicht. Das Video vom qualvollen Ersticken George Floyds war ein Beweis, den man nicht mehr so leicht vom Tisch wischen und verdrängen konnte. Diese acht Minuten Video sind eine bedrückende Dokumentation von „white supremacy", von der Übermacht der Weißen, die die Historikerin Amy Wood beschrieben hat. Die Übermacht der Weißen war und ist weder Einbildung noch Annahme – sie ist Realität. Die Geschichte spricht da auf ganzer Linie eine klare Sprache: Sklaverei, Kolonialismus sowie eine Wohlstandsverteilung, die sich bis heute nicht nivelliert hat. Das Geld und die Macht liegen in weißen Händen.

Seit dem Mord von Minneapolis steht fest: Das Verhältnis der Menschen of Color zur weißen Mehrheitsgesellschaft hat sich verändert. Und es wird nie mehr so sein wie vorher. Die Zeit der Duldsamkeit, des Wartens auf allmähliche Reformen, der schweigend hingenommenen Hilf- und Wehrlosigkeit und der still ertragenen, permanenten Demütigungen ist vorbei. Rassismus wird in einem so großen Stil wie nie zuvor sichtbar gemacht und zur Sprache gebracht. Rassistische Entgleisungen werden nicht mehr als „Scherze" oder „ungeschickte Formulierung" verharmlost, sondern angeprangert und geahndet. Wer sich rassistisch verhält, kann sich dank der zornigen Aktivist*innen nicht mehr auf den Schutz der ignoranten Mehrheit verlassen. Und Derek Chauvin, der Polizist, der George Floyd ermordet hat, wurde zu 22,5 Jahren Gefängnis verurteilt. Das ist im keineswegs farbenblinden „Rechtsstaat" USA leider eine Ausnahme.

Erstmals reagierte auch die weiße Mehrheitsgesellschaft nicht mehr nur mit Abwehr, Leugnung und Angst auf die Wut der schwarzen Bevölkerung. Nennenswerte Teile der weißen Zivilgesellschaft solidarisierten sich mit Menschen of Color, und viele nahmen an Demonstrationen teil. Der Versuch Donald Trumps, die Präsidentschaftswahlen 2020 zu einer Volksabstimmung für die Aufrechterhaltung rassistischer Strukturen zu machen, endete mit dem Sieg Joe Bidens und der ersten Vizepräsidentin of Color in der Geschichte der USA. Kamala Harris macht Mut inmitten der Wut. Aber die ist längst hochgekocht und ist durch solidarische Gesten von Weißen auch nicht mehr abzukühlen.

Auf dem deutschen Büchermarkt hat der Zorn sich übrigens schon vor George Floyds Ermordung gezeigt – und es gab ja auch schon vorher reichlich Anlässe dafür, die allerdings von den meisten Weißen weitgehend ignoriert und verdrängt wurden. Schon 2010 erschien erstmals Noah Sows Buch *Deutschland Schwarz Weiß*. Ab 2018 ging es dann im wahrsten Sinne des Wortes Schlag auf Schlag: Robin DiAngelo forderte: *Wir müssen über Rassismus sprechen*. Tupoka Ogette wies 2019 den Weg zum *exit RACISM* und Alice Hasters konfrontierte die Weißen im selben Jahr mit dem, *Was weiße Menschen nicht über Rassismus hören wollen, aber wissen sollten*. Reni Eddo-Lodge erklärte 2020 trotzig: *Warum ich nicht länger mit Weißen über Hautfarbe spreche*. Mohamed Amjahid berichtete 2021 in *Der weiße Fleck. Eine Anleitung zu antirassistischem Denken*, dass er sich manchmal in „Safer Spaces" zurückziehe, zu denen Weiße keinen Zutritt haben. Und die US-Amerikanerin Ijeoma Oluo schilderte 2021 die USA als *Das Land der weißen Männer* – und ließ dabei ihrem Zorn ebenfalls freien Lauf. Die meisten Bücher kleideten die Wut in eine Anklage gegen die ignoranten Mitglieder der weißen Mehrheitsgesellschaft – speziell jene, die sich selbst nicht für rassistisch halten. Das war oft so schmerzhaft wie lehrreich für jene, die bereit waren, sich darauf einzulassen. Viele jedoch versperrten sich der recht rabiaten Pädagogik mancher Bücher und Artikel.

Dennoch: Der Zorn, der sich in den Büchern und anderswo ausdrückte, fand in Deutschland erstmals so richtig Beachtung. Das R-Wort, der Rassismus, war lange eine Vokabel gewesen, die schlimme Zustände in den schlimmen USA beschrieb. Aber in Deutschland? Abgesehen von ein paar Irren und Ignorant*innen gab es hier keinen Rassismus, so meinte man. Weil wir doch alle vernünftig und zivilisiert miteinander umgehen. Und genau diese selbstgerechte Ignoranz löste immer mehr Wut aus. Diese Wut ist jetzt da, und sie hat eine wichtige Funktion: Sie zeigt, dass etwas ganz und gar nicht stimmt. Und für das gesellschaftliche Gespräch über Rassismus ist es entscheidend, dass Weiße verstehen, woher die Wut kommt. Dass sie das wirklich verstehen und nachfühlen. Und dass sie die Wut nicht abwehren. Diese Versuchung ist nämlich groß für jemanden, der die Erfahrung nicht kennt, die Menschen of Color jeden Tag machen. Wir müssen immer damit rechnen, für eine Polizeikontrolle herausgefischt zu werden. Wir müssen davon ausgehen, dass unsere Vorfahren als Sklaven gequält und gedemütigt wurden. Wir müssen überlegen, ob bestimmte Gegenden in Deutschland No-go-Areas für uns sind. Wir kennen dieses kurze Zögern von Vermieter*innen oder Arbeitgeber*innen, wenn wir unseren Namen nennen oder unser Gesicht zeigen. Und wir müssen uns bei jedem verdammten Gang auf die Straße klarmachen, dass die Mitmenschen unsere Hautfarbe in der einen oder anderen Weise thematisieren werden. Jeden Tag. Jahraus, jahrein. Immer. Die Journalistin Anna Prizkau bringt es in einem Text über ihre von Russland nach Deutschland eingewanderte und von antislawischem Rassismus betroffene Mutter auf den Punkt: „Jahrzehntelang wurde(…) sie in Deutschland nicht gesehen, nur angestarrt."[32] All das kennen Biodeutsche nicht. Sie können also das Ausmaß und die Ursprünge der Wut nicht aus eigener Erfahrung nachfühlen. Da hilft nur Empathie.

Zusätzlich wütend macht mich, dass ich bestimmte Dinge so lange unwidersprochen hingenommen habe. „Warum sprechen die Chinesen eigentlich kein Deutsch?", nölte die ältere Frau, die unweit von mir auf ihrem Liegestuhl lag. Ich war als Gastkünstler an Bord eines Kreuzfahrtschiffs und gerade auf dem Weg von Zypern nach Oman. Wir schrieben das Jahr 2016. Die Frau im Liegestuhl sprach Sächsisch, was meine Ressentiments gegen Sächs*innen aktivierte. Unfair, aber wahr. Das Ehepaar hatte sich gerade begeistert in Erinnerung gerufen, wie günstig die Buchung der Reise über den Discounter doch gewesen war. Dann schloss sich aber direkt die Maulerei über die Unhöflichkeit „der Chinesen" an, kein Deutsch zu sprechen. Oder wenigstens Sächsisch. Ich hätte mich umdrehen und so etwas sagen sollen wie: „Die Chinesen sind Filipinos. Und die Ausländer hier sind gerade wir. Das Personal kommt zum größten Teil von den Philippinen, damit auch Sie sich diese Reise leisten können. Die bekommen sehr wenig Lohn. Ich finde, Dankbarkeit wäre hier die logischere Reaktion." Tatsächlich sagte ich nichts. Also gar nichts. Sondern ging missmutig und schweigend weg.

Einige Tage später hatten wir gerade Jordanien verlassen und es war Weiberfastnacht. Diese Reise sparte nicht an kuriosen Momenten. Am Vortag waren wir alle im unglaublichen Petra gewesen. Die in den Fels gehauene Stadt in Jordanien ist ein echtes Weltwunder. Für dieses einmalige Erlebnis hatte sich diese ansonsten etwas kolonialistisch anmutende Reise definitiv gelohnt. Nun fuhren wir gerade den Suezkanal hinunter. Das passte gut – hieß das Schiff doch nach einer Verdi-Oper über eine äthiopische Königstochter und ihre Gefangenschaft in Ägypten. Rechts und links war Wüste mit vereinzelten Anlegern und Hütten. Ich saß im Café im Innenbereich, weil es dort normalerweise schön ruhig war. Dort konnte man gut etwas arbeiten, wie ich irrtümlich glaubte. Draußen wurde bei 30 Grad Karneval gefeiert. Eine der Türen des Cafés ging hinaus aufs Pooldeck. Der DJ präsentierte eine perfekte Mischung aus kölschem Karneval und dem Orient, den wir bereisten. Die Höhner sangen: „Die Karawane zieht weiter." Das Lied drang nur in Fetzen zu mir. Bei jedem Öffnen der Automatiktür traf mich die volle Lautstärke der Poolparty, um dann wieder zu einem lediglich leicht nervenden Mumpfeln zu werden. Die Tür erinnerte mich unweigerlich an die schicken Automatikteile auf der Enterprise. Wie gesagt: Es mangelte nicht an skurrilen Momenten.

Am Abend zuvor hatte ich meine erste Show gespielt. Im Gepäck hatte ich ein Kabarettprogramm mit einem Schwerpunkt auf Rassismus. Noch heute muss ich beim Gedanken an diesen Abend kurz hysterisch lachen. Aufgrund des anstrengenden Tagesausflugs war der Saal recht leer. Das Programm wurde auch in die Kabinen übertragen. Glücklicherweise hatte ich auch einige Sixties-Songs im Programm, um das Publikum nach zähen Minuten der angespannten Ruhe ob der bissigen Nummern über Rassismus wieder zu besänftigen. Während meiner Show beschwerten sich mehrere Passagier*innen gut hörbar über mich. Das reichte von: „Da ist ein Schwarzer auf der Bühne. Was soll das?", bis hin zur Klage, der Schwarze auf der Bühne sei rassistisch gegen Deutsche.

Das war alles zugleich lächerlich und bedrückend. Ich fühlte mich wenig willkommen. Natürlich waren nicht alle an Bord derart rassistisch eingestellt. Aber Bemerkungen à la „Die lassen hier inzwischen auch jeden an Bord" hörte ich immer wieder. Ich habe sie damals nicht pariert, sondern stets das Feld geräumt. Rassistische Angriffe kratzen immer enorm an meinem

Selbstwert. Eine feindliche Umgebung ist einfach nicht gut für das Urvertrauen. Aber ausweichende Reaktionen wie diese lassen das Fass des Unmuts irgendwann überlaufen.

Die Besatzung beobachtete ebenfalls ungläubig die fremdenfeindliche Grundstimmung an Bord. Der Kapitän ließ mir ausrichten, ich solle jeden rassistischen Übergriff melden. Er werde dann mit den betreffenden Gästen sprechen. Mein Stolz verbot es mir aber, die Antwort auf unverschämte Bemerkungen in fremde Hände zu legen. Ich wollte mich nicht hinter dem Kapitän und seiner Uniform verstecken. Ich war voller Selbstzweifel. Musste ich als Gastkünstler gute Miene zum bösen Spiel machen und schweigen? Warum versuchte ich so oft, solche Situationen wegzulächeln, oder reagierte mit Flucht? Aber ich fand damals zu keiner klaren Antwort.

Eines Abends kam ich auf die Terrasse eines der Restaurants. An einem Tisch war Platz, aber es herrschte eine mir zunächst unerklärliche Stille. Eine Flasche Wein war umgekippt. Das Tischtuch war mit Rotwein getränkt (der ohnehin schäbig war, meine Trauer um das verschüttete Getränk hielt sich also in Grenzen). Da alle anderen Tische voll belegt waren, fragte ich höflich, ob ein Platz frei sei, und erhielt eine einladende Antwort. Ich suchte mir ein sauberes Fleckchen und stellte meine am Buffet erbeuteten Speisen ab. Um die Stille zu brechen, fragte ich nach einem möglichen Eifersuchtsdrama, das die Sauerei erklären könne. Einer der Tischnachbarn nahm sich ein Herz und erzählte mir die Geschichte. Ein Mann hatte tatsächlich aus Versehen die Flasche umgestoßen. Doch anstatt das Malheur zu beseitigen, habe er seelenruhig weitergegessen und sich aus einer anderen Flasche bedient. Er habe den Mann gefragt, ob er seinen Unfall nicht beseitigen wolle. Worauf dieser geantwortet habe: „Das machen doch die Neger weg. Dafür haben wir die doch." Augenblicklich entstand wieder diese betretene Stille. Ich schloss mich ihr zunächst an. Dann betonte ich, wie ekelhaft ich das fände. Das war leicht. Ich befand mich offensichtlich unter Gleichgesinnten. Ich dachte mir, dass der Mann Glück gehabt hatte, mich verpasst zu haben. Tatsache ist aber: Ich bin nicht sicher, wie ich reagiert hätte. Nicht einmal in dieser Situation. Ich hatte eine Rolle hier an Bord und ich war zu Gast – da war Eskalation keine Option.

Meine zweite Abendshow war dann eine kleine Befreiung, weil ich Solidarität spürte. Das für 1200 Personen ausgelegte Theater war immerhin mit rund 400 Leuten gefüllt. Es hatte sich herumgesprochen, dass meine Abende kabarettistisch waren. So hatte ich ein affines Publikum. Das hilft immer. Es war meine letzte Show an Bord – Zeit, Farbe zu bekennen. Das fiel auf fruchtbaren Boden. Die Menschen, die an diesem Abend im Theater saßen, waren auch von dem Rassismus genervt, der an Bord Raum griff. So war wenigstens dieser Abend gut – künstlerisch und für mein Ego. Aber er konnte nicht wettmachen, dass ich mir trotz meines eigentlich komfortablen Gaststatus wie ein Aussätziger vorkam. Ein paar Tage vor dem Ende der Reise kam eine besorgte Frau von der Personalbetreuung zu mir und fragte, wie es mir gehe. Da brach es aus mir heraus: „Ich möchte einfach nur noch von Bord." Ich verließ das Schiff am nächsten Hafen – und hatte das Gefühl, als Verlierer. Mit einer Menge Wut im Gepäck und in Vorfreude auf meine Lieblingsmenschen reiste ich allein zurück nach Deutschland. Ich schrieb einen langen Brief an die Kreuzfahrtgesellschaft, der nicht einmal beantwortet wurde.

Dass ich damals nicht offensiver reagiert habe, macht mich traurig. Und ich denke darüber nach, was meine schwarzen Vorfahren in anderen Zeiten erleiden und hinnehmen mussten. Leidensgenoss*innen in anderen Gesellschaften widerfährt es bis heute. Die Erkenntnis, wie lange es die Ungerechtigkeit des Rassismus schon gibt und wie wehrlos auch ich ihr manchmal gegenüberstehe, ist schmerzhaft. Wie so manches ist auch dieser jähe Erkenntnisprozess vergleichbar mit der Frauenbewegung ab den 70er-Jahren. Auch damals flammte recht plötzlich eine ungeheure und verständliche Wut auf – weil so viel Ungerechtigkeit und Leid sichtbar wurde.

Und die antirassistische Wut ist auch Ausdruck von Ohnmacht. Lange hat die Annahme dominiert, wir bräuchten keine Antidiskriminierungspolitik, keine Quoten und keine *affirmative action*, also keine gesellschaftspolitischen Maßnahmen (wie z. B. eine BIPoC-Quote in Unternehmen), die der Diskriminierung durch gezielte Vorteilsgewährungen entgegenwirken sollen. Wir müssten nur auf die universalen Menschenrechte und auf die Kraft der Vernunft vertrauen, dann werde sich die Gleichstellung aller Menschen schon von selbst einstellen. Diese Annahme ist nach Jahrzehnten und Jahrhunderten des Kampfs gegen den Rassismus widerlegt. Weil es ein Ungleichgewicht gibt: Die Weißen (und unter ihnen noch mal speziell die Männer, die Heterosexuellen, die Gesunden) machen seit jeher Identitätspolitik – ohne sich dessen bewusst zu sein. Damit, dass nun auch die benachteiligten Gruppen ihre Interessen geltend machen, kommen viele nicht klar. Und nennen es deshalb „spalterische Identitätspolitik". Die bereits zitierte Autorin Alice Hasters hat zu Recht darauf hingewiesen, was mit dem Begriff „Identitätspolitik" eigentlich mal gemeint war, nämlich dass man bisher nicht berücksichtigte Gruppen in Entscheidungen einbezieht, damit diese Entscheidungen gerechter werden. Dafür ist es sinnvoll, wenn Menschen sich ihrer Identität und ihrer Bedürfnisse bewusst werden. Die identitären Bemühungen von „White Power" und „Black Power" zielen, so Hastings, auf unterschiedliche Dinge: White Power wolle die Ungleichheit bewahren, Black Power hingegen die Gleichstellung erreichen. Also die Spaltung überwinden.

Und noch mal die Grünen-Politikerin Aminata Touré aus dem erwähnten Porträt in der *Süddeutschen Zeitung*: „(Wir haben) bisher immer darüber gesprochen (…), was die Mehrheitsgesellschaft von Menschen erwartet, die zu den BIPoC gehören. Jetzt wurde aber einmal der Spieß umgedreht und gesagt: Unsere Gesellschaft ist aber vielfältiger, auch wir BIPoC sind Teil von ihr, auch wir haben Forderungen an die Dominanzgesellschaft. Das haben wir uns lange Zeit gar nicht getraut, weil wir dachten: Das Recht haben wir nicht. Seitdem wir es einfordern, wird es plötzlich als Identitätspolitik abgewertet."

Wo es Fortschritte gab, waren sie zu langsam und zu gering, und der tief verwurzelte Rassismus in den Strukturen der auf Kolonialismus und Sklaverei errichteten und dadurch reich gewordenen Gesellschaften erwies sich als schrecklich robust. Deshalb lautete die trotzige (und natürlich nicht konstruktive) Reaktion mancher antirassistischer Aktivist*innen irgendwann: Dann übernehmen wir eben euer System und separieren die Gesellschaft ab jetzt nach Hautfarbe. Wir für uns und ihr für euch. Ich werde später auf diese Reaktion zurückkommen. Auf jeden Fall richtet sich die Wut inzwischen nicht mehr nur gegen Rassist*innen und Leugner*innen, sondern auch gegen BIPoC, die man als „Nichts überstürzen"-Reformer*innen bezeichnen könnte. Das sind oft Menschen, die den Sprung zur Akzeptanz durch die weiße Mehrheitsgesellschaft geschafft haben: Professor*innen, Künstler*innen, Journalist*innen, Politiker*innen. Für wütende Aktivist*innen sind sie keine Role-Models, sondern angepasste Verräter*innen, die man gerne als „Tokens", also Spielsteine oder Marionetten bezeichnet.

Woher also kommt die Wut – und was könnte sie beenden? Ein wenig Wut braucht es, um ein Thema in der Öffentlichkeit zu halten. Diskriminierung zu spüren macht wütend. Der Ton in sozialen Medien ist meist eh roh und wenig konstruktiv. Diskriminierung muss anerkannt werden. Diskurs braucht Anerkennung des Problems. Sie muss als fester Bestandteil auf die Agenda. Dann legt sich auch die Wut ein wenig.

Das fatale Schwarz-Weiß-Denken

Wo Wut ist, ist auch Übertreibung. Und diese Übertreibungen gilt es als solche zu benennen.

Über das Ziel hinaus schossen meiner Ansicht nach Antirassist*innen 2021 an der Uni Oxford, die sich klassische Musik und ihr Notensystem vornahmen. Sie bezeichneten es als kolonialistisch und rassistisch. Doch alles als kolonialistisch zu bezeichnen, das in der Zeit der Kolonialisierung entstand, nimmt nur den Fokus von den Gräueltaten wie Plündereien, Vergewaltigungen, Enteignungen und Morden, die damals an der Tagesordnung waren. Wir müssen differenzieren, was von was kommt.

Die Waldorfpädagogik hat meiner Ansicht nach gute Ansätze. Ich fände es unsinnig, die Waldorfschulen deshalb prinzipiell abzulehnen, weil ihr 1925 gestorbener Begründer Rudolf Steiner ein Rassist war. Und die Tatsache, dass Martin Luther den Antisemitismus des 16. Jahrhunderts teilte und auf garstigste Weise formulierte, ist kein Grund für mich, der evangelischen Kirche prinzipiell zu misstrauen. Sie alle waren auch Kinder ihrer Zeit. Und ein Notensystem abzulehnen, weil es aus einer Hochzeit des Rassismus stammt, ist nicht zielführend. Gerade Musik eint seit jeher die Menschen. Allzu einfach sollten wir es den Lernunwilligen also nicht machen, indem wir ihnen so platte Sichtweisen regelmäßig auf dem Silbertablett servieren. Deshalb müssen wir den „Übertreibenden" widersprechen. Auch wenn es wehtut. Es ist immer ärgerlich, wenn es falsche Fronten gibt. Und natürlich sind mir woke Menschen hunderttausendmal lieber als Rassist*innen: Die Woken erkennen und anerkennen, dass es Rassismus gibt, und arbeiten empathisch und kritisch daran, ihn zu benennen und zu überwinden. Dieses Grundanliegen ist mir natürlich sympathisch. Aber die Übertreibungen aus ihren Reihen sollten wir als solche erkennen und einräumen. Selbstkritik steht uns allen ab und an gut. Am wichtigsten ist aber, die Gesprächstür zum Rest der Gesellschaft offen zu halten. Sie sollten aufhören, sich vor allem an Liberalen abzuarbeiten, wenn die ein Sprachkorsett nicht hundertprozentig akzeptieren und übernehmen wollen. Denn wer glaubt, dass Verbündete in jedem Detail und in jeder radikalen Forderung übereinstimmen müssten, damit sie nicht zu Gegner*innen werden, wird sehr schnell ziemlich allein dastehen. Was in solchen Fällen allen hilft, ist ein Fünkchen Gelassenheit, Selbstironie und Humor.

Ein ungutes Kennzeichen der aktuellen Diskussion ist die Spaltung der Gesellschaft in sauber voneinander abgegrenzte Bereiche. Viel zu viele unterstellen in ihren Äußerungen die Existenz von lauter homogenen Gruppen, die sich feindlich gegenüberstehen. „Die Deutschen", „die Linke", „die Schwarzen", „die Weißen", „die Frauen", „die Medien", „die Flüchtlinge", „die Woken", „die Ossis/Wessis" etc. Das ist praktisch immer falsch. Thomas Chatterton Williams sagt dazu in einem Interview mit der *Süddeutschen Zeitung*: „Wenn jemand die Komplexitäten der Welt zu einem Entweder-oder zusammenschrumpft, sollte man immer misstrauisch sein." Das Problem am Gruppendenken habe ich weiter oben bereits benannt: Es verführt dazu, in jedem Mitglied der von mir konstruierten Gruppe einen Feind zu sehen, der das tut und denkt, was ich dieser Gruppe zuschreibe. Dann ist *jeder* Mensch, der in einem Auto sitzt, einer von denen, die mir immer den Fahrradweg zuparken. *Jeder* arabisch Aussehende ist einer von denen, die ihre Frauen einsperren. Und *jede* Radfahrerin ist eine von denen, die bei Rot über die Ampel fahren und damit Senior*innen erschrecken.

Das Patriarchat und die Übermacht der Weißen wurden nie zuvor so infrage gestellt wie heute. Die Mauer des Schweigens ist gefallen. Aber jetzt werden aus Wut von beiden Seiten neue Mauern errichtet. Die auf der privilegierten Seite bezichtigen die wütenden Opfer der Übertreibung und der Zerstörung unserer Sprache. Das entledigt sie der Beschäftigung mit den Relikten des Patriarchats und des Rassismus in dieser Sprache. Einige wütende Aktivist*innen wiederum wollen die durchaus nötige Veränderung der Sprache erzwingen, und zwar möglichst sofort. Aus einem Diskurs wird auf diese Weise ein destruktives Dafür-oder-dagegen.

Der islamische Religionspädagoge Mouhanad Khorchide und der ostdeutsche Soziologe Detlef Pollack haben am Beispiel der Zugewanderten mit islamischem Hintergrund zu erklären versucht, wie es zu diesem Gegeneinander von Gruppen kommt, die sich gegenseitig nur noch als monolithische, also einheitliche und gleichartige Blöcke wahrnehmen: Die eine Seite – nennen wir sie die fremdenfeindlichen Biodeutschen – nehme die Zugewanderten aus arabischen Ländern oft nur als „potenziell gefährliche Muslime" wahr, obwohl diese meist einfach nur als gleichberechtigte Deutsche anerkannt werden wollten. Das schematische Feindbild vom „gefährlichen Muslim" führe bei den Zugewanderten aber zu einer Identifikation mit der ihnen zugeschriebenen Religion, die sie sonst vielleicht gar nicht als so wichtig erachtet hätten. Nun aber, mit dem Rücken zur Wand und aus einem gewissen Trotz heraus, erklären sie sie zu ihrer Identität – inklusive so manchen rückständigen, provokativen Unsinns. Sie begeben sich also in die Opferrolle – was Vertreter*innen der Mehrheitsgesellschaft dann wiederum gern als „Opferkult" verhöhnen und kritisieren. Helfen würden hier, so die beiden Autoren, einerseits Interesse und Empathie für die Zugewanderten, andererseits deren Bereitschaft zur Selbstkritik.[33]

Zum Gruppendenken gehört auch der Anspruch mancher Autor*innen, für alle Mitglieder einer Gruppe zu sprechen: für

„die" Migrant*innen, für „die" Schwarzen und so weiter. Diese schrillen Argumentationen sind die lautesten und lösen oft Verwirrung aus. Denn was laut ist, ist deshalb noch nicht mehrheitsfähig. Wer als Standpunkt von „uns Schwarzen" zu hören bekommt, „wir Schwarzen" verböten uns die Meinung eines Weißen zum Thema Rassismus, wird nicht sehr zugänglich sein für ein Gespräch. Der Blick auf den Einzelfall und vor allem auf den individuellen Menschen sollte dem Gruppendenken niemals zum Opfer fallen.

Apropos Opfer: Deren Perspektive wird von manchen Aktivist*innen absolut gesetzt. Das finde ich fatal. Mir ist übrigens klar, dass „Opfer" ein heikler Begriff ist, und ich komme später darauf zurück. An dieser Stelle geht es mir aber erst einmal nur um das Phänomen der „Deutungshoheit" – also um die Vorstellung, dass das (vermeintliche oder tatsächliche) Opfer eines Vorfalls und sein Gefühl automatisch im Recht seien. Diese Deutungshoheit hat sich zu einer Art Dogma der Empörten entwickelt, zu einem „Freie Fahrt"-Schild für Wütende. Und das ist fatal für den Rechtsstaatsgedanken. Entstanden ist das Dogma aus einem verständlichen und berechtigten Frust: Menschen aus benachteiligten Gruppen haben ein viel größeres Risiko, dass man ihnen eine Anschuldigung gegen eine Person aus der dominierenden Gruppe schlicht nicht glaubt. Daraus schließen manche, man solle doch einfach die Beweislast umdrehen: Wer des Rassismus oder Sexismus bezichtigt wird, ist schuldig – es sei denn, er kann seine Unschuld beweisen. Und was als strafbarer Übergriff gilt, definiert allein die Person, die jemanden bezichtigt.

Aber eines wird auch durch das Dogma von der Deutungshoheit nicht ausgehebelt: Wir leben in einem Rechtsstaat. Und der gilt auch dann, wenn seine Prinzipien mit den eigenen Überzeugungen, Frustrationen oder auch Rachegelüsten kollidieren. Für eine *mediale* Verurteilung genügt (leider) die Behauptung.

Die juristische Schuld aber braucht Beweise für rassistisches oder sexistisches Handeln. Das hat nichts damit zu tun, dass man solchen Vorwürfen erst einmal Glauben schenken sollte: Man muss sie ernst nehmen und der Sache in jedem einzelnen Fall nachgehen. Wenn das tatsächlich geschähe, wäre das ein großer Fortschritt. Aber damit es zu einer Verurteilung und Bestrafung kommen kann, muss das angezeigte Verhalten erstens verboten sein und zweitens durch Zeug*innen, Beweise oder ein Geständnis belegt werden.

An dieser Stelle ist mir ein – eigentlich banaler – Hinweis wichtig: Wer für die Unschuldsvermutung eintritt, bezichtigt damit keineswegs das mögliche Opfer, das eine Tat anzeigt, der Lüge. Unschuldsvermutung heißt: Man weiß schlicht nicht, ob es eine Straftat gab beziehungsweise ob die beschuldigte Person sie begangen hat. Und wenn man nichts nachweisen kann, kann es auch keine Verurteilung geben. Oft bleibt auch nach dem Versuch der juristischen Klärung offen, was passiert ist. Niemand behauptet, dass ein Freispruch bedeutet, dass das vermeintliche Opfer gelogen haben muss. Um eine solche Lüge nachzuweisen, braucht es wiederum: Beweise. Bis dahin gilt auch hier: die Unschuldsvermutung.

Der Furor gegen die Unschuldsvermutung erklärt sich aus der Verwechslung von Statistik mit dem individuellen Geschehen. Sicherlich hat das Gefühl, dass zu viele rassistische und sexistische Täter*innen ungestraft davonkommen, eine reale Grundlage – und es ist frustrierend. Aber diesen Mangel heilt man nicht, indem man in Kauf nimmt, Unschuldige zu verurteilen. Und diese Verurteilung und manchmal soziale Vernichtung von möglicherweise Unschuldigen geschieht im Netz viel zu häufig. Manchmal erinnern mich die teilweise sehr bizarren Verurteilungsmechanismen an die ultrakomische „Überführung" der „Hexe" durch eine aufgebrachte und ziemlich dumme Volksmenge in Monty Pythons *Ritter der Kokosnuss.*

Die Unschuldsvermutung ist eine so wichtige Errungenschaft, dass sie auch einer verständlichen und berechtigten Empörung über gruppenbezogene Diskriminierung nicht geopfert werden darf. Das müsste auch superwoken Aktivist*innen klar werden, wenn sie sich vorstellen, dass ein ihnen wichtiger und nahestehender Mensch, von dessen Unschuld sie überzeugt sind, aufgrund einer bloßen Anschuldigung und ohne weitere Überprüfung angeklagt und verurteilt würde.

Übrigens: Der Rechtsstaat mit der Unschuldsvermutung ist keineswegs ein Machtinstrument, sondern im Gegenteil vor allem ein Schutz für die Schwächeren in einer Gesellschaft. Wenn wir allgemein beschließen, dass Anschuldigungen nicht mehr belegt werden müssen, sind wir im rechtsfreien Raum. Da wird das Recht der Stärkeren schnell zum Gesetz. Willkommen in der Steinzeit. Man sollte sich deshalb gut überlegen, ob man aus der Position der gesellschaftlichen Diskriminierung heraus die Axt ausgerechnet an diesen Pfeiler unserer Zivilisation legen will. Man könnte sich wundern, wer sich irgendwann kalt lächelnd dafür bedankt.

Erwachet!

Ich habe oben bereits von Mauern gesprochen. Das Bild passt auch hier: Kennzeichnend für die aktuellen gesellschaftlichen Diskussionen um Identität ist der Einsturz einer Mauer – der Brandmauer zwischen Gefühl und Argument. Sie ist durch die große Wut niedergerannt worden. Ich glaube, dass das schlecht für unsere demokratische Kultur ist – und damit perspektivisch ausgerechnet für die Schwächsten: für die Diskriminierten, um die es den wütenden „Gefühlsaktivist*innen" doch geht. Denn die Demokratie bietet unter allen Staatsformen die besten Voraussetzungen dafür, Diskriminierung zurückzudrängen und

Gleichstellung zu erreichen. Aber das geht nur durch rationales Aushandeln von Interessengegensätzen – und nicht indem „das eigene Kränkungsgefühl zum letzten Wort gemacht wird", wie es die bereits zitierten Mouhanad Khorchide und Detlef Pollack formulieren.

Die Trennung zwischen Gefühl und Argument ist eine Errungenschaft. Ich bin so frei und nutze hier die meiner Ansicht nach guten Argumente der Aufklärung. Letztlich geht es um den Unterschied zwischen Glauben und Wissen. Wie der Name schon sagt, lebt die Wissenschaft nicht vom Glauben, sondern vom Wissen. Wir haben es gegenwärtig an manchen Stellen eher mit religionsähnlichen Überzeugungen und Verhaltensweisen zu tun als mit einem demokratisch-rationalen, auf Wissen basierenden Diskurs. Manche bescheinigen sich selbst, durch die Erkenntnis aller Ungerechtigkeiten erleuchtet zu sein. Dass sie sich selbst gern als „woke", also „erwacht" bezeichnen und damit denselben Begriff benutzen wie die Zeugen Jehovas mit ihrer sektiererischen Glaubenspostille, ist von bezeichnender Komik.

Gustav Seibt hat darauf hingewiesen, worin die Gefahr einer solchen Entwicklung liegt: „Kulturelle Auseinandersetzungen gleichen Religionskriegen, sie haben eine Tendenz zur Unabschließbarkeit und verführen zu Eskalationen. Materielle Konflikte dagegen kann man mit Kompromissen befrieden."[34] Wer sich erst einmal im Kulturkampf wähnt, wird nicht nachlassen, bis das von ihm erkannte Übel restlos getilgt ist.

Ein symbolischer Kampf mit irrationalen Zügen tobt beispielsweise um das berüchtigte N-Wort. Dabei geht es mir nicht um die Frage, ob das Wort „Neger" eine angemessene Bezeichnung für einen Menschen schwarzer Hautfarbe ist. Natürlich ist es das nicht. In einem späteren Kapitel behandele ich die N-Wort-Frage ausführlich. Hier sei nur an die erste Seite meines ersten Buchs erinnert: „Neger" ist ein hoch rassistischer Ausdruck und sollte von weißen Menschen zur Bezeichnung von Menschen of Color nicht verwendet werden. Aber hier geht es nicht um einen unangemessenen Ausdruck zum *Bezeichnen* eines Menschen, sondern um eine Form des magischen Denkens. Immer mehr Menschen scheinen zu glauben, dass den fünf Buchstaben N, E, G, E und R eine Art teuflischer Kraft innewohne, bei deren bloßer Nennung – völlig unabhängig vom Kontext – die ganze Gemeinde erschrocken zusammenfahren müsse wie früher in der Kirche, wenn jemand den Teufel erwähnte. Oder wie im Monty-Python-Film *Das Leben des Brian*, wenn jemand „Jehova" sagt. Bei Harry Potter ist das „Der, dessen Name nicht genannt werden darf" ein wichtiger dramaturgischer Kniff. Über das Verbot, den Namen auszusprechen, bekommt die Figur des Voldemort eine größere Macht, ohne viel dafür zu tun. Wie gefährlich muss jemand sein, dessen Namen wir nicht einmal aussprechen sollen? Die kontextunabhängige Tabuisierung gibt dem N-Wort weit mehr Macht, als durch seine Geschichte gedeckt ist.

Nach einer Podiumsdiskussion sprach mich einmal ein junger Schwarzer an und kritisierte, dass ich im Untertitel meines ersten Buches das „N-Wort" verwendet hatte. Ich fragte ihn, ob er mein Buch denn gelesen habe, und er verneinte. Also lud ich ihn zu einer meiner Lesungen ein, wo ich meinen Umgang mit dem N-Wort ausführlich thematisierte. In der folgenden Diskussionsrunde sprach er mich an und sagte, dass er jetzt verstehe, warum ich das Wort manchmal verwende. Es bleibe aber dabei, dass ihm das Hören des Worts Schmerzen bereite. Das sei ihm auch zugestanden – und es ist auch tragisch. Aber er ist damit kein Opfer von Rassismus, sondern einer individuellen Übersensibilität. Ihm geht es so wie einem Menschen, der eine Phobie vor medizinischen Spritzen hat. Durch die Panik vor der Spritze erleidet er sicher schlimme Qualen – aber er ist dadurch kein Opfer einer schweren Körperverletzung oder von Folter, sondern seiner spezifischen und individuellen Angst.

Manche erinnern sich sicher noch an den 2004 erschienenen Superbestseller *Der weiße Neger Wumbaba* von Axel Hacke. In diesem Buch hatte der Autor „Verhör-Fehler" zusammengetragen, die ihm Leser*innen geschickt hatten, also akustische Missverständnisse aus ihrer Kindheit. Jeder kennt das: Man hat als Kind ein Lied, ein Gedicht, ein Gebet, eine Redensart gehört, die man nicht vollständig verstand – und dann machte man sich eben seinen eigenen Reim darauf. Und so hatte jemand die Zeile „Und aus den Wiesen steiget / der weiße Nebel wunderbar" aus dem Lied *Der Mond ist aufgegangen* lange missverstanden als „… der weiße Neger Wumbaba". Nach dem Erscheinen des zweiten Bands 2007 bekam Hacke erstmals Briefe, die ihm Rassismus vorwarfen, und bald tauchten auch in seinen sehr erfolgreichen Lesungen Aktivist*innen auf, die den Buchtitel für rassistisch und beleidigend erklärten. Was geschah hier? Offensichtlich lösten die Kritiker*innen das Wort „Neger" vollständig aus dem Kontext und ignorierten, dass es nicht das Mindeste mit der Benennung von Menschen of Color zu tun hatte. Das Einzige, was dieses akustische Missverständnis dokumentiert, ist ja die Tatsache, dass das Kind, das sich da vor vielen Jahrzehnten verhörte, das Wort „Neger" kannte. Ich fand es damals witzig und ob des Zusammenhangs unproblematisch. Heute muss ich einräumen, dass ein akustisches Missverständnis, bei dem das Wort „Jude" verstanden worden wäre, niemand als Buchtitel gewählt hätte. Und heute würde man den guten weißen „Wumbaba" wohl nicht mehr zum Buchtitel machen. Es bleibt die Grundsatzfrage: Wollen wir das N-Wort nur zum Bezeichnen von Menschen of Color aus unserem aktuellen und zukünftigen Sprachgebrauch verdrängen (was gut und nötig ist)? Oder wollen wir auch die Erinnerung daran tilgen, dass dieses Wort jemals benutzt wurde, indem wir jeden Verweis auf frühere Verwendungen tabuisieren? Zu Ende gedacht würde das bedeuten: Wir tilgen die Erinnerung daran, dass es Rassismus gab. Weil diese Erinnerung manche Menschen zu sehr schmerzt. Aber würde das der Leidensgeschichte der Schwarzen wirklich gerecht? Und *muss* die Erinnerung an vergangenes Unrecht nicht auch wehtun, damit sie lehrreich ist und wirkt?

Eine mindestens ebenso absurde Folge des magischen Denkens, das die fünf Buchstaben grundsätzlich tabuisiert: Es wird immer schwieriger, den Rassismus, der sich in der Verwendung des N-Worts ausdrückt, zu benennen, um ihn so zu kritisieren und sich dagegen zu wehren. Ich versuche mir vorzustellen, was eine politisch korrekte Staatsanwaltschaft in eine Anklageschrift schreiben soll, wenn es um die verbale Beleidigung eines Schwarzen geht. Wegen der Aussage „Du Drecks-N-Wort!" wird kein Gericht jemanden verurteilen, fürchte ich. In einem Lagebericht aus Kalifornien in der *Süddeutschen Zeitung* wurde kürzlich vom Autor Jürgen Schmieder eine Episode geschildert, in der ein Schwarzer von einem weißen Nachbarn übel beschimpft und dabei fünfmal „Nigger" genannt wurde. Als das Opfer ein von einem Zeugen gefilmtes Video dieser Beschimpfungen postete, bat ihn die Administratorin des Forums, das Video wieder zu löschen. Das N-Wort sei rassistisch und man solle es doch besser nicht hören. Hier wird es offensichtlich grotesk.

Es ist schwierig, Probleme zu lösen, wenn man ihre Benennung tabuisiert.

Zum heiklen Thema Überempfindlichkeit – bei Betroffenen wie bei nicht betroffenen Superwoken – komme ich noch mehrfach ausführlicher. Hier zuerst ein anschauliches Beispiel für eine sprachliche Rücksicht, die aus meiner Sicht übertrieben ist. Die *Zeit*-Autorin Marion Detjen wies in ihrem Text über die „Entwicklungsstadien der Kartoffel", also ihren eigenen Bewusstwerdungsprozess in Sachen Rassismus, an einer Stelle mit einem gewissen Stolz darauf hin, dass sie sich gerade absichtlich die Formulierung verkniffen habe, etwas sei „aus der Taufe gehoben worden". Weil ein solcher Begriff aus ihrem „bürgerlichen, privilegierten Bildungsweg" und aus einer christlichen Tradition heute nicht mehr passe. Respekt und Rücksicht in allen Ehren – aber ist es wirklich rücksichtslos oder gar rassistisch, solche aus der christlichen Prägung Europas entstandenen Sprachbilder weiter zu benutzen? Und leugnet man damit wirklich, dass wir heute eine vielfältige Einwanderungsgesellschaft sind, in der auch viele Nichtchristen leben? Ich habe da meine Zweifel. Würde ich als Bürger eines mehrheitlich muslimisch geprägten Landes wirklich erwarten, dass niemand mehr „beim Barte des Propheten" und „Inschallah!" sagt? Ich denke nicht.

Ich habe eben unterschieden zwischen Betroffenen und Nichtbetroffenen. Diese Unterscheidung ist mir wichtig. Wer selbst Rassismus erlebt und darunter leidet, hat auch dann mein Verständnis, wenn er oder sie mal übers Ziel hinausschießt. Wir alle haben es wahrscheinlich schon erlebt, dass ein schüchterner Mensch aus Unsicherheit die Lautstärke seiner Stimme nicht justiert bekommt und plötzlich viel zu laut spricht, weil er allen Mut zusammennehmen muss, um in einer Runde überhaupt den Mund aufzumachen. Da ist zu laut allemal besser als zu leise oder gar nicht. Genauso ist es, wenn Angehörige bisher marginalisierter Gruppen endlich ihre Stimme erheben: Es dauert ein wenig, bis sie den richtigen Ton und das richtige Maß finden – Stichwort Wut. Aber es gibt auch die nicht selbst betroffenen Woken. Ihre Solidarität tut gut – aber manche von ihnen legen einen Übereifer und einen Hang zur Selbstgerechtigkeit an den Tag, die mich eher irritieren. Sie schießen bisweilen übers Ziel hinaus – mit einer überängstlichen Vorsicht, die nur Fehler vermeiden will, und mit einer bestimmten Überempfindlichkeit gegen harmlose „Verfehlungen" zum Beispiel sprachlicher Art. Ein Freund von mir hat sich kürzlich ziemlich geärgert, weil ein

Shitstorm wegen irgendeiner Nichtigkeit mal wieder die Aufmerksamkeit von den eigentlich wichtigen Debatten um echte gesellschaftliche Teilhabe abgelenkt hatte. Vielleicht ging es um das „Moretto"-Schmuckstück, das den Kopf eines Schwarzen zeigte und dessen rassistischer Charakter in der Sendung *Bares für Rares* im Frühjahr 2021 nicht ausreichend gegeißelt wurde, was dem *Stern* gleich einen ganzen Artikel wert war. Er meinte dann zu mir in etwa: „Ich hab mal geguckt, wer da gepostet hat. Alles Weiße. Das sind überwiegend junge Akademiker*innen aus wohlhabenden Familien, die keine echten Probleme haben. Ist deren Leiden unter angeblich rassistischen Formulierungen wirklich echt? Mir kommt es manchmal eher wie ein angeeignetes Leiden vor, wie ein Phantomschmerz. Die eingebildete schwarze Haut brennt unter den verbalen Misshandlungen. Wollte man boshaft sein, würde man von ‚kultureller Aneignung' sprechen. Dieses ‚Herr Lehrer, Herr Lehrer, schaun Sie mal, ich bin viel betroffener und sensibler als die eigentlich Betroffenen! So sensibel wie ich ist kein Opfer!' finde ich zum Kotzen."

Ich stimme der Schärfe und Polemik nicht vollständig zu – dem Befund aber doch ausreichend, um diesen Ausbruch hier zu zitieren. Weil ich nicht möchte, dass das Leid der tatsächlich Betroffenen durch die Überempfindlichkeit einiger selbstgerechter Weißer zugedeckt wird. #Empörung! Der Kampf um das richtige Wort wird manchmal höher gehängt als gesellschaftliche Beteiligungs- und Verteilungsfragen.

Bei manchen aufgeregten Netzdebatten denke ich auch, dass wir vielleicht mal wieder einer satirischen Aktion auf den Leim gegangen sind, die Rechte oder Scherzkekse unter der Flagge der Woken in die Welt gesetzt haben. Dass die echte Empörung sich manchmal nicht unterscheiden lässt von einer satirischen Provokation, sollte den superwoken Aktivist*innen zu denken geben. Wie ich schon mal in einem Interview mit Deutschlandfunk Kultur gesagt habe: Ich rate denen, die sich als besonders wach und aufmerksam für soziale Unterschiede begreifen, jedenfalls zu einer gewissen Vorsicht. Sie sollten sich nicht zu sehr erhaben fühlen. Nur weil sie das N-Wort nicht benutzen, sind sie nicht frei von allen rassistischen Spuren in sich. Der Rassismus verschwindet ja nicht, indem ich ein Wort weglasse, oder dadurch, dass ich plötzlich eine ungarische Gewürzsoße „die Z-Soße" nenne. Das ist nur ein kleines Drehrädchen. Der Motor, der uns zu einem wirklich respektvollen Umgang miteinander bringt, ist weitaus größer als diese Schräubchen.

Der Gestus der Empörung, der manche auszeichnet, nutzt sich schnell ab. Deshalb nimmt die Frequenz der Shitstorms auch immer mehr zu. Man muss immer häufiger aus immer geringeren Anlässen auf die Hashtagpauke hauen, damit das Erregungslevel hoch bleibt und weiterhin Klicks und Likes produziert werden. Und Empörung an sich ist kein Argument. In einer Rezension zu Ijeoma Oluos Buch *Das Land der weißen Männer* wurde das so ausgedrückt: „Es genügt nicht, als Autor empört zu sein. Sollen die Leser die Empörung teilen, muss man ihnen schon das Material liefern."[35] Und auch die größere Schwester der Empörung, das Beleidigtsein, hat für sich genommen noch keinen Erkenntniswert und ist stets in Gefahr, zum Selbstzweck zu werden. Die französische Antirassistin und linke lesbische Feministin Caroline Fourest kritisiert: Die Empörung selbst sei das eigentliche Ziel. Es gehe „den für kulturelle Aneignung zuständigen Inquisitoren" nicht um Fortschritt, sondern „ihr Zweck ist zu existieren, und das bedeutet heutzutage, sich für ‚beleidigt' zu erklären".[36] In den letzten Jahren wurde sie mehrfach von jungen Studierenden daran gehindert, über die Verschleierung in islamischen Kulturen zu sprechen. Sie sollte nicht sprechen, weil sie weiß ist. Dabei glaubte sie, zu Gleichgesinnten in ihrem Kampf gegen Diskriminierung zu sprechen. Die Kritik an Fourest ist ein klassisches Beispiel für das Eröffnen falscher

Fronten durch einige superwoke Aktivist*innen. Seither warnt sie vor den „autoritären Forderungen" der identitären Linken, die eine „im Namen der Genetik zensierte Kultur" vertrete und ebenso wie der rechte Totalitarismus „alles auf die Herkunft reduziert, bevor sie sich auf eine Debatte einlässt."

Die Methode „Angriff ist die beste Verteidigung" verspricht in den sozialen Medien hohe Klickzahlen. Jede*r von uns kann im Netz selbst als Feigling die große Keule schwingen und als Teil eines anonymen Mobs wüten. Der harsche Ton im Netz ist oft das Ergebnis einer extremen Empfindlichkeit – und der fehlenden Bereitschaft, Kritik zu akzeptieren. Wenn wir über den schnell missverständlichen Begriff der übertriebenen Empfindlichkeit sprechen, ist es mir besonders wichtig, zwischen tatsächlichen Opfern von Diskriminierung und Rassismus einerseits und nicht betroffenen Superwoken andererseits zu unterscheiden. Caroline Fourest stellt in dem erwähnten *Zeit*-Interview einen Zusammenhang zu behütet aufgewachsenen Studierenden her, mit denen sie aneinandergeriet: „Gerade in den USA kommen die Studenten oft aus guten Familien, die sich hohe Studiengebühren leisten können, ihre Kinder auf herrliche Campusse schicken, wo die Professoren in Erinnerungen an die großen Kämpfe der Vergangenheit gegen Sklaverei und Rassentrennung schwelgen. Aber die Kinder haben nie kämpfen müssen. Heute ist es ihre Spezialität, gegen Mikroaggressionen vorzugehen."

Ein paar Worte zum Thema Empfindlichkeit also. Natürlich ist beim Sprechen darüber Vorsicht geboten. Man könnte auch sagen: Es ist Sensibilität gefragt. Denn Empfindlichkeit hat immer auch mit Macht und Ohnmacht zu tun. Zum Beispiel reagieren die meisten Kinder verletzt auf Ironie – weil ihnen dieses Mittel selbst noch nicht zur Verfügung steht. Sie fühlen sich machtlos, und das lässt sie verständlicherweise empfindlich reagieren. Ein schmaler und zerbrechlicher Mensch reagiert empfindlicher auf ein versehentliches Anrempeln als ein bulliger Kerl. Und eine zarte Pflanze reagiert empfindlicher auf das Reh, das seine Blätter frisst, als ein kräftiger Baum. Es soll hier also nicht darum gehen, Diskriminierten aus einer Position der Stärke heraus Überempfindlichkeit vorzuhalten. Und schon gar nicht möchte ich sie verhöhnen. Das wäre angesichts ihrer Traumatisierung zynisch. Und dennoch scheint es mir angemessen, darauf hinzuweisen, dass nicht alles, was als Verletzung wahrgenommen wird, objektiv diesen Tatbestand erfüllt. Und wenn Nichtbetroffene sozusagen stellvertretend für andere empfindlicher reagieren als die Betroffenen selbst, muss man bisweilen von Übertreibung sprechen.

Noch einmal zur Klarstellung: Dass die Sensibilität zunimmt, ist ein Kennzeichen der Zivilisation. Das ist positiv: Es zeugt von der wachsenden Fähigkeit zu Empathie in Teilen unserer Gesellschaft. Und die Sensibilität steigt ja ganz unabhängig von der aktuellen Identitätsdebatte. Bis vor etwa 50 Jahren reagierte man kaum auf diskriminierende Sprache, da sie von der Mehrheitsgesellschaft nicht als solche wahrgenommen wurde. Rassismus wurde nur als solcher benannt, wenn es um Gewalt gegen Sachen oder gar Menschen ging. Rassistisch waren angeblich nur Skins mit Baseballschlägern. In den folgenden Jahrzehnten wurde mehr und mehr thematisiert, was jemand *sagte*: Verbale Gewalt und Diskriminierung wurden nicht mehr hingenommen. Wie ich schon schrieb, glaube ich daran, historische Persönlichkeiten im Rahmen ihrer Zeit zu betrachten. Eine Überempfindlichkeit erkenne ich im Fall einiger Bibliotheken von US-Universitäten. Dort wurden literarische Klassiker mit Warnhinweisen vor möglichen Triggern versehen. Sollen, wenn jemand sich durch etwas getriggert oder getroffen fühlt, wirklich immer alle anderen erschrocken und schuldbewusst zusammenfahren und innehalten? Ist jedes „Das tut mir weh" Anzeichen für eine tatsächliche Grobheit? Ich meine:

Wenn wir unser ganzes Leben an den Nerven der Sensibelsten ausrichten und zur emotionalen Vollkaskogesellschaft werden, entmündigen wir damit viele, die selbst entscheiden können und wollen, was sie sich zutrauen und zumuten. Wir sollten die Hochsicherheitsspielplätze mit den Schaumstoffmatten, die „Stürze" aus 50 Zentimeter Höhe abfedern sollen, nicht zum Vorbild nehmen für die Ausgestaltung unserer Erwachsenenwelt. Universitäten müssen Orte der Auseinandersetzung und damit auch der Irritation sein, wo nicht alles eventuell Kontroverse als „Trigger" von vornherein weggeschlossen wird. Denn irgendwann wird das Leben in seiner Buntheit und Grobheit durch die Tür der Studierstübchen unserer jungen Erwachsenen treten. Damit das kein tatsächlich traumatischer Kulturschock wird, sollten sie darauf vorbereitet sein. Denn das Leben ist schließlich eine einzige Ansammlung von kleinen Ärgernissen:

Der junge Mann in der U-Bahn mit dem penetranten Eau de Toilette. Der Vereinskamerad, der mich als Veganer zum Würstchengrillen einlädt. Die Frau, die mich anstarrt. Die Frau, die demonstrativ den Blickkontakt verweigert. Die Abteilungsleiterin, die mich und meine Arbeit nicht beachtet. Der Vorgesetzte, der mich auf dem Kieker hat. Die Frau, die die vierte Silbe meines zweiten Vornamens falsch ausspricht. Der neue Kollege, der schon im ersten Gespräch fragt, woher meine Vorfahren kommen. Die Cousine, die partout nicht gendern möchte. Meine Oma, die meint, ich solle mich „einfach mal zusammenreißen" … Alles kleine bis mittelgroße Kränkungen. Jeden verdammten Tag. Man kann sie allesamt als „Mikroverletzungen" deuten – muss es aber nicht. Manche dieser Kränkungen haben eine rassistische oder diskriminierende Färbung und sollten nicht unwidersprochen bleiben. Aber das permanente Suchen nach Anlässen, sich verletzt zu fühlen und sich zu empören, ist aus Gründen der psychischen Gesundheit nicht empfehlenswert. Die Welt dreht sich nicht um mich, und deshalb beziehe ich nicht alles, was geschieht, auf mich. Vor allem die Interpretation jeder „Mikroverletzung" als „Mikroaggression", also als absichtliche, gegen mich gerichtete Handlung, ist oft eine Projektion der eigenen Erwartung. Die Frau, die da vorne an der Kasse so lange braucht, um ihr Portemonnaie zu finden und den passenden Betrag rauszufummeln, macht mich ungeduldig. Zumal ich es furchtbar eilig habe. Aber sie macht das höchstwahrscheinlich nicht deshalb so umständlich und langsam, weil sie mich gezielt ärgern und meine Wartezeit möglichst lange dehnen will. Sie weiß nichts von meiner Ungeduld. Es ist also keine Aggression – und wenn ich es so wahrnehme, erliege ich einer Projektion: Ich unterstelle ihr, sie sei die Regisseurin meines Kopfkinos. Dass sie *mich* aggressiv macht, heißt aber nicht, dass sie aggressiv *ist*.

Es ist sinnvoll und nötig, immer wieder zu fragen, was tatsächlich passiert ist. Es gibt einen Unterschied zwischen subjektiver Wahrnehmung und objektivem Geschehen. Beides muss in die Betrachtung einbezogen werden. Und es sollte manchen zu denken geben, dass Menschen, die reale Not und Gewalt erleiden, in der Regel nicht einmal wüssten, was eine Mikroaggression sein soll.

Kann es ein Ziel sein, sich vor bestimmten Argumenten und Meinungen dauerhaft in Sicherheit zu bringen? Indem man sich abschottet und bestimmte Themen tabuisiert? Ich halte es beispielsweise für falsch, das derzeit vor allem an französischen Unis heiß diskutierte Thema „Islamismus" – also die Bestrebungen, den muslimischen Glauben zur Richtschnur des weltlichen Zusammenlebens aller zu machen – zum Tabu zu erklären und unterdrücken zu wollen. Das Argument der Antirassist*innen lautet: Jegliche Kritik an der Unterdrückung von Frauen und „Ungläubigen" durch islamistische Regimes sei „rassistisch" und „kolonialistisch". Ja, es gibt rechte Islamhasser, die „Islam" und „Islamismus" absichtlich gleichsetzen und in einen Topf werfen. Aber macht das die Kritik am Islamismus schon zu einer rassistischen Handlung? Der renommierte französische Islamwissenschaftler Gilles Kepel kritisiert „eine linke, intellektuelle Grundhaltung, die sich jegliche Kritik am Islam, inklusive des Islamismus, verbittet. Weil die Muslime von Europäern unterdrückt wurden, so die Begründung. Man darf den Islam deshalb in seiner Gesamtheit nicht mehr kritisieren, noch nicht einmal analysieren."[37]

Und wie zielführend ist es, sich nicht nur von Meinungen, sondern auch von bestimmten Menschen abzusondern? Natürlich meine ich hier nicht den Schutz vor konkreten Bedrohungen, wie sie zum Beispiel die großartigen, leider bitter notwendigen Frauenhäuser bieten. Ich meine den pauschalen Schutz vor der Begegnung mit Menschen, die man als „toxisch" definiert, weil sie Angehörige einer bestimmten Gruppe sind oder weil sie Ansichten äußern könnten, die man selbst ablehnt. Das beruht meiner Meinung nach auf einem fatalen Gruppendenken, einer Projektion – oder aber einer Paranoia. Und wohin sollen separierte Räume und Safe Spaces eigentlich führen, beispielsweise solche für Menschen verschiedener Hautfarben? Sie lassen die Gesellschaft weiter zerfallen. Mein Problem mit der linken Identitätspolitik ist die von manchen verlangte Separierung nach Hautfarben. Wo es doch erwiesenermaßen keine „Rassen" gibt, sollten wir die Gruppen, mit denen wir uns identifizieren, nach Haltung und Interessen zusammenstellen.

Können Weiße eigentlich Opfer von Rassismus sein?

Um diese Frage, die in meinen Workshops und Diskussionen häufig aufkommt, gibt es eine Art Glaubenskrieg. Manche

Autor*innen und Aktivist*innen vertreten die Position, dass „Rassismus" etwas ist, das Menschen of Color sozusagen exklusiv für sich haben – beziehungsweise gegen sich. Dass es also keinen auch nur theoretisch denkbaren Fall geben kann, in dem eine weiße Person aufgrund ihrer Hautfarbe herabgesetzt, benachteiligt oder diskriminiert würde, was ja die Definition des Begriffs „Rassismus" ist.

Ich bin skeptisch gegenüber solchen absoluten, keinen Widerspruch duldenden Aussagen wie „Schwarze können nicht rassistisch sein", „Frauen können nicht sexistisch sein" und so weiter. Denn es genügt ein einziges Gegenbeispiel, um die kategorische Behauptung zum Einsturz zu bringen. Oder man muss absurde Verrenkungen machen, damit die Behauptung immer stimmt. Dann verrennt man sich in Definitionsgefechte und macht die Gesamtaussage ohne Not angreifbar. Alle stürzen sich dann nur auf diese kategorische Aussage und suchen nach einem Gegenbeweis. Das eigentliche Anliegen bleibt auf der Strecke.

Letztlich sind wir hier im Bereich der Wortklauberei: Soll man die Diskriminierung gegen eine weiße Person aufgrund ihres Weißseins – die es zweifellos geben kann und gibt – „Rassismus" nennen? Hinter dem Nein mancher Antirassist*innen steht immerhin eine gewichtige Überlegung: Die Wahrscheinlichkeit, dass Weiße *systematisch* Opfer von Rassismus werden, ist wegen der gesellschaftlichen Ungleichheit nahe null – während Menschen of Color dauerhaft und dauernd damit leben müssen. Über das Bedürfnis mancher Weißer, sich auch mal als Opfer zu inszenieren, nur weil ihnen der Wind der Rassismusdebatte ins Gesicht weht, habe ich schon geschrieben; und ich verstehe den Widerwillen gegen diese Wehleidigkeit. Die bisweilen etwas bockig vorgetragene Haltung „Aber es gibt auch Rassismus gegen Weiße!" hat oft denselben Unterton wie ein Satz von Raucher*innen aus der Zeit der Debatten um Rauchverbote: „Nicht rauchen ist genauso intolerant wie rauchen." Der Satz war offensichtlicher Unsinn, weil er das Thema „Schädigung durch Passivrauchen" ausblendete. Und der Hinweis auf weiße Rassismusopfer blendet die rassistischen Strukturen aus, die nun mal ausschließlich Menschen of Color benachteiligen. Weiße waren nie von einer systematischen Abwertung aufgrund ihrer Hautfarbe betroffen, sondern profitierten im Gegenteil immer von ihrer Höherbewertung. Sie werden es kaum jemals erleben, eine Wohnung nicht mieten zu können, weil sie weiß sind. Einen Job nicht zu bekommen, weil sie weiß sind. Von der Polizei kontrolliert zu werden, während alle Nichtweißen unbehelligt bleiben. Ich erlebe vielleicht nicht jeden Tag Rassismus, aber sicher an mehreren Tagen in der Woche. Es ist also keine Ausnahme. Die ist es aber für weiße Menschen. Weil sie zur Mehrheitsgesellschaft gehören. Sie geben grundsätzlich den Ton an.

Natürlich gibt es Menschen of Color, die Vorurteile gegen Weiße haben. Auch sie arbeiten mit Stereotypen. Aber dabei handelt es sich – schlimm und verwerflich genug – um individuellen Rassismus ohne gesellschaftlichen Unterbau. Und oft um die hilflose und undifferenzierte „Rache" von Diskriminierten. Um Wut. Eine sehr wütende Stimme postete 2020 folgenden Spruch auf Twitter: „Weiße Menschen sind ein genetischer Defekt des Schwarzseins und Untermenschen. Schwarze Menschen könnten mithilfe ihrer dominanten Gene die weiße Rasse auslöschen." Diese Aussage von Yusra Khogali, einer der Mitbegründerinnen von Black Lives Matter, ist selbstverständlich falsch und verwerflich. Sie nimmt ein rassistisches Stereotyp und dreht es einfach um. Es ist ein schriller Aufschrei, der auch in den eigenen Reihen nicht mehrheitsfähig ist. Und ich verstehe jeden Weißen, der sich durch eine solche Aussage verletzt und angegriffen fühlt. Dennoch wäre es ein Kurzschluss, diesen menschenverachtenden Unsinn mit dem Rassismus der Weißen gegen Schwarze gleichzusetzen. Warum? Nun, der entscheidende Unterschied ist die Verteilung von Macht. Eine schwarze Frau, die behauptet, schwarze Menschen seien „Übermenschen", während sie Weiße mit dem Nazibegriff „Untermenschen" belegt, ist einfach nur wütend. Diese Wut ist verzweifelt und ohnmächtig und ihre Aussage bewirkt nichts als verständnisloses Kopfschütteln – oder ein heftiges Nicken, das von derselben ohnmächtigen Wut herrührt. Eine echte Bedrohung geht von so einer radikalen Äußerung nicht aus. Dieselbe Herrenmenschenüberzeugung von Weißen jedoch hat in den letzten 500 Jahren unendliches Leid angerichtet: Sie hat Millionen von schwarzen Menschen die Freiheit, die Würde und das Leben geraubt.

Ganz ehrlich dachte ich zunächst, es sei eine misslungene Satire. Es ist wohl eher eine Provokation, die uns bei näherem Hinsehen zeigt, wie die weiße Übermacht eine solche Aussage unglaubwürdig aussehen lässt.

Keine Frage: Diskriminierung bleibt Diskriminierung. Und niemand möchte zu ihrem Opfer werden. Opfersein ist kein Wettbewerb, sondern eine Bürde. Und im fortwährenden Kampf um den eigenen Platz in der Hierarchie der Gesellschaft tragen wir Nichtweißen ein Merkmal, aufgrund dessen uns ohne weitere Gründe Punkte abgezogen werden. Das geschieht Weißen nicht. Und wer sich als weißer Mensch einmal wegen seiner Hautfarbe abgelehnt fühlt, möge sich für einen Moment vorstellen, dieses sehr unangenehme Gefühl dauernd zu haben. Dann wird er den Unterschied zwischen individuellem und strukturellem Rassismus verstehen. Meine Antwort auf die Eingangsfrage lautet also: Weiße können durchaus von *individuellem* Rassismus betroffen sein. Von strukturellem, systemischem Rassismus aber nicht. Weil die Geschichte die Weißen auf die Gewinnerseite gestellt hat – nur wegen ihrer Hautfarbe. Das ist natürlich kein individueller Vorwurf an Einzelne – aber es ist eine historisch bedingte Tatsache. Es gab niemals eine Vorherrschaft von schwarzen über weiße Menschen.

Mein Traum von einer perfekten Welt lässt uns alle frei sein in der Wahl von Religion, geschlechtlicher Identität und eben der individuellen Persönlichkeit. Niemand soll mir sagen, zu welcher Gruppe ich angeblich gehöre. Ich möchte keine Attribute zugeteilt bekommen.

Meiner Meinung nach sollten wir die Diskussion über Übertreibungen innerhalb der Antirassismusbewegung offen führen. Die Angst vor dem berüchtigten „Beifall von der falschen Seite" darf uns davon nicht abhalten – sonst ist es ein Leichtes für die Rechten, jedes Thema zu kapern und damit die Diskussion unter den Vernünftigen zu blockieren.

Ich verkenne keineswegs, dass die Kritik der Rechten an der Identitätspolitik laut und unfair ist. Sie lehnen das Ansinnen an sich ab, also gerechte Chancen für alle, unabhängig von Geschlecht, Hautfarbe, sexueller Orientierung. Und sie greifen begierig die radikalsten und abwegigsten Äußerungen von Superwoken auf. Diese Fixierung auf Extrempositionen darf nicht den Blick auf die eigentlichen Themen verstellen. Sie dient den unwilligen Mitgliedern der weißen Mehrheitsgesellschaft, die es sich in ihrer Abwehrhaltung allzu gemütlich machen. Mein Plädoyer lautet: Machen wir es den Bequemen nicht zu leicht.

Alles nicht so einfach

Wenn ich wieder mal genervt von den Fragen nach meiner Herkunft bin, stelle ich mir manchmal eine Szene vor, die zwar fiktiv ist, aber auf Tatsachen beruht. In dieser Szene steht ein strammer Rechtsnationaler vor mir und fragt mich, woher ich denn komme. Antwort: „Ich wohne in Köln."

„Nein, woher du wirklich kommst, also ursprünglich."

„Geboren bin ich in Trier, aber das hilft wohl auch nicht weiter. Ich ahne, worauf Sie hinauswollen. Mein leiblicher Vater war ein amerikanischer Soldat."

Ich spüre: Ein klares „Aus Afrika!" hätte ihm besser gefallen. Doch um der vollen Wahrheit die Ehre zu geben, schiebe ich noch nach: „Na ja, und mein Opa war begeisterter SS-Mann."

Damit kommt er jetzt nicht mehr zurecht. Sein Kopf scheint gleich zu platzen. Soll er den Nachfahren eines SS-Mannes mit dem Hitlergruß ehren oder die Faust gegen einen schwarzen Mann schwingen, der nicht hierhergehört? Interessant übrigens, dass mir diese Erbsünde niemals zugerechnet wird: Mir hat noch nie jemand vorgeworfen, ein alter weißer Mann mit Nazihintergrund zu sein, also zu sein wie mein Opa. Man kann es positiv sehen: Hier hilft mir meine dunkle Hautfarbe mal. Vor allem aber zeigt es die Absurdität jeglicher Sippenhaft. Aber zurück zu meinem Tagtraumnazi. Ich genieße noch ein wenig sein Stammeln, lache dann sehr laut und dreckig (im Traum geht das gefahrlos) und verlasse die Szene mit den Worten: „Ja, ja, ich weiß – ist alles nicht so einfach."

Genau darum soll es in diesem Kapitel gehen. Sehr viele Dinge in der Rassismusdebatte sind nicht so einfach und klar, wie die Extremist*innen beider Seiten es behaupten und sich wünschen. Und es ist oft erst die Gewissheit dieser Extremist*innen, auf der richtigen Seite der Geschichte zu stehen, die die Debatte so giftig macht. Weil sie davon überzeugt sind, dass alle, die ihre eigene Weltsicht nicht teilen, entweder identitätspolitische Ideolog*innen sind oder Rassist*innen. Aber es gibt eben jede Menge Ambivalenzen, Unsicherheiten und Widersprüche. Die drücken diejenigen, die immer ganz genau wissen, was richtig und was falsch ist, bloß gerne weg.

So sind sich längst nicht alle Menschen of Color darüber einig, was rassistisch ist und was nicht. Was manche schon als Übergriff empfinden oder bewerten, finden andere okay oder sogar freundlich und wertschätzend. Was die einen verbieten wollen, darüber wollen die anderen gerne konstruktiv sprechen und streiten. Rassismus ist eben keine objektive und messbare Kategorie, die immer gleich wirkt – selbst bei ein und demselben Menschen nicht. Bei mir jedenfalls hängt es, wie erwähnt, teilweise von der Tagesform ab, ob ich lächelnd über eine dumme, ungeschickte Bemerkung hinweggehe oder aus der Haut fahre und sie als rassistische Beleidigung wahrnehme.

Sehr viele Menschen sind manchmal in einer privilegierten Rolle, etwa als Mann, als Erbe oder als Vorgesetzte – und manchmal in der benachteiligten Rolle des Diskriminierungsopfers, etwa als Frau, als Person of Color oder als Hartz-IV-Empfänger. Und nicht selten kommen sich die Interessen ins Gehege. Die Ziele von Gruppen, die um Anerkennung ringen, widersprechen sich manchmal. Ein Beispiel: Auf eine bisher weißen Männern vorbehaltene Position bewerben sich ein schwarzer Mann und eine weiße Frau. Wem steht mehr

„positive Diskriminierung" zu? Es gibt keine einfache, eindeutige Antwort.

Nicht einfach ist auch die Gratwanderung zwischen dem Leugnen und Relativieren von Rassismus einerseits und dem „Festtackern" von Schwarzen in der Opferrolle andererseits. Und noch heikler wird es, wenn unter der Überschrift „Selbst schuld?" gefragt wird, ob Mitglieder einer diskriminierten und marginalisierten Gruppe auch einen eigenen Anteil an ihrer Situation haben. Klare und einfache Antworten gibt es auch nicht auf die Frage, ob und wie Weiße sich an der Debatte über Rassismus beteiligen sollen oder dürfen oder sich im Gegenteil raushalten sollen. (Okay, doch – *eine* einfache Antwort gibt es: Erst mal zuhören ist nie falsch.)

Es wäre ja auch erstaunlich, wenn alles einfach wäre – ist doch unser aller Identität nicht einfach, sondern vielfach. Wir alle sind ein Flickenteppich aus Rollen und Identitäten. Das macht das Leben kompliziert. Aber auch reich und bunt.

Mein Gang durch das House of Gender

Ich glaube, ich kann mich ganz gut in weiße Menschen hineinversetzen, die den Rassismus verlernen wollen, den sie durch Erziehung, Filme und Bücher, gesellschaftliche Strukturen und so weiter verinnerlicht haben. Ich kann das deshalb, weil ich ein Mann bin – und in dieser Rolle in der Situation des Privilegierten und nicht des Diskriminierten. Ich will und muss schon immer daran arbeiten, patriarchalische Verhaltensweisen zu reflektieren und zu verlernen, die ich in einer auf Männer ausgerichteten Gesellschaft unbewusst angenommen habe. Was mir bei diesem permanenten Prozess des Bewusstmachens sehr geholfen hat, war das „House of Change". Dieses Modell des schwedischen Psychologen Claes F. Janssen ist bereits über ein halbes Jahrhundert alt, veranschaulicht aber noch immer sehr gut, wie mühsam eine Veränderung des eigenen Verhaltens abläuft.[38] Ursprünglich entwickelt hat Janssen sein Modell für „Change"-Prozesse in Unternehmen – aber für mich hat es auch als „House of Gender" bestens funktioniert.

Das Haus ist in vier Räume aufgeteilt. Unser Weg beginnt im **Raum der Selbstzufriedenheit**. Jemand schlägt eine Veränderung vor, aber wir sind einverstanden mit dem Status quo: „So wie es ist, soll es bleiben. Es funktioniert doch." Oder auch: „Es gibt so viele wichtigere Dinge." Mit solchen Sätzen nehmen wir uns aus der Verantwortung, wenn Neuerungen anstehen.

Aber damit die Erklärung des Modells nicht so theoretisch bleibt, erzähle ich einfach ganz konkret von meinem Gang durch das House of Gender. Ich bin Mitte 50. Will heißen: Ich bin mit einer patriarchalen Sprache aufgewachsen. Für mich war das generische Maskulinum zeitlebens Normalität. Eine Auseinandersetzung mit der Sprache fand damals, in den 70ern und 80ern, in der breiten Öffentlichkeit noch nicht statt. Und altmodische patriarchale Strukturen gehörten für mich in den Bereich der Satire – also möglichst weit weg von mir selbst. Wenn ich über das Lied *Früh-Stück* der Gebrüder Blattschuss aus dem Jahre 1978 lachte, dann in der Gewissheit, dass ich so machohaft ja zum Glück nicht war:

Ich kann nicht mehr mit ansehn, wie du dich abschuftest.
Mach doch endlich die Küchentür zu!

In diesem Raum der Selbstzufriedenheit weilte ich bis weit in die 80er-Jahre. Meine Kumpels und ich ironisierten sowohl den Feminismus als auch veraltete Männerbilder à la James Bond – und fühlten uns nicht gemeint. Kernige Machos bezeichneten uns als „Warmduscher" oder „Softies" – ab den 90ern hieß das dann ganz schick „metrosexuell". Und nach 2000

„Frauenversteher". Dass wir selbst auch etwas Machohaftes oder Sexistisches in uns haben könnten, kam uns nicht in den Sinn. Schließlich versuchten wir, maskuline Rollenbilder abzulegen und eine neue Identität zu finden. Wir trugen Latzhosen und lila Halstücher. Wir bezeichneten uns als „Feministen" – eine aus heutiger Zeit eher fragwürdige Selbstbeschreibung. Heute spräche man wohl von kultureller Aneignung. Immerhin gaben wir nicht vor, im Grunde auch Opfer zu sein. Wir räumten vielmehr schuldbewusst ein, dem Tätergeschlecht anzugehören. Als Mann grundsätzlich schuld zu sein, missfiel mir aber zusehends. Damals wurde mir klar, wie wichtig es ist, als Individuum wahrgenommen zu werden.

Das gesamte Denken über Geschlechterfragen bezog sich damals übrigens auf die Zweiteilung in Mann und Frau. Eine dritte Möglichkeit, aber kaum diskutiert, war der „Zwitter". Das waren in unseren Köpfen die zu bemitleidenden Menschen mit unklarem Geschlecht. In der Pflanzen- und Tierwelt war der Zwitter eine clevere Lösung der Evolution – bei Menschen aber wurden Phänomene wie Inter- oder Transsexualität damals lediglich als Abnormität wahrgenommen. Der Weg zur heutigen, erheblich differenzierteren Befassung mit Identität war also lang. Ich möchte ihn an dieser Stelle nicht beschreiben. Ich habe meine damalige Auseinandersetzung nur erwähnt, um zu zeigen, womit ich aufgewachsen bin und was mich geprägt hat. Das ist keinerlei Rechtfertigung oder Entschuldigung. Vielleicht führt es aber zu einem Verständnis meines Weges durch das House of Gender.

So ab 2013, zur Zeit meines ersten Buches, begann ich die Diskussion um das Gendern in unserer Sprache wahrzunehmen. Was das betrifft, war ich noch im **Raum der Selbstzufriedenheit** und überzeugt, ein abschließend emanzipierter Mann zu sein. Das Gendern durch Binnen-I oder Sternchen erschien mir lediglich als Verschandelung der Sprache. Als jener Schritt zu weit, den man in jedem Schritt sieht, wenn man der Meinung ist, man sei schon die maximal zumutbare Strecke gegangen.

Und damit war ich bereits im nächsten Raum gelandet, im **Raum der Verweigerung.** Ich warf der Fraktion der Genderwilligen vor, die Verhunzung unserer Sprache in Kauf zu nehmen, um etwas, was wir eh alle „mitmeinen", noch mal ausdrücklich zu nennen. Ich unterstellte einfach eine allgemeine Übereinkunft, dass sich alle durch das generische Maskulinum angesprochen und gemeint fühlten. In meinem Buch *Moral für Dumme* schrieb ich 2015 schon im Vorwort:

> *Früher genügte das Wort „Schüler", um die Gesamtheit der Personen zu bezeichnen, die sich zum Zwecke der Wissensaufnahme in einer Lehranstalt aufhielten. Niemand wäre auf die Idee gekommen, dass die Durchsage „Wegen eines Feueralarms werden alle Schüler gebeten, sich sofort auf den Schulhof zu begeben" nur für die Jungs galt. Irgendwann jedoch stellte jemand fest, dass die Mädchen bei dieser Durchsage von Rechts wegen hätten drinbleiben und verbrennen müssen. Also sagte und schrieb man ab jetzt emsig „Schülerinnen und Schüler".*

Ich habe mich lustig gemacht und dadurch die ganze Idee als übertrieben bezeichnet. Dass die Anrede „Meine Damen und Herren" längst ohne Murren Teil des Sprachgebrauchs war, kam mir nicht als Gegenargument in den Sinn. Wer sich verweigert, will keine Gegenargumente hören, sondern nur sich selbst und seine eigenen Erklärungen.

Nun vertrete ich weiterhin die Position, dass die Haltung wichtiger ist als die Form und dass deshalb die Fokussierung auf formale Aspekte der Sprache oft am Ziel vorbeigeht. Ein Mensch mit antirassistischer *Haltung* kann sich dem Diskurs über die *Form* stellen: Was sollte ich sagen? Was nicht? Und warum? Ein Mensch wie Thilo Sarrazin hingegen, der sich in seinen Büchern einer politisch korrekten Sprache bedient, aber aus meiner Sicht hoch rassistische Aussagen tätigt, ist nicht einmal in der Nähe der Möglichkeit, seine Haltung zu ändern. Dazu stehe ich. Aber nach vielen Diskussionen verstand ich, dass ich genau das getan hatte, was ich anderen in der Rassismusdebatte gerne vorwerfe: Anstatt nach dem Kern des Anliegens zu forschen, fixierte ich mich auf den Angang, den ich für falsch hielt (und halte) – und schob damit das Anliegen gleich mit weg. Dafür zitierte ich übertriebene, nicht mehrheitsfähige Forderungen oder dachte die Dinge überspitzt und satirisch gleich selbst weiter, bis sie erkennbar absurd wurden. Wie etwa ein Erste-Hilfe-Anruf, der vor lauter Gendern so lange dauert, dass die Patientin währenddessen stirbt. Damit bediente ich genau das Bedürfnis bestimmter Medien nach möglichst schrillen Aussagen, die die Gräben vertiefen.

Hätte ich mich damals dauerhaft darauf versteift, dass ich mit meiner Polemik genau richtig gelegen hätte, wäre ich in den **Kerker der Ablehnung** abgestiegen und hätte mich dort eingemauert. Dann wäre ich heute möglicherweise empfänglich für manche AfD-Parolen. Dort gibt es ja auch (wenige) People of Color. Nun, bei mir lief es anders. Was aber auch bedeutete: Die Erkenntnis meiner Verweigerungshaltung nahm mir die Sicherheit. Ich zweifelte an meiner „Unfehlbarkeit" bei einigen meiner Kernkompetenzen – Humor, Satire, gesellschaftliche Debatten. Denn seien wir ehrlich: Das Festhalten an einer Haltung zu einem Thema hat auch viel mit dem Bedürfnis nach Sicherheit und Klarheit zu tun. Aber auf die wichtigen Fragen gibt es nur selten glasklare, einfache Antworten. Und das stresst. Indem ich mir meine Fehlbarkeit eingestand, machte ich mich erst bereit für einen Diskurs. Denn ein Gespräch, dessen Teilnehmer*innen sich für immun gegen Irrtümer halten, ist ineffektiv und langweilig. Aber wenn man erst einmal akzeptiert hat, dass die eigene Gewissheit eine Illusion war, beginnt eine Achterbahnfahrt im Kopf.

Willkommen also im **Raum der Verwirrung**. Sagt man jetzt „Studentinnen und Studenten" oder „Student*innen" oder „Studierende"? Warum ist es nicht schön, Rollstuhlfahrer*innen als „Behinderte" zu bezeichnen? Ist es angemessen, als Mann in Gegenwart von Frauen über Menstruation zu sprechen? Und sollte ich mir im Gespräch mit einer Feministin den Ausruf „Mannomann!" verkneifen? Trotz der lauten Stimmen – von außen und von innen –, die mir den Blick auf den wichtigen Kern verstellten, wollte ich die Auseinandersetzung mit Identitätsfragen angehen. Das ist der kritische Wendepunkt beim Gang durch das Haus. Verwirrung bedeutet Rückgang der Sicherheit. Das verängstigt manche – und sie steigen entweder aus der Diskussion aus, indem sie den sogenannten **falschen Ausgang** nehmen und kein bisschen weiter als vorher sind. Oder sie verschwinden im **Paralysekeller**, sind also unfähig, überhaupt noch an irgendeinem Diskurs teilzunehmen. Weil ihre Gedanken sich nur noch im Kreis drehen. In beiden Fällen ist der Prozess der Erneuerung erst mal abgesagt.

Das Wissen und die eigene Erfahrung, dass viele Menschen wegen ihrer Religion, ihrer Hautfarbe oder ihres Geschlechts seit Langem von der Gesellschaft geächtet werden, half mir, die Verunsicherung anzunehmen. Dadurch öffnete sich mein Blick. Denke ich heute über die angemessene Bezeichnung von Studierenden nach, dann fällt mir auf: Mir ist früher nie aufgefallen, dass Transmenschen in unserer Sprache kaum vorkommen.

Raul Krauthausen, der bekannte Menschenrechtsaktivist, erklärte mir in dieser Zeit, warum er nicht als „Behinderter" bezeichnet werden möchte. Krauthausen leidet unter Osteogenesis imperfecta, er ist unter anderem kleinwüchsig und auf einen Rollstuhl angewiesen. Nachdem ich nun bereit war, ihm wirklich zuzuhören und meine früheren Gewissheiten beiseitezulassen, war seine Argumentation einfach und einleuchtend: Er will nicht auf seine Behinderung reduziert werden. Deshalb möchte dieser kluge, witzige, äußerst beeindruckende Mann lieber als „Mensch mit Behinderung" bezeichnet werden.

Ich wiederum finde es unangenehm, als „Mensch mit Migrationshintergrund" bezeichnet zu werden. Die politisch korrekte Bezeichnung für mich wäre übrigens sogar: „Mensch mit Migrationshintergrund ohne eigene Migrationserfahrung". Das finde ich nicht sexy. Hier ist ein vorauseilender Gehorsam am Werk, der Fragen zu meiner Herkunft politisch korrekt beantworten will, bevor sie überhaupt gestellt werden. Heraus kommt ein Wortungetüm, das ein überflüssiger Umweg ist. Denn der Ausdruck sagt ja nichts anderes, als dass ich Deutscher bin. Hier aufgewachsen und hier lebend. Genauso wie mein Schreibpartner Oliver Domzalski übrigens, dessen Vorfahren einst aus Polen migriert sind. Aber er und seine Eltern und Großeltern wurden nie anders genannt als „Deutsche".

Die Auseinandersetzung mit den Fragen, die mich erst mal verwirrt hatten, führte mich dann in den vierten und letzten Raum des House of Gender, den **Raum der Erneuerung**. Ich habe jetzt bestimmte Dinge verstanden und verinnerlicht und fühle mich nicht mehr verunsichert durch bestimmte Fragen. Der Raum der Erneuerung hat allerdings eine etwas gemeine physikalische Besonderheit: Sobald man es sich darin gemütlich macht, verwandelt er sich schleichend. Und ohne dass man einen bewussten Schritt tut, sitzt man wieder im **Raum der Selbstzufriedenheit**. Denn Erkenntnis und Sprache sind immer im Fluss.

Wenn du Lust hast, prüf doch mal, in welchem Raum des House of Color du dich gerade befindest:

„Ich bin in keinem der Räume. Denn ich habe keine Vorurteile." Ich begrüße dich im **Raum der Selbstzufriedenheit.**

„Ich finde es frech, mir Vorurteile zu unterstellen. Klar gibt es Rassismus, aber man kann es mit der Jammerei auch übertreiben." Du wirst es bestreiten, aber du bist gerade im **Raum der Verweigerung**. Doch keine Sorge: Er hat Türen.

„Ich sehe ja ein, dass es ein Problem gibt, aber man weiß ja gar nicht mehr, was man noch sagen darf." Bleib ganz ruhig dort im **Raum der Verwirrung**. Du bist auf einem guten Weg.

„Okay, wir müssen da was ändern. Ich gehe nicht bei allem mit, aber so funktioniert Diskurs nun mal." Willkommen im **Raum der Erneuerung**.

Ich bin weit davon entfernt, zu behaupten, dass ich nun „erwacht" und geläutert bin und in all meinem Handeln und Sprechen Gendergerechtigkeit erreicht hätte. Wer so etwas behauptet, überhöht sich – und Gottkomplexe haben noch nie zu irgendetwas Gutem geführt. Dass man es sich zwischendurch mal auf dem **Sonnenbalkon** vor dem Raum der Selbstzufriedenheit bequem macht, ist völlig in Ordnung, denn wer in dauernder Anspannung lebt, stresst sich und seine Mitmenschen und kommt auch nicht schneller voran. Aber wer wach bleiben will, dreht danach die nächste Runde durch das House of Change. Und danach wieder eine. Und immer so weiter. Und bei jedem Rundgang sehen wir die Dinge aus verschiedenen Perspektiven und stellen fest: Alles nicht so einfach.

Sprechen wir über Hautfarbe – damit wir davon schweigen können! Von Paradoxien, Konkurrenzen und anderen Kompliziertheiten

Gegner*innen der Identitätspolitik stellen häufig in auftrumpfendem Ton folgende Frage: „Ihr sagt, es gebe keine menschlichen Rassen und Hautfarbe dürfe keine Rolle spielen. Warum redet ihr dann ständig von Hautfarbe?" Da ist auf den ersten Blick was dran. Und im trotzigen Erschaffen einer eigenen „schwarzen Identität" und der dauerhaften Trennung der

„Identitätsräume" sehe ich, wie gesagt, auch ein Problem. Aber das Paradoxon ist unvermeidlich. Die Kulturwissenschaftlerin Mithu Sanyal hat das Dilemma, aber auch die Vorteile sehr gut auf den Punkt gebracht: Um die ihnen zustehenden gleichen Rechte zu bekommen, mussten marginalisierte Gruppen zuerst einmal auf sich als Gruppe aufmerksam machen, also ihre Existenz als Gruppe geltend machen und „beweisen" – indem sie ihre Identität definieren. Obwohl sie ja eigentlich gerade nicht als etwas „anderes" gesehen und ausgeschlossen werden wollten. „Das ist die Crux mit Identitätspolitik, dass sie uns dazu bringt, in Mustern zu sprechen, die wir ja eigentlich sprengen wollen. Und gleichzeitig ist es so wunderbar, wenn einmal die eigenen Wahrnehmungen im Zentrum stehen und man sich nicht immer an eine vermeintliche Norm anpassen muss. Identitätspolitik ist, wie alles auf der Welt, ein Spektrum von unglaublich produktiv bis hin zu einschränkend und tragisch."[39]

Genau so empfinde ich es auch.

Häufig herrscht bei Gutmeinenden echte und glaubhafte Unsicherheit, wenn jemand ein Wort benutzt, eine Aussage über Menschen of Color tätigt oder einen Scherz macht.

„War das jetzt rassistisch?" Auch für mich ist die Antwort nicht immer einfach und eindeutig. Jenseits von offensichtlichen rassistischen Beleidigungen gibt es einen Schattenbereich, in dem die Einstufung einer Äußerung oder Handlung von allen möglichen Faktoren abhängt: Wer sagt es in welcher Situation? Und wie ist die Person, die es als rassistisch auffassen könnte, in diesem Moment drauf? In meinem Freundeskreis gab es immer Spitznamen für mich. Nur die engen Freund*innen nutzten sie. Ich hatte damals eine Enduro, also ein Motocrossmotorrad – und sie nannten mich „Choco Crossie". Ich mochte es. Später nannten sie mich „Mokkatässchen". In der Öffentlichkeit stößt so was gerne auf Irritation. Einige begreifen das als rassistisch.

Ich habe es im Kontext meines Freundeskreises(!) nie so begriffen und deshalb auch nicht als verletzend empfunden. Bei mir sind die Bilder zu den Bezeichnungen positiv. Ich mag die Süßigkeit von Choco Crossies. Ich liebe schlechte Wortspiele. Und als Hobbybarista steigt mir bei „Mokkatässchen" sofort der Duft von frisch gemahlenem Kaffee in die Nase. Der wichtigste Grund ist jedoch das liebevolle Gefühl, aus dem ich so bezeichnet wurde. Von ganz bestimmten Menschen. Um es ganz klar zu sagen: Das ist *kein* Freibrief für Weiße, einen ihnen unbekannten Schwarzen wegen seiner Hautfarbe mit Nahrungsmitteln zu vergleichen und entsprechend zu nennen. Das wäre respektlos und herabsetzend. Jeder weiß das aus dem eigenen Leben: Nennt der eigene Bruder einen spielerisch „du Arschloch", ist das etwas völlig anderes, als wenn es Fremde auf der Straße tun. Also lauft bitte nicht mit dem Satz „Marius Jung hat aber geschrieben, dass euch das nicht stört" durch die Gegend. Zumal die Annahme, Marius Jung könne Freibriefe verteilen, die sich auf alle BIPoC beziehen, schon in sich rassistisch wäre.

Und um gleich ein weiteres mögliches Missverständnis auszuräumen: Auch mein Hinweis, dass es von meiner Tagesform abhängt, wie angefasst oder entspannt ich reagiere, soll nicht bedeuten, dass das Verletztsein durch Rassismus nur einer Laune entspringt. Es ist eher umgekehrt: Manchmal haben Menschen, die mich respektlos verbal anrempeln, einfach Glück, weil ich gerade so guter Laune (oder so niedergeschlagen) bin, dass ich mich nicht wehre. Es ist aber trotzdem nicht in Ordnung.

Rassismus ist also bei Weitem nicht nur ein Gefühl. Unsere Gemütslage bestimmt aber oft die Auswirkungen von Alltagsrassismus. Bin ich gut drauf und fühle mich stark, kann ich die kleinen Nadelstiche wie „solche wie ihr" mit höflich formulierter Überlegenheit parieren: „Wer ‚wir'? Wir Kölner? Sie können uns Kölner doch nicht alle über einen Kamm scheren! Na ja, ich muss dann auch mal. Alaaf." Dann ist die Sache für mich erledigt. Ob die ironische Botschaft angekommen ist, kann ich nicht sagen, aber ich habe sie in diesem Augenblick ohne Mühe absetzen können. Und es steht nur noch zu hoffen, dass mein Gegenüber nicht auf Krawall gebürstet ist. Es gibt also Situationen, die einfach vorbeiplätschern. Es bleibt nur der Nadelstich. Aber wenn sich die Stiche summieren, wächst die Aggression.

Mit viel Demut kann ich für mich sagen, dass diese angestauten Aggressionen noch nie in meinem Leben zu einer Prügelei geführt haben. Das ist keine Leistung, sondern ein Luxus und ein Glück. Aber wenn ich aggressiv werde, führt das auch bei mir zu Destruktivität. Nehmen wir die meistgestellte und am wenigsten geliebte Frage an nicht-weiße Menschen: „Woher kommst du?" An Tagen mit guter Laune und gesundem Selbstbewusstsein lächele ich sie weg und lasse mein Gegenüber gewähren. Das dient nur dem lieben Frieden. Und dann gibt es die Tage, an denen das Fass fast überläuft. Da bedarf es nur eines kleinen Piks – und schon entlädt sich die Wut über permanente Verletzungen. Ich möchte deswegen kein Mitleid. Vielmehr wünsche ich mir mehr Verständnis. Vielleicht empfinden Weiße oft etwas als Überempfindlichkeit, was tatsächlich die Reaktion auf die eine Anfeindung zu viel war.

Die Frage, was rassistisch ist und was nicht, wird immer umstritten bleiben – etwa die Frage, wann es angemessen ist, die Ethnie und die Hautfarbe von Straftäter*innen oder von gesuchten Verdächtigen zu nennen.

Und so froh ich darüber bin, dass Weiße, die in der Öffentlichkeit stehen, nicht mehr einfach damit durchkommen, wenn sie sich rassistisch äußern, so kritisch sehe ich es, wenn der Begriff „rassistisch" uferlos wird – und in den USA beispielsweise ein Reporter der *New York Times* seinen Job verliert, weil er in einem Zitat(!) das N-Wort benutzt hat. Oder wenn einer Frau gekündigt wird, weil sie ihrem Statement „Black lives matter" hinzugefügt hatte: „… but also, everyone's life matters."

Die Absurdität kategorischer Urteile zeigt sich immer dann, wenn in einem Menschen Gutes und Schlechtes aufeinandertreffen. Und das gilt für fast alle Menschen. Ich bin der vorher erwähnten Autorin Emilia Roig dankbar, dass sie öffentlich ihren Großvater als Beispiel genannt hat. Der war ein übler Rassist – und ein liebevoller Opa. Solche Ambivalenzen müssen wir aushalten. Wie bei Emilia Roig: Die, die in ihrem Großvater den Rassisten sehen, müssen den Gedanken ertragen, dass er ein geliebter Opa war. Das vermindert die moralische Verwerflichkeit seines Rassismus kein bisschen. Und die, die in ihm nur den geliebten Opa sehen wollen, müssen sehen, dass er Menschen anderer Hautfarbe verachtete. Und werden und können ihn dennoch weiter lieben. Gerade wir Deutschen kennen diese Spannung ja – etwa aus den Diskussionen über die Diktaturen des 20. Jahrhunderts. Auch im „Dritten Reich" und in der DDR (die man natürlich nicht gleichsetzen kann) lebten 90 Prozent der Menschen ein ganz normales Leben, mit Skatabenden, Kindergeburtstagen und Wochenendausflügen ins Grüne. Das ist aber kein Argument gegen die Feststellung, dass die (zum Teil nur angeblichen) Gegner*innen des Regimes im Gefängnis oder im Lager saßen oder getötet wurden. Kompliziert wird die Sache wegen der vermeintlichen oder tatsächlichen Schuldverstrickung der „normal Lebenden". Dieses Schuldgefühl führt bei vielen zur Abwehr („Die DDR war kein Unrechtsstaat! Wir haben da ganz normal gelebt!"), weil sie ihren Lebensentwurf rückwirkend und von Außenstehenden infrage gestellt sehen. Aber es geht nicht um entweder–oder. Es gibt fast immer beides.

Eines der heikelsten Themen ohne einfache Antworten ist die sogenannte „Opferkonkurrenz". Ein Wettbewerb nach dem Motto „Meine Diskriminierung ist viel schlimmer als deine" hilft nicht weiter. Aber natürlich gibt es unterschiedliche Ausprägungen des Rassismus. Antischwarzer Rassismus funktioniert anders als antimuslimischer und antiasiatischer Rassismus, und antislawischer Rassismus entfernt sich komplett von der äußeren Erscheinung und wird oft nicht als „richtiger Rassismus" wahrgenommen. Und manchmal müssen wir eben damit umgehen, dass sich die Ziele von Gruppen, die um Anerkennung ringen, widersprechen. So sehen die einen die Burka als Ausdruck kultureller Autonomie, die anderen als Symbol der Unterdrückung von Frauen. An beidem dürfte etwas dran sein. Ein klares Entweder-oder gibt es nicht.

Ebenso heikel wie das Thema „Opferkonkurrenz" ist der Hinweis auf Gründe von Marginalisierung, die eventuell nicht oder nicht direkt mit rassistischer Diskriminierung zu tun haben. So wird bisweilen die Frage gestellt, warum asiatischstämmige Menschen sich leichtertun mit dem gesellschaftlichen Aufstieg als beispielsweise Schwarze – und warum in den USA Studierende asiatischer Herkunft oft besser abschneiden als die (nicht von strukturellem Rassismus ausgebremsten) Weißen. Aufsehen erregte 2021 der Bericht einer britischen Regierungskommission zum Thema Ungleichheit. Er kam zum Ergebnis, dass „weiße Jungen mit niedrigem Einkommen, vor allem aus früheren Industrie- und Küstenstädten, die (zahlenmäßig) größte benachteiligte Gruppe" darstellen. Hier finde man die meisten Schulversager und die wenigsten Hochschulabsolventen. „Weiße Kinder aus der Arbeiterklasse werden von ihren Altersgenossen in fast allen ethnischen Minderheiten abgehängt." Die Kommission habe darum beschlossen, die „Gruppe der Weißen" in ihre Beratungen über Chancen- und Ergebnisungleichheit einzubeziehen.[40] Das stieß bei antirassistischen Aktivist*innen ebenso auf teils heftige Kritik wie der Begriff „Einwandereroptimismus", der im Bericht vorkam. Dass die Kommission bei zugewanderten Menschen of Color eine große Zuversicht feststellte, es in Großbritannien zu schaffen, passt nicht ins Bild der BIPoC als ewige Opfer, das manche Aktivist*innen pflegen.

Ich bin der Meinung, dass solche Fragen nicht ausgeblendet werden dürfen – auch wenn der Einfluss des Rassismus auf ungerechte Strukturen nicht immer offen zutage liegt. Aber ich bin gegen ein Verständnis von Antirassismus, das in Menschen of Color immer nur Opfer sieht und ihre Möglichkeiten zur Entfaltung kleinredet, um nur bloß nicht den Eindruck zu erwecken, man unterschätze ihre historische und aktuelle Benachteiligung. Für das von mir kritisierte Konzept von Rassismus als einzig denkbarer Ursache von Ungleichheit passt wieder der Satz, den ich weiter oben schon einmal zitiert habe: Wenn das einzige Werkzeug, das man kennt, ein Hammer ist, sieht alles wie ein Nagel aus.

Eine Frage, bei der es ebenfalls nicht immer eindeutige Antworten gibt, ist die nach der angemessenen Bezeichnung für Menschen nicht-weißer Hautfarbe. Der wenden wir uns im folgenden Kapitel zu.

Wie sagt man denn nun richtig?

Als Jugendlicher habe ich, wie erwähnt, oft rassistische Witze erzählt. Um mich herum waren nur weiße Menschen. Das N-Wort war nicht verpönt und wurde recht sorglos benutzt. Indem ich die Witze machte und auch das Wort „Neger" immer wieder benutzte, entwaffnete ich in meinen Augen jene, die mich gerne auf rassistische Weise erniedrigt hätten, indem sie Witze über mich, oder genauer: über meine Hautfarbe machten. Ich fühlte mich wie jemand, der mit einem Messer bedroht wird und nicht zurückweicht, sondern die Hand mit dem Messer packt und dadurch die Gefahr bannt.

Heute wäre diese Vorgehensweise im öffentlichen Raum undenkbar. Ich erzähle keine rassistischen Witze mehr und ich akzeptiere die politisch korrekte Übereinkunft, sensibel mit Äußerungen über Benachteiligte umzugehen. Ich unterscheide bewusst zwischen Benachteiligten und Privilegierten – so wie auch das traditionelle Kabarett und auch der Karneval in seinen Ursprüngen immer ein humoristischer Angriff auf die Mächtigen waren.

Aber manchmal trauere ich der Möglichkeit, die ich damals gefunden habe, dennoch nach. Für mich war es eine Art von Empowerment. Da werden mir sicher manche widersprechen wollen. Doch für mich ist Humor ein legitimes Mittel, um Wahrheiten aushaltbar zu machen. Manche Aktivist*innen halten mir vor, das Thema Rassismus sei viel zu ernst, um ihm mit Humor zu begegnen. Auf diese ziemlich kartoffelige Ansicht, die Humor mit „Klamauk" gleichsetzt, antworte ich: Das Thema ist so ernst, dass Humor unerlässlich ist!

Ich bin also selbst manchmal hin- und hergerissen, wo die Grenze zwischen sensibler und unsensibler Sprache verläuft. Aber davon, dass das Thema wichtig ist, bin ich überzeugt. Sprache ist unser Hauptkommunikationsmittel. Unsere Haltung drückt sich auch in der Wahl unserer Worte aus. Unsere Sprache ist weiterhin patriarchal geprägt, und rassistische Wörter finden sich, von den meisten unhinterfragt, in unserem Sprachgebrauch. Aber Sprache ist ständig im Wandel. Die Aufregung ums Gendern zeigt: Wir beschäftigen uns damit, dass die deutsche Sprache manche Menschen bisher einfach ausgeschlossen hat. Und wer nicht stattfindet, dessen Bedürfnisse werden auch nicht bedacht. Es braucht also die Diskussion ums Gendersternchen, um danach den Gender-Pay-Gap angehen zu können.

Wie also soll man zu „solchen wie mir" sagen? Wenn Gesprächspartner*innen nach einem Wort suchen, um Menschen nichtweißer Hautfarbe zu benennen, sage ich gern: „Wenns um mich geht, sagen Sie doch einfach Marius." Dahinter steht die Frage, wann und warum wir überhaupt Bezeichnungen brauchen, um verschiedene Hautfarben zu benennen. Es stünde uns gut zu Gesicht, Menschen anhand ihres Handelns, ihrer Haltung und ihrer Äußerungen zu beschreiben – und nicht anhand ihres Äußeren. Ich empfehle deshalb gerne: Bleibt konkret und sprecht den Menschen an, mit dem ihr es gerade zu tun habt – und das Benennungsproblem löst sich oft von alleine. Weil der Mensch ja einen Vor- und einen Nachnamen hat. Aber natürlich ist das nicht immer eine Lösung. Manchmal müssen wir Wörter finden, um die Gruppe besonders blasser Menschen von der mit etwas gesünderer Hautfarbe zu unterscheiden. Enttäuschenderweise kann ich euch jedoch nicht sagen, was man sagen sollte. Ich kenne nicht *den einen* richtigen Ausdruck für nicht-weiße Menschen. Fast schon banal ist der Hinweis, dass man keine Wörter benutzen sollte, von denen man weiß oder ahnt, dass sie die damit Bezeichneten verletzen. Das ist eine Frage des Respekts. Und genau darum geht es ja. Deshalb: Wenn es denn sein muss, beschreibe meine Hautfarbe. Bleibe dabei wertneutral, da meine Hautfarbe keine Aussage über mich als Person trifft. Beurteile mich nach meinem Handeln und nach dem, was ich sage. Dass ich ein Mann bin und eine dunkle Hautfarbe habe, macht mich nicht zu einem guten oder auch schlechten Menschen. Wenn ich diesen Vorschuss bekomme, ist für mich der wichtigste Schritt getan: Ich bekomme schon mal den Respekt, den ich möchte.

Oft antworten Menschen, die um den Verzicht auf einen diskriminierenden Ausdruck gebeten werden: „Das war doch nicht so gemeint." Aber das genügt nicht. Entscheidend ist, wie es beim Gegenüber ankommt. Und bei einem rassistisch konnotierten Ausdruck wie dem N-Wort kommt es fast immer sehr schlecht an – egal wie es gemeint war. Wie ich schon am Beispiel der Spitznamen gezeigt habe, die mir meine Freund*innen früher gaben, kommt es außerdem sehr darauf an, *wer* etwas sagt – und wer dabei ist. Wenn du einen befreundeten Kollegen im vertrauten Kreis „Dickerchen" nennst und er das akzeptiert oder sogar mag, bedeutet das noch nicht, dass du das auch in der Betriebsversammlung so machen kannst, wenn er sich zu Wort meldet. Und er wird es sich auch verbitten, wenn ihn der neue Azubi in der Teeküche einfach mit „Dickerchen" anspricht. Nicht jede*r darf alles sagen. Das gilt auch, wenn Gruppen diskriminierende Bezeichnungen wie „Homo", „Zecke" oder „Kanake" für sich kapern und als Selbstbezeichnung verwenden. Das bedeutet nicht, dass jede*r diese Bezeichnungen automatisch verwenden kann. Der bereits erwähnte Ex-Fußballer Erwin Kostedde beispielsweise spricht von sich selbst als „Mischling" und „Farbiger". Das ist sein gutes Recht – aber als Bezeichnung eines Menschen durch andere empfehle ich diese Ausdrücke dennoch nicht. Letztlich gibt es immer einen Grenzbereich von Wörtern, die manche Betroffenen als diskriminierend empfinden, andere hingegen nicht. Wie so oft im Leben kommt es dann also aufs Feingefühl an. Wer seine Fehlbarkeit einräumt und lernbereit ist, hat beim permanenten Aushandeln der „Respektgrenze" gute Karten.

Auch dann, wenn die bezeichneten Menschen gar nicht dabei sind, sollte man übrigens auf respektlose Ausdrücke verzichten. Denn mir kann niemand erzählen, dass jemand seiner Partnerin, die er in ihrer Abwesenheit immer „die Schreckschraube" nennt, mit echtem Respekt begegnet – auch wenn er sich in ihrer Gegenwart noch so korrekt ausdrückt. Ein klassisches Beispiel für „Respektlosigkeit in Abwesenheit" war die bereits erwähnte WDR-Sendung im Februar 2021, in der vier ältere weiße Menschen sich mühelos darauf einigten, dass „Zigeuner-soße" kein problematischer Ausdruck sei. Natürlich haben sich für die meisten Menschen Wörter wie „Zigeunerschnitzel" und „Mohrenkopf" völlig abgekoppelt von der diskriminierenden Bedeutung eines Wortteils. Dennoch ist es angezeigt, es nicht mehr zu verwenden. Aus Respekt. Ist ja auch nicht sooo viel verlangt. Mit Ausdrücken wie „bis zur Vergasung", die durch die Nazizeit mit unaussprechlichen Assoziationen verknüpft sind, hat es schließlich auch funktioniert. Sie wurden noch Jahrzehnte nach dem Holocaust gedankenlos verwendet, und niemand dachte wohl beim Sprechen an die Gaskammern – aber dennoch setzte sich irgendwann zum Glück das Gefühl durch, dass dieser Ausdruck generell unpassend und unsensibel ist.

Ich habe im Vorwort schon über die sperrigen Ausdrücke „PoC" und „BIPoC" geschrieben, die nur so tun, als seien sie Wörter. Insbesondere bei „BIPoC" sind sicher viele ratlos: Man weiß

schon mal nicht, wie man es aussprechen soll. Ist es ein Kurzwort wie „NATO" oder eine Abkürzung wie „AC/DC"? Und
wenn Letzteres: Soll man die einzelnen Buchstaben englisch
oder deutsch aussprechen? Aber auch wenn es ein Kurzwort ist:
Spricht man das I englisch als „ei" oder deutsch? Ich finde es
selbst merkwürdig, als „Biepock" bezeichnet zu werden. Oder
„Beipock", das klingt eher wie „Beipackzettel". Die Mutter eines
Freundes antwortete auf die Frage, ob sie wisse, was „BIPoC" be-
deute: „Ist das was am Computer? So wie W-LAN oder ISDN?"

Mohamed Amjahid erklärt genau diese Sperrigkeit in seinem
Buch sehr treffend zur eigentlichen Absicht: „Das ist ein poli-
tischer Begriff, ein Anglizismus. Wir haben leider keinen anderen. Es geht dabei nicht um die Hautfarbe, sondern um das
Erleben von Ausgrenzung, um die Erfahrung von Andersmachung. People of Color wollen auf ihre Marginalisierung hin-
weisen." Der Kampf um Wörter und Symbole ist oft nur das
Mittel, um aufmerksam zu machen. Damit sind wir wieder beim
Stolpersteinvergleich. „BIPoC" ist ein sprachlicher Stolperstein:
eine gewollte und sinnvolle kurze Irritation. Aber man kann
niemanden zwingen, das Wort zu verwenden – so wie man auch
niemanden zwingen kann, innezuhalten und zu lesen, für wen
ein Stolperstein gesetzt wurde.

Fragen gibt es auch häufig zum Ausdruck „Farbiger", der
lange als korrekte Alternative zum N-Wort verwendet wurde.
Warum viele Schwarze diesen zu sehr nach „bunt" klingenden
Ausdruck nicht mögen, erklärt sehr schön ein Songtext von
Tongue Forest feat. LaMont Humphrey *(And you got the f...
nerve to call me coloured)*, den ich Mitte der 90er-Jahre hörte.
Ich zitiere ihn hier sinngemäß in der deutschen Übersetzung:

Als ich geboren wurde, war ich schwarz
Als ich aufwuchs, wurde ich noch dunkler
Auch in der Sonne bleibe ich schwarz

Ist mir kalt, stell dir vor: Ich bin schwarz
Und selbst wenn ich sterbe, bleibe ich schwarz.
Aber:
Wenn du geboren wirst, bist du rosa
Du wächst auf und wirst weiß
Bist du krank, schau dich an: Du bist grün
In der Sonne wirst du rot
Bei Kälte wirst du blau
Und nach dem Tod bist du lila.
Und ausgerechnet du hast den Nerv, mich farbig zu nennen?

Eines der Rätsel – und eine der Schönheiten – der Sprachentwicklung ist, dass sie nicht immer gradlinig und logisch verläuft. Natürlich schütteln alle Englischkundigen den Kopf, wenn ich erkläre, dass „of color" in Ordnung ist, „farbig" aber unpassend. Weil „farbig" und „of color" für sich betrachtet ja dasselbe benennen. Doch Sprache ist eben mehr als Wörterbuch. Auch das N-Wort geht ja auf das lateinische Wort für „schwarz" zurück, „niger". Aber die Bedeutungen haben sich unterschiedlich entwickelt.

Einer der meistgehörten Wehleidigkeitssätze lautet: „Man weiß ja schon gar nicht mehr, was man noch sagen darf." – „Alles", erwidere ich dann gerne. „Alles darf gesagt werden." Gut, es kann sein, dass es justiziabel wird. Volksverhetzung zum Beispiel ist strafbar, und Beleidigungen werden juristisch geahndet, wobei die Gerichte den Übergang von der erlaubten Kritik zur verbotenen „Schmähkritik" ständig neu definieren müssen. Aber Wörter wie das N-Wort werden aktuell nicht als strafbare Beleidigung verfolgt. Mir ist allerdings klar, dass die wehleidigen Weißen – meist ältere Herren – mit „dürfen" nichts Juristisches meinen, sondern eher: Nichts kann man mehr sagen, ohne Widerspruch zu ernten. Das eigentliche Problem der Debatte ist wieder mal die Unfähigkeit, Widerspruch zu ertragen – und zwar auf beiden Seiten. Was dabei verblüffenderweise keine Rolle spielt, ist der Respekt. Nenne ich meinen Großvater „Wichser", nur weil es nicht strafbar ist? Zu Recht wird diese Vorstellung wohl den meisten Menschen absurd erscheinen. Menschen of Color aber müssen genau das immer wieder erklären: Dass ein Begriff wie der „Mohr" auf viele herabsetzend wirkt. Auch wenn es ja gar nicht so gemeint war.

Dass das N-Wort strafrechtlich nicht als Beleidigung gilt, lässt manche den Kopf schütteln. So sehr ich die Empörung darüber verstehe: Ich bin eher skeptisch, was das Verbot bestimmter Wörter bringen kann. Schaffe ich es aber, die verletzende Wirkung des Gesagten klarzumachen, werde ich den wie auch immer gearteten Rassismus ans Licht bringen. Verbote hingegen machen es noch komplizierter, den Kontext in Rechnung zu stellen, in dem beispielsweise das N-Wort verwendet wird. Wir erleben schon heute etwa auf Facebook, dass wegen einer rein schematischen Sperrmechanik gegen bestimmte Wörter auch jene Gruppen und Aktivist*innen blockiert werden, die sich *gegen* Nazis, *gegen* Sexismus, *gegen* Rassismus engagieren. Die generelle Tabuisierung des N-Worts ist unsinnig. Kürzlich musste beispielsweise ein befreundeter Autor einen satirischen Text aus einem Buchmanuskript entfernen, in dem er typischen, groben Rassismus thematisierte und karikierte – wozu auch das N-Wort gehörte. Der Verlag war überzeugt, dass diese Passage einen Shitstormreflex von „links" auslösen würde, womit das gesamte Buch erledigt wäre, und legte taktische Selbstzensur nahe. Letztlich wegen einer Buchstabenfolge, die von manchen völlig aus jedem Kontext herausgelöst wird. Ähnlich absurd ist meiner Meinung nach die Kritik, die die Autorin Sarah Kuttner traf. Sie hatte 2012 bei einer Lesung von der „Negerpuppe" erzählt, mit der sie als Kind ganz arglos gespielt habe. Ihre rückblickende und fassungslose Beschreibung des karikaturhaften, böswillig verzerrten, auf rassistischen Stereotypen beruhenden Aussehens dieser Puppe empfand ein schwarzer Besucher der Lesung seinerseits als so rassistisch, dass er am Ende die Polizei rief.

Ein weiteres Problem mit dem Tabuisieren von Wörtern ist die „Euphemismus-Tretmühle". Zu dieser Beobachtung aus meinem Buch *Moral für Dumme* stehe ich auch heute noch: Wenn die Haltung zu einer Personengruppe negativ ist, ist es egal, mit welchen Begriffen sie bezeichnet wird. Die in bester Absicht ersonnenen Wörter nehmen binnen Kurzem den negativen Beigeschmack an, der aus der ablehnenden Haltung kommt, schwingen also mit der Schaukel von „wertschätzend" zu „abwertend". Das Wort „Obdachloser" wurde einst als korrekte und respektvolle Alternative zu „Penner" ersonnen. Weil bei „Penner" sehr viele an ungepflegte, angetrunkene Männer dachten, um die man lieber einen großen Bogen macht. Welches innere Bild haben solche Menschen heute wohl beim Wort „Obdachlose" vor Augen? Ich behaupte: exakt dasselbe. Ich fürchte, spätestens in fünf Jahren ist auch der „Pock" ein Schimpfwort: „Die Tasche hat sicher der Pock da hinten geklaut." Aber so geht es wohl einfach zu im Leben. Wir sind alle auf der Suche, und der Sprachfluss, in den wir steigen, ist niemals derselbe. Also: Lasst uns weniger Energie sinnlos für eine klinisch reine Sprache verpulvern. Wir sollten der Sprache ab und zu mal einen Stups geben – dann sucht sie sich schon ihren Weg. Und das N-Wort sollte keine Macht mehr haben über uns.

H-Wort, Z-Wort, M-Wort, E-Wort, I-Wort ... und die Kartoffel-Almans

„Hier sieht es ja aus wie bei den Hottentotten!", sagte meine Mutter gern, wenn sie mein Kinderzimmer betrat. Sie kannte die Geschichte der Redewendung genauso wenig wie ich. Wer waren diese „Hottentotten" und warum waren sie so unordentlich, wie ich es als Kind offensichtlich war? Bis vor Kurzem habe ich mich das nie ernsthaft gefragt. Als Kind stellte ich mir vor, das sei eine räuberische Gruppe gewesen, wie ich es auch den Wikingern oder den Barbaren zuschrieb. Eine Gruppe von Kriegern, die Chaos hinterließen. Der Ausdruck entstammt jedoch der Kolonialzeit. Niederländische Kolonialherr*innen benannten in Südafrika und Namibia alle dort lebenden Völkerfamilien der Khoikhoi mit diesem eigens ersonnenen Wort. Man nutzte also nicht einmal einen tatsächlich existierenden, für europäische Ohren schön pittoresk klingenden Namen, sondern wählte mit kolonialistischer Respektlosigkeit einen eigenen. Die niederländische Wortschöpfung beruhte vermutlich auf einer Eigenheit der Khoikhoisprache. Mit ihren vielen Schnalz- und Klicklauten klingt sie für europäische Ohren etwas abgehackt, weshalb man die Menschen mit „hottentot" bezeichnete, was mutmaßlich im damaligen Niederländisch ein Wort für „stottern" war. Die spätere, meist sogar unbedarfte Nutzung des Begriffs war immer mit negativen Attributen verbunden: unorganisiert und chaotisch – eben Wilde. Eine typische Vorgehensweise des Kolonialismus: Man nahm den zu unterjochenden Völkern die Würde und rechtfertigte ihre Ausbeutung, indem man ihnen einen minderen Wert zusprach. Da passte es perfekt, ihnen zu unterstellen, sie könnten nicht einmal flüssig sprechen. Die Khoikhoi – das bedeutet in ihrer Sprache übrigens schlicht „Menschen" – waren jahrhundertelang Spielball im kolonialen Machtgerangel zwischen niederländischen Bur*innen und dem britischen Empire. Die Geschichte erklärt uns hier recht gut, warum wir diesen Ausdruck nicht mehr nutzen sollten.

Und wie ist es mit dem Z-Wort? Im 16. Jahrhundert kam das Gerücht auf, „Zigeuner" komme von „Ziehgauner", bezeichne also (umher)ziehende Gauner. Über den tatsächlichen Ursprung des Worts streiten sich die Gelehrten. Doch eines ist klar: Die Bezeichnung wurde nie von der Volksgruppe selbst gewählt. Sie bleibt also eine Fremdbezeichnung. Und wir assoziieren fast nur romantisch-verkitschte oder negative Bilder, wenn wir den Ausdruck hören. Noch in der 2. Auflage der Duden-Publikation *Die sinn- und sachverwandten Wörter* aus dem Jahr 1986 wird unter dem Stichwort „Zigeuner" auf die Wörter „Abschaum" und „Vagabund" verwiesen. Als Kind hörte ich gerne die *Fünf-Freunde*-Hörspiele nach den Büchern von Enid Blyton. Sie begann diese Buchreihe 1942; 1975 startete die deutsche Hörspielreihe. Kürzlich habe ich mir die alten Folgen der späten 70er-Jahre noch einmal angehört – und war völlig entgeistert. Die Figuren propagieren überholte Rollenklischees, und die Geschichten sind so piefig, dass sie Staub husten. Damals machte ich mir aber noch keinerlei Gedanken über eine Folge mit dem Namen *Fünf Freunde und das Zigeunermädchen,* und ebenso wenig über einen Satz aus *Fünf Freunde im Nebel* aus dem Jahr 1980: „Zigeuner und Flugzeuge passen irgendwie nicht zusammen." Wer aber heute noch meint, das Wort wertneutral nutzen zu können, verkennt den jahrhundertelangen und bis heute anhaltenden Gebrauch als Schimpfwort. Der Ausdruck wurde immer wieder mit verleumderischen Inhalten gefüllt. Dagegen kann der Hinweis, dass die Soße mit dem Z-Namen doch so schmackhaft sei und man dabei überhaupt nicht an eine Volksgruppe denke, nichts ausrichten. Und spätestens der Hinweis, dass Sinti und Roma ein „Z" in die Haut tätowiert bekamen, bevor man sie in den Gaskammern ermordete, sollte uns die Bitte respektieren lassen, diesen Ausdruck nicht mehr zu verwenden.

Es kommt eben, wie oben am lateinischen „niger" gezeigt, nicht auf die etymologische Bedeutung eines Worts an, sondern auf seine Benutzungsgeschichte und die negativen Bilder, mit denen ein Wort verknüpft worden ist. Das gilt auch für den

„Mohr", der vom „Mauren", also vom Wort für Nordafrikaner stammt. Das Wort mag einmal wertneutral gewesen sein – aber die Kolonial- und Rassismusgeschichte hat es sozusagen verdorben. Entscheidend ist, dass es sich um Fremdbezeichnungen handelt. Deshalb zieht übrigens das Argument nicht, die Nazis hätten ja auch „Jude" auf den gelben Stern geschrieben – dieses Wort ist und bleibt die Eigenbezeichnung des jüdischen Volks, das den Namen mit Stolz trägt.

Auch das Wort „Eskimo" ist ursprünglich eine Fremdbezeichnung, die seit dem 17. Jahrhundert bekannt und deren Etymologie nicht eindeutig geklärt ist. Die von Inuit gegründete Nichtregierungsorganisation Inuit Circumpolar Council möchte den Ausdruck „Eskimo" allgemein durch „Inuit" ersetzen. Und die indigenen Völker der beiden amerikanischen Kontinente haben sich nie selbst als „Indianer" bezeichnet – der Ausdruck beruht ja ohnehin auf dem Irrtum von Kolumbus, er habe tatsächlich den Seeweg nach Indien entdeckt. Auch mit Bezeichnungen wie „Eingeborene", „Ureinwohner" und „Naturvölker" wurden sie belegt. In den Bezeichnungen schwang immer das Wilde, Unzivilisierte mit – manchmal verkitscht als das Edle und Naturnahe. Der Ausdruck „indigene Völker" wurde überhaupt erst in den 80ern eingeführt und schleppt deshalb nicht den Ballast kolonialer Herablassung und Abwertung mit sich herum. Mal sehen, ob er trotzdem irgendwann von der Euphemismus-Tretmühle fliegt ...

Ich habe früher Western geliebt. Karl May schuf meine Lieblingsfigur Winnetou. Hätte mich damals jemand gefragt, woran ich beim Wort „Indianer" denke, so wäre meine Antwort überaus positiv ausgefallen. Aber es war Fiktion. Um Authentizität ging es auch den Verfilmungen offensichtlich nicht. Winnetou wurde in den Filmen von Pierre Brice gespielt. Der Mann war Franzose. Und die Geschichten um Cowboys und Indianer*innen, die ich aus dem Fernsehen und aus Büchern kannte, hatten nichts mit der Realität zu tun. Von indigenen Völkern, denen das Land von den europäischen „Entdecker*innen" geraubt und die abgeschlachtet worden waren, wusste ich nichts. Heute spielt das Wort „Indianer" keine Rolle mehr für mich. Ich habe keinen Bezug mehr zu Western und nutze es nicht. Es ist für mich ein sprachliches Relikt.

Es lohnt sich, die eigene Sprache auf Relikte zu überprüfen. Ihr werdet euch wundern. Aber das bedeutet nicht, dass ihr eure Kindheit rückwirkend auf den Müllhaufen werfen und euch dafür schämen sollt. Es genügt, heute einen anderen Blick darauf zu werfen. Schöne Erinnerungen und geändertes Bewusstsein lassen sich miteinander versöhnen.

Die Künstlerin Moshtari Hilal verwendete 2021 in einem Livetalk erstmals den Ausdruck „Mensch mit Nazihintergrund" als Bezeichnung für Biodeutsche, also hier geborene und aufgewachsene Weiße. Die Provokation funktionierte perfekt: Viele regten sich über die „rassistische" Verallgemeinerung auf und wehrten sich mit Händen und Füßen. Niemand will mit Nazis in Verbindung gebracht werden – und in der Tat taugt die Wortschöpfung nur zur Provokation und nicht als echte Parallele. Aber die Empörung vieler Biodeutscher galt nicht nur der Unterstellung, man sei genetisch bedingt ebenso menschenverachtend wie die Nazis. Sie mochten es auch generell nicht, ein Etikett aufgeklebt zu bekommen, das sie wegen ihrer Herkunft einer Gruppe zuordnete. Weil ihnen damit automatisch bestimmte Eigenschaften zugeschrieben werden – egal wer sie als Individuum sind. Und in diesem Punkt traf Moshtari Hilal ins Schwarze – weil sie zeigte, wie es sich anfühlt, der Gruppe „mit Migrationshintergrund" anzugehören. Oft wird behauptet, das sei doch nur ein informativer, nicht wertender Ausdruck. Aber er öffnet eine Schublade. „Migration" löst im besten Fall Mitleid aus, weil man an Flüchtende, an Opfer von Gewalt, Krieg und Hunger denkt – und nicht an Studierende oder an die Erfinder*innen eines Coronaimpfstoffs. Im schlimmeren Fall löst der Ausdruck Abwehr und Feindseligkeit aus. Das – meistens übrigens völlig überflüssige – Wort „Migrationshintergrund" mobilisiert Vorurteile, auch wenn es scheinbar nur ganz sachlich und wertfrei die fremde Herkunft beschreibt. Bilder und Verhaltensweisen werden durch Wörter getriggert, und so entsteht struktureller Rassismus. Bittere Ironie: Wir haben hier wieder mal ein Beispiel für die Euphemismus-Tretmühle. Denn „mit Migrationshintergrund" war eigentlich eine politisch korrekte Wortschöpfung, um das abwertende und falsche „Ausländer" zu ersetzen, mit dem man lange Zeit auch Menschen benannte, die längst eingebürgert waren und in dritter Generation in Deutschland lebten. Aber die Schubladenwirkung von Etiketten ist stärker als jede gute Absicht. Es hilft nur, die Etiketten ganz wegzulassen.

Die Reaktion auf den „Nazihintergrund" war übrigens so, wie es gerne uns Menschen of Color vorgeworfen wird, wenn es um Wörter geht: überempfindlich. Dasselbe registriere ich auch bei eher liebevollen Bezeichnungen wie „Alman" und „Kartoffel" – eigentlich noch recht nette Begriffe, um die Biodeutschen augenzwinkernd zu beschreiben: weiß, spießig und ein bisschen selbstzufrieden. Natürlich wird manchmal in verächtlichem Ton und in herabsetzender Absicht über die Mehrheit oder die dominierende Gruppe gesprochen – „alte weiße Männer", „cis-Männer" und so weiter. Ich bediene mich auch dieser Sticheleien. Das wirkt schon mal etwas trotzig. Aber, ihr lieben Weißen: Ihr bildet weiterhin die Dominanzkultur. Da könnt ihr ein wenig Spöttelei von unten nach oben mal ertragen. Oder?

2008 erschien das Buch *Mein schwarzer Hund*, es ging um Depressionen – und der Verlag bekam bald darauf ein Schreiben der Organisation LesMigraS, des Antidiskriminierungs- und

Antigewaltbereichs der Lesbenberatung Berlin. Es sei diskriminierend, „wenn die Farbe Schwarz und Dunkelheit als Symbolfarben für negativ bewertete Situationen oder Eigenschaften verwendet werden".[41] Das wirft eine sehr fundamentale Frage auf: Basiert die meist negative Bedeutung von „schwarz" und die positive Wahrnehmung von „weiß" auf einem rassistischen Konzept? Nahm „schwarz" erst den heutigen, negativen Klang an, nachdem man schwarze Menschen versklavt und abgewertet hatte? Steckt also in der Schwarzarbeit und im Schwarzgeld, im „Schwarzen Freitag" von 1929 und dem „Schwarzen Peter", im „Schwarzen Tod" (der Pest) und in der schwarzen Trauerkleidung letztlich eine Abwertung von Black People, während die Assoziation von „weiß" mit Reinheit, Unschuld („weiße Weste") und Frieden (die Tauben!) die bessere Bewertung von Hellhäutigen beweist? Die meisten Forscher*innen weisen diese Annahme zurück – auch wenn beispielsweise die Verknüpfung von „weiß" und „rein" gut in rassistische Konzepte passt. Aber die unterschiedliche Bewertung von hell und dunkel ist mit hoher Wahrscheinlichkeit viel älter als die Herausbildung unterschiedlicher Hauttönungen. Ebenso wie alle tagaktiven Tiere bei plötzlicher Dunkelheit durch Gewitterwolken oder eine Sonnenfinsternis erschrocken den Kopf einziehen und bei Einbruch der Nacht Deckung suchen, taten das auch unsere evolutionären Vorfahren. Aus dem simplen Grund, dass sie bei Dunkelheit schlechter sehen konnten und deshalb Gefahren nicht rechtzeitig erkennen konnten. Dunkelheit machte Angst – und die Menschen assoziierten Schwärze eher mit etwas Negativem und Bedrohlichem und Helligkeit beziehungsweise Weißes mit Positivem. Das tun sie bis heute – übrigens auch in Afrika. Auch die Furcht kleiner Kinder beim Gang in den Keller dürfte nichts mit anerzogenem Rassismus zu tun haben. Hinzu kam, dass auch Farben nur bei Helligkeit zu erkennen sind, was dem Weiß einen weiteren Sympathiepunkt einbrachte. Das „Schwarzsehen" im

Titel dieses Buchs ist also nicht rassistisch. Und wenn ich trotzdem mal hadere mit der negativen Konnotation von „schwarz", dann tröste ich mich einfach damit, dass Biodeutsche „weiß wie ein Gespenst" und „totenbleich" sein können; dass Autor*innen verzweifelt vor einem weißen Blatt sitzen können; dass die erste deutsche Briefmarke der „Schwarze Einser" war; dass man im Schwarzwald und am Schwarzen Meer garantiert schöner Urlaub machen kann als in Weißensee und Weißwasser; und damit, dass das Leben ohne schwarzen Humor nur halb so lustig wäre.

Schwarz-Weiß-Denken herrscht oft auch bei der Frage, wie man notwendige gesellschaftliche Veränderungen angehen soll. Muss eine kleine Avantgarde den Wandel in die Hand nehmen und notfalls erzwingen, oder versucht man, die Mehrheit der Gesellschaft mitzunehmen? Ist Revolution der richtige Weg oder Reform?

Von der Nascherei über den Straßennamen bis zum Kreuzbuben – wird jetzt alles auf den Kopf gestellt?

Neulich las ich von der Idee, ein genderneutrales Kartenspiel herauszubringen. Statt Bube, Dame und König soll es in diesem Kartenspiel Gold, Silber und Bronze geben. Ich bin ehrlich: Über den Genderaspekt bei Kartenspielen habe ich mir bislang noch nie Gedanken gemacht. Aber wieso nicht an einem so unverfänglichen Gegenstand damit anfangen? Wer selbst spielt, weiß: Sich an ein völlig neues Kartensystem zu gewöhnen, nur damit es keine Geschlechterzuordnung gibt, werden viele zunächst ablehnen. Weil selbst superwoke Doppelkopfrunden an ihrer gewohnten Routine hängen. Aber so, wie es schon mal Kartenspiele gab, in denen statt der traditionellen Königs- und Damenporträts Marx, Engels, Lenin, Rosa Luxemburg und so weiter zu sehen waren, könnte doch auch mal eine Dragqueen gezeigt werden. Oder besser noch zwei: eine bei den Damen, eine bei den Königen. Wenn man es nicht darauf anlegt, die Routine der Kartenspieler*innen absichtlich so durcheinanderzubringen, dass allgemeines Chaos ausbricht, könnte das ein hübscher Weg sein, die Gewöhnung an bisher Ungewohntes zu schaffen und schmerzfrei Dinge sichtbarer zu machen, die bisher unsichtbar waren. Ich finde, gerade ein Kartenspiel ist ein wunderbares Objekt, um ohne Riesenaufregung über das Thema zu sprechen. Vielleicht können wir hier für die größeren Themen üben.

Mir ist klar: Manche empfinden schon die Überlegung, die Bilder auf Spielkarten ein wenig zu verändern, als revolutionären Angriff auf ihr Leben. Ich sehe die *Bild*-Schlagzeile schon vor mir: „Irrer N-Autor will Deutschen das Skatspielen verbieten!" Aber auch wenn man das Thema Spielkarten entspannter sieht, steht in den Diskussionen über „Identität" und die Notwendigkeit gesellschaftlicher Veränderungen immer eine Grundsatzfrage im Raum: Begnügen wir uns mit kleinen (Fort-)Schritten, die manchmal eher wie Almosen wirken – oder drehen wir alles einmal rabiat auf links, ohne Rücksicht auf Verluste? Es ist der ewige Konflikt zwischen Reform und Revolution. Denn beides hat Vor- und Nachteile. Als „Radikale" oder „Revolutionär*innen" betrachte ich hier jene, deren verständlicher und berechtigter Zorn sich in Ungeduld äußert. Sie wollen, dass Ungerechtigkeiten sofort beendet werden, und nehmen dafür in Kauf, auch mal absichtlich zu provozieren und Unruhe zu stiften – denn Unruhe bedeutet Bewegung, und Bewegung ist die Voraussetzung für Veränderung. Dass viele den Veränderungen nicht zustimmen, ist für Revolutionär*innen kein Argument. Die Reformer*innen hingegen achten darauf, wie man möglichst große Teile der Gesellschaft mitnimmt und keinen massiven Widerstand provoziert. Sie glauben daran, dass man Veränderungen durch Einsicht und durch Aushandeln erreichen und verankern kann. Weil es um ein Grundsatzthema geht, stelle ich die beiden Positionen hier absichtlich schematisch dar – mir ist bewusst, dass sich die meisten Menschen irgendwo dazwischen bewegen. Wie es sich für moralische Konflikte gehört. Denn letztlich braucht es die (unausgesprochene) Arbeitsteilung zwischen beiden. Radikale erreichen meist nicht die konkrete Veränderung, sondern das Aufbrechen und die Provokation. Als Enfants terribles wahrgenommen, schaffen sie erst mal Aufmerksamkeit. Dazu gehört für mich aber auch: Sie sollten nicht zu empfindlich reagieren, wenn die beabsichtigte Provokation gelingt und sie Widerspruch ernten.

Sobald eine Struktur aufbricht, gibt es auch irre Übertreibungen. Die sollte man nicht zu hoch hängen. Ein klassischer Ausdruck solcher radikalen Übertreibungen sind Shitstorms, die oft wegen banalster Anlässe durchs Netz wehen. Vor allem in einer angespannten Situation, in der viele dünnhäutig sind, wird überzogene Kritik schnell geteilt. Es tut so gut, wenn irgendjemand schuld ist. Die Aktion #allesdichtmachen von Schauspieler*innen aus dem Frühjahr 2021, die die Coronamaßnahmen satirisch kritisieren wollte, ist ein gutes Beispiel dafür: Sie war aus meiner Sicht borniert und reine Selbstdarstellung. Und die Satire war für mich schlicht nicht erkennbar. Aber die Reaktionen darauf waren komplett übertrieben – bis hin zu Cancelforderungen gegen einzelne Teilnehmer*innen. Solche Maßlosigkeit erleben wir auch bei einigen sehr wütenden, hochsensiblen Shitstormaktivist*innen. Sie melden sich nicht zu Wort, sondern sie brüllen einfach ungestüm rein. Nicht *die* Antirassist*innen sind so maßlos, sondern einige wenige. Wir sollten uns nicht immer auf die lautesten und schrillsten Stimmen im Chor konzentrieren – und vor allem nicht vor ihnen einknicken. Wenn auf Twitter gefordert wird, dass jemand wegen einer ungeschickten Formulierung fristlos gefeuert wird, ist das meistens einfach nur dumm. Verantwortungslos wird es, wenn Unternehmen der Aufforderung aus Angst vor dem Internetmob tatsächlich folgen. Oder wenn Universitäten ernsthaft darüber diskutieren, ob man die Altertumswissenschaften wegen ihres angeblich rassistischen Charakters abschaffen solle. Und wenn einige Aktivist*innen in Großbritannien die Ansicht vertreten, man solle William Wilberforce nicht mehr ehren – wie es der erwähnte *Welt*-Artikel zur Chancengleichheit gut beschreibt –, weil er weiß war und aus einem westlichen Land stammte, dann sollte man das in möglichst ruhigem Ton als Unsinn zurückweisen. Wilberforce führte nämlich die Bewegung an, die 1807 zum Verbot des Sklavenhandels im britischen Weltreich führte. Die Marine wurde damals dazu verpflichtet, Sklavenhändler*innen ab sofort genauso zu jagen wie Seeräuber*innen. Diese Leistung von Wilberforce sollte mehr zählen als seine Hautfarbe und seine Herkunft – das ist schließlich die Botschaft des Antirassismus.

Ein Freund von mir glaubt im Übrigen, dass sich Shitstorms möglicherweise gerade von selbst erledigen – weil sie so inflationär zunehmen, dass auch die fleißigsten Aktivist*innen überfordert sind. Bevor sie die Demo vor dem Café mit dem falschen Namen organisiert hätten, wären bereits weitere zehn Anlässe zu bearbeiten, um sich mächtig aufzuregen. Das sei nicht zu schaffen. Ich habe zu ihm gesagt: „Schön wärs."

Meine Straße?

Wenn es um Straßennamen geht, ist der Widerwille gegen Veränderungen sicherlich noch weitaus größer als bei Spielkarten. Schließlich berührt man eine ganze Reihe von empfindlichen Aspekten: zum Beispiel die Verbundenheit und Identifikation mit der engeren Heimat. Das Geschichtsbewusstsein. Die Abneigung gegen das, was manche für einen kurzatmigen Zeitgeist halten. Und natürlich die persönliche Bequemlichkeit, die einen vor dem Aufwand zurückschrecken lässt, überall die neue Adresse mitzuteilen.

Aber Straßennamen sind eben auch ein kollektives Statement einer Gesellschaft. Wem setzen wir hiermit ein kleines Denkmal? Und wann halten wir trotz Kritik an einer Namensgebung fest? Im Rahmen der Dreharbeiten für *ZDF History* haben wir 2019 im Berliner Stadtteil Wedding gedreht, genauer: im sogenannten „Afrikanischen Viertel". Hier gibt es die

Ghanastraße, die Kongostraße, die Senegalstraße und viele weitere. Meist sind es Länder- oder Flussnamen und sie haben nicht immer etwas mit deutschen Kolonien zu tun. Irgendwie musste die schnell wachsende Stadt um die vorletzte Jahrhundertwende eben ihre Straßen nennen. Aber zwischen all den geografischen Namen fanden wir damals auch die Lüderitzstraße, den Nachtigalplatz und die Petersallee. Alle drei waren nach Personen benannt – und zwar keineswegs nach irgendwelchen. Seien wir ehrlich: Meist haben wir keine Ahnung, nach wem eine Straße benannt wurde. Um Denkmäler und Straßennamen kümmern sich die meisten nicht groß. Und so wurden im Wedding lange Zeit auf Straßenschildern drei Männer geehrt, die sich im 19. Jahrhundert in den deutschen Kolonien auf übelste Weise hervorgetan hatten. Die Petersallee zum Beispiel würdigte ursprünglich Carl Peters, den Begründer der Kolonie Deutsch-Ostafrika. Der überzeugte Rassist ließ Afrikaner*innen quälen und ermorden – daher stammt sein Spitzname „Hänge-Peters". Man sollte ihm kein Denkmal in Form einer ihm gewidmeten Straße setzen und ihn dadurch ehren – sondern seinen zahllosen Opfern ein Mahnmal.

Es hat sehr lange gedauert, bis die Spuren des Kolonialismus und des Rassismus in unserem Alltag erkannt und als problematisch eingestuft wurden. In einem der drei Weddinger Fälle mogelte man sich am Ende ohne eine Umbenennung der Straße durch: Man fand einen anderen Herrn Peters, der unverfänglich ist. Die Lüderitzstraße hingegen, so beschloss die zuständige Bezirksversammlung 2018, soll künftig nicht mehr nach Adolf Lüderitz heißen. Der betrog die Nama an der Küste des heutigen Namibias mit einem gefälschten Vertrag um einen Großteil ihres Landes. Dafür bald nach Cornelius Frederiks, der 1904 einer der Anführer des Nama-Aufstands gegen die deutsche Kolonialherrschaft im heutigen Namibia war. Gute Sache. Allerdings ist für die Umsetzung dieses Beschlusses leider ein

Berliner Bezirksamt zuständig. Bis Redaktionsschluss dieses Buchs im Juni 2021 war in Sachen praktischer Umbenennung noch nichts geschehen …

Heftig war auch der Streit um die Namensänderung der Berliner Mohrenstraße – zumal hier auch ein U-Bahnhof betroffen ist, der mitten im Regierungs- und Diplomatenviertel liegt. Die lautstarken Vertreter*innen beider Lager prallten hart aufeinander und warfen sich wechselweise Rassismus und Sprachdiktatur vor. 2020 beschloss die Bezirksversammlung dann die Umbenennung in Anton-Wilhelm-Amo-Straße – nach dem ersten schwarzen Philosophen und Rechtsgelehrten, der an einer deutschen Universität wirkte. Eine seiner Arbeiten trug übrigens, Ironie des Schicksals, ausgerechnet den Titel *Über die Rechtsstellung der Mohren in Europa*. Mir gefällt diese Namenswahl. Ich hätte aber auch nichts gegen die Lösung gehabt, die der pfiffige Besitzer eines Eddings fand: Er hatte mit zwei kleinen Strichen aus der Mohrenstraße kurzerhand eine Möhrenstraße gemacht. Das hätte Humor bewiesen und den Begriff des Mohren sichtbar getilgt.

Früher richtig, heute falsch

Vor einiger Zeit stand ich mit meiner Tochter vor einem alten VW-Käfer aus den 50er-Jahren. Ein wunderschönes Auto, wie wir beide begeistert urteilten. „Früher waren die Autos sowieso viel schöner als heute", seufzte ich und hätte beinahe den halbironischen Spruch nachgeschoben: „Früher war eben alles besser." Als ich ein Kind war, bedeutete dieser Satz für mich immer die Erlaubnis, seinen Absender als „alt" einzustufen … Aber bevor ich mich als Opa outen konnte, spähte meine Tochter in den Innenraum und fragte dann verblüfft: „Papa, wo hat das Auto denn seine Gurte?" Meine Antwort „Damals hatten die meisten Autos noch keine Gurte" konterte sie umgehend mit der Frage: „Brauchten die das nicht? War das damals nicht gefährlich?" Eine verdammt gute Frage. Waren die Menschen damals furchtloser? Abenteuerlustiger? Unverwundbar? Oder fuhren sie viel besonnener als heute? Die korrekte Antwort ist natürlich weniger heroisch: Die Technik war noch nicht so weit und die Autoindustrie verbaute dementsprechend noch keine Gurte. Der Preis waren über 20 000 Verkehrstote im Jahr 1970 – fast zehnmal so viele wie 2020. Das nahm man damals in Kauf. Es war normal, dass jedes Jahr mehr Menschen im Verkehr starben. Fortschritt eben.

Als dann 1976 die Gurtpflicht eingeführt wurde, sahen viele Autofahrer*innen ihre Freiheit in Gefahr. Der Staat solle den Bürger*innen keine Maßnahmen zum Selbstschutz aufzwingen. Drücken wir es mal anders aus: Damals haben Eltern ihre Kinder im Auto nicht gesichert. Kein Gurt, kein Kindersitz. Die Eltern von damals würden die heutigen praktisch durchweg als Helikoptereltern bezeichnen. Und über sich selbst sagen sie: „Na und? Ihr habt doch auch überlebt." Tja – die, die nicht überlebt haben, können nichts mehr dazu sagen … Da hat übrigens Nostalgie bis hin zur Verklärung der Vergangenheit ihren Ursprung: Man weiß sicher, dass man sie überlebt hat, während man bei der Zukunft nicht so sicher sein kann.

Worauf will ich hinaus? Früher war vieles normal, das uns heute entgeistert den Kopf schütteln lässt. Ich habe stundenlange Autofahrten mit der Familie überlebt – nicht nur unangeschnallt, sondern auch geteert und geräuchert. Meine Eltern rauchten damals beide sehr stark – und wären niemals auf die Idee gekommen, das zu unterlassen, weil Kinder dabei waren. Und niemand hätte sie beschuldigt, uns gesundheitlich zu schaden. Wer hätte das auch tun sollen? Schließlich legte auch mein Kinderarzt die Zigarette nicht weg, während er mich behandelte. Die ersten Rauchverbote wurden übrigens – natürlich – von Protesten gegen den Verlust der Freiheit begleitet. „Jetzt darf man nicht mal mehr 'ne Kippe rauchen. Das ist doch Diktatur."

Bis zum Anfang dieses Jahrtausends trug so gut wie niemand beim Radfahren einen Helm. In ein paar Jahren wird auch das Pflicht sein. Und wieder werden Leute auf die Barrikaden gehen und von Knechtung durch Helmpflicht reden. Einige werden einräumen müssen, sie hätten nicht einmal ein Fahrrad, aber es gehe schließlich ums Prinzip. Um die Freiheit. Und es wird die obligatorische Frage gestellt werden, was als Nächstes komme: der Helm für Fußgänger? Rundumairbags to go? Meine Tochter wird später versuchen, ihren ungläubig staunenden Kindern Bilder zu erklären, auf denen Radfahrer ohne Helm zu sehen sind. „Das waren alles Dangerfreaks!" Und alle werden den Helm für normal halten.

Ich habe jahrzehntelang beim Radfahren keinen Helm getragen. Da ich immer Glück hatte und mein Kopf noch ganz ist, kann ich nostalgisch auf eine Zeit ohne Gurte und Helme zurückblicken. So ein Gefühl braucht keine Logik. Heute allerdings trage ich einen Helm. Ich habe es von Anfang an von meiner Tochter verlangt – wie könnte ich es da selbst verweigern? Dabei hätte ich in den 80ern alle Fahrradhelmträger*innen ausgelacht. Wir beurteilen Regeln und Normen eben immer im Rahmen der jeweiligen Zeit. Und wir gewöhnen uns irgendwann an Änderungen.

Früher war vieles normal, was wir heute als krassen Sexismus, als schlimmen Rassismus und als Gewalt gegen Kinder erkennen. Es war die Welt, gegen die die Hippies aufbegehrten. Wir feiern sie heute nostalgisch als die Woodstockgeneration – die mit der coolen Musik und den verrückten Frisuren und Klamotten. Aber aus welcher Realität sie sich und unsere Gesellschaften herauskämpften, haben wir oft nicht (mehr) auf dem Schirm. Die Freiheit der Einzelnen – vor allem: des weißen

Mannes – ging lange auf Kosten anderer. Ja, Männer sind auch heute noch mächtiger als Frauen, und Weiße dominieren weiterhin Menschen of Color. Aber vergessen wir nicht, dass verheiratete Frauen in Westdeutschland lange nicht ohne die Erlaubnis ihres Mannes eine Arbeitsstelle annehmen durften. Sitte und Anstand wurden in der BRD bis in die 70er-Jahre unter anderem mit dem Kuppeleiparagrafen gesichert: Es war unter Strafe verboten, einem unverheirateten Paar ein Zimmer zu überlassen oder gar zu vermieten. Die Vergabe eines Zimmers an Minderjährige (das hieß damals: unter 21) wurde mit Gefängnisstrafen geahndet. Schwuler Sex mit Minderjährigen wurde bis in die 90er anders und strenger definiert und bestraft als heterosexueller. Ehemänner durften ihre Ehefrauen schlagen und sogar straffrei vergewaltigen. Wie hieß es in dem James-Brown-Klassiker von 1966? „This is a man's world."

Als ich klein war, waren Schläge ein übliches Mittel der Erziehung. Dass meine Eltern sich dieses Mittels enthielten, betrachtete ich als glückliches Schicksal. In meinem Freundeskreis war aber die Erziehung mit der Angst vor Schlägen an der Tagesordnung: „Warte nur, bis Papa nach Hause kommt." Die Männer exekutierten die Züchtigung – aber das vorhergehende Urteil sprachen in der Regel die Mütter. Beides war Gewalt gegen Kinder. Ein Recht auf gewaltfreie Erziehung haben Kinder in Deutschland erst seit dem Jahr 2000. Und es ist oft eine heikle Aufgabe, der Großelterngeneration nahezubringen: Was so lange gesellschaftlich akzeptiert war und ohne Unrechtsbewusstsein praktiziert wurde, nämlich das Schlagen von Kindern, ist falsch. Und es war auch damals falsch. Auch wenn es normal war.

Genauso heikel ist das Werben um eine Veränderung sprachlicher Gewohnheiten – bei Menschen, die der Meinung sind, dass ihr bisheriges Verhalten moralisch okay war, weil es von der Mehrheit gedeckt und geteilt wurde. Betrachtet man Sprache als

Werkzeug, lautet die Aufforderung, dass man plötzlich ein lieb gewordenes Teil wie einen bestimmten Hammer nicht mehr benutzen soll. Obwohl man ihn so gut beherrscht hat. Und er so gut funktionierte. Und man ihn doch so behutsam wie möglich verwendet hat. Jedenfalls hat man nie bewusst und absichtlich jemandem damit auf den Kopf gehauen. Ja, klar gab es ab und zu Verletzte. Aber die stellen sich wegen der paar Prellungen schon ziemlich an, oder? Und ob das wirklich an dem Hammer lag?

Und was hat das alles jetzt mit Rassismus zu tun? Nun, wer weiter „Negerkuss" sagen will, obwohl sie oder er sich längst selbstverständlich anschnallt, in Innenräumen nicht mehr raucht, Kinder nicht schlägt und Frauen nicht mehr zum Kaffeekochen schickt, die und der beweist, dass es ihr und ihm gegenüber Schwarzen an Respekt fehlt.

Vom Klassiker zum Rassiker? Die Kulturrevolution

Besonders kompliziert wird es beim Thema Kunst und Kultur. Wo soll und muss man hier regulierend eingreifen? Und welchen Schaden kann rabiates und einseitiges Draufhauen anrichten – auch wenn es in guter Absicht geschieht? Zum einen ist festzuhalten: Auch in der Kultur gibt es Arbeitsbedingungen – und damit Abhängigkeiten, Hierarchien und Machtverhältnisse –, die auf Rassismus überprüft werden müssen. *Kunst* soll frei sein – aber der *Kulturbetrieb* kann deshalb nicht beanspruchen, von jeder Kritik ausgenommen zu werden. Auf der anderen Seite steht die Freiheit der Kunst, die auch für mich als (Bühnen-)Künstler ein elementares Gut ist. Wenn nicht erst einmal jede*r alles denken darf, dann ist die Freiheit gefährdet – und zwar nicht nur die Freiheit der Kunst. Künstler*innen bewegen sich nun mal oft in Grenzbereichen und sprechen unbequeme

Wahrheiten und verdrängte Emotionen aus. Deshalb verträgt die Kunst Regulierungen besonders schlecht. Cancel-Culture führt zu Zensur. Auch das extrem provokative Spiel, das die Kabarettistin Lisa Eckhart mit rassistischen Klischees treibt, muss stattfinden können. Aber wache Künstler*innen kriegen von selbst mit, dass sich gerade etwas ändert, und halten nicht aus Bockigkeit an der Freiheit fest, draufloszureden wie die Leute vor 30 Jahren. Dass sie in unserer Demokratie frei arbeiten können, bedeutet aber nicht, dass sie keinen Widerspruch ernten dürfen. Im Gegenteil: Den wollen sie ja oft provozieren und hören. Sonst wären sie wirklich nur beleidigte Leberwürste.

Besonders angefasst reagieren viele, wenn es lieb gewonnenen Begleiter*innen ihres ganzen Lebens an den Kragen gehen soll. Als im Frühjahr 2021 die bereits erwähnte Meldung kursierte, dass einige Professor*innen der Universität Oxford verlangt hätten, die klassische Musik als „rassistisch" und „kolonialistisch" vom Lehrplan zu nehmen, war die Aufregung bei den Feuilletonleser*innen groß. Für etwas Ruhe in der Debatte sorgte dann der schwarze Cellist Sheku Kanneh-Mason (der übrigens bei der Hochzeit von Prinz Harry und der in Großbritannien rassistisch angefeindeten Meghan Markle spielte), indem er kurz und knapp erklärte: „Klassische Musik ist nicht rassistisch."[42]

Empfindliche Reaktionen gibt es auch, wenn lieb gewonnene Filmklassiker wie *Vom Winde verweht* und Kinderbücher wie *Pippi Langstrumpf* problematisiert werden. Ich finde vor allem, dass wir nicht das Kind mit dem Bade ausschütten sollten. Astrid Lindgren bleibt eine humanistische, emanzipatorische und ohnehin wunderbare Autorin – auch wenn die Feststellung zutrifft, dass *Pippi in Taka-Tuka-Land* rassistische Stereotypen reproduziert, die für seine Entstehungszeit typisch waren. Ich denke, heutige Kinder sind auch mit den ersten beiden *Pippi*-Bänden glücklich und brauchen den dritten nicht mehr unbedingt. Bereits erwähnt habe ich, dass ich die Tendenz bedenklich finde, auch (jungen) Erwachsenen bestimmte Bücher vorzuenthalten oder sie mit einer Triggerwarnung zu versehen und dabei Kriterien anzulegen, die Thomas Ribi in der *Neuen Zürcher Zeitung* zu Recht „so ideologisch wie bieder" nannte. Ich schließe mich seinem dortigen Fazit über die Klassiker an: „Sie sind gefährlich. Genau darum lohnt es sich, sie zu lesen."[43]

Zu den Klassikern gehört natürlich auch die Philosophie. In amerikanischen Universitäten wird Immanuel Kant zum Teil aus dem Lehrplan gestrichen. Das halte ich für falsch. Ich bin fern davon, die Äußerungen Kants zu „Rassen" zu rechtfertigen; ich habe weiter oben im Buch eine davon zitiert. Aber zum einen können wir die Geschichte nicht ändern, indem wir sie verleugnen. Zum anderen sollten wir Äußerungen auch immer im Kontext der Epoche sehen. Wir sollten den Protestantismus nicht aus unseren Köpfen verbannen – obwohl Luther Antisemit war. Und eben auch die Aufklärer*innen nicht – obwohl sie an der Rechtfertigung von Sklaverei und Kolonialismus mitwirkten. Natürlich trifft es zu, dass die weißen Männer, die die Aufklärung propagierten und sich so mit der Kraft der Vernunft aus autoritären Denksystemen verabschiedeten, gleichzeitig Frauen und Nichtweißen die Vernunft absprachen. Aber uns deshalb einfach nicht mehr mit ihnen und ihren Irrtümern zu beschäftigen, ist keine Lösung. So lässt sich Geschichte nicht verstehen. Wir müssen uns rassistische und sexistische Denkweisen in unserer Geschichte klarmachen. Nur dann haben wir die Chance, es in Zukunft besser zu machen. Denn auch heute sind längst nicht alle westlichen Menschen erhaben über die zumindest unterschwellige Vorstellung, wir Westler*innen seien besser geeignet für die Entwicklung reiner Vernunft als die Bewohner*innen anderer Kontinente. Weil sie aufgrund ihrer Lebensbedingungen einfach „noch nicht so weit" seien, das laut Kant in ihnen angelegte Vernunftpotenzial zu aktivieren.[44]

Letztlich war auch Immanuel Kants Horizont durch die Zeit bestimmt, in der er lebte. Aber dennoch gab er uns die Idee der Aufklärung, die die politische Freiheit in sich trägt. Die Idee des Weltbürgers ist von Kant – und sie ist antirassistisch. Weltbürger*innen betrachten die Zugehörigkeit zu einer bestimmten Nation und Ethnie als unwichtig. Sie empfinden sich als Bürger*innen dieser Erde. Es steht also sozusagen Kant gegen Kant. Weil die Welt nicht immer fein säuberlich sortiert ist in Gut und Böse.

Vor allem Theater, Film und Fernsehen betrifft die Frage: Wer darf was spielen? Wir haben hier (mal wieder) zwei Aspekte. Das eine ist der Rassismus, der die Besetzungspolitik lange prägte und immer noch prägt; ich habe weiter oben schon über das Colorblind Casting geschrieben. Noch immer bekommen Menschen of Color in Deutschland bestimmte Rollen praktisch nie – wie etwa romantische oder historische Held*innen oder Akademiker*innen. Und noch immer fühlen sich Drehbuchautor*innen und Regisseur*innen bemüßigt, stets eine Erklärung dafür zu liefern, warum eine Figur mit Migrationshintergrund in Deutschland lebt. So als gehöre sie eigentlich nicht hierher. Aber man kann vermutlich getrost darauf bauen, dass die Produktionsfirmen und die Sendeanstalten ihr Casting schon aus kommerziellen Gründen sehr bald diverser gestalten werden.

Die andere Frage, die immer wieder diskutiert wird, habe ich unter dem Stichwort „Commedia dell'Arte" bereits angetippt: Was bedeutet Schauspielern? Und muss die Identität der Darsteller*innen der der Figuren möglichst ähnlich sein? Kann eine Kinderlose eine Mutter spielen? Ein Schwuler einen Hetero (oder umgekehrt?) Ein wohlhabender Schauspieler einen Hartz-IV-Empfänger? Und eine Nichtadlige (egal welcher Hautfarbe) eine britische Königin? Das muss immer wieder neu abgewogen und ausgehandelt werden – möglichst ohne kategorische Festlegungen à la „geht gar nicht". Was alles geht, zeigen uns mutige Regisseur*innen jeden Tag.

Ein idealtypischer Konflikt über die Frage, welche regulierenden Interventionen in Kunstfragen legitim sind, war der Streit um die Übersetzungen des Gedichts *The Hill We Climb* von Amanda Gorman im Frühjahr 2021. Die „Revolutionär*innen" argumentierten, dass nur eine schwarze Frau das Gedicht übertragen könne und solle – und erreichten so, dass die renommierte Fachfrau, die das Gedicht ins Niederländische hätte übersetzen sollen, den Auftrag zurückgab. Der deutsche Verlag setzte vorsichtshalber ein dreiköpfiges Gremium ein, in dem die literarische Übersetzungskunst nur eine Stimme hatte: die Journalistinnen Kübra Gümüşay und Hadija Haruna-Oelker sowie die Übersetzerin Uda Strätling. Das Ergebnis kritisierte die Literaturwissenschaftlerin und -kritikerin Daniela Strigl im Deutschlandfunk scharf:[45] Es sei ein „unmusikalischer" Text herausgekommen, auf Deutsch „vollkommen verfehlt" – „ein Mittelding zwischen Leitartikel, Hirtenbrief und vielleicht noch interdisziplinärem Seminar (…) stellenweise sogar grammatikalisch falsch." Der Verlag habe sich anscheinend „in alle Richtungen absichern" wollen. Tatsächlich ging es in der aufgeheizten Situation wohl nicht in erster Linie darum, den poetischen Hymnus von Amanda Gorman möglichst angemessen und schön zu übertragen, sondern: keinen Fehler zu machen. Ich denke jedoch, „keinen Fehler machen wollen" als oberste Richtschnur des Handelns ist immer problematisch – vor allem aber in der Kunst.

Kann nur eine Frau of Color das Gorman-Gedicht übertragen? Die Antwort hängt von der Betrachtungsweise ab. Die einen bejahen es und verweisen auf die Rassismuserfahrungen, die eben nur Menschen of Color nachvollziehen können. Die anderen kritisieren, dass Gorman auf die Rolle der *schwarzen*

Dichterin festgelegt werde, ihr also vonseiten der „Revolutionär*innen" genau das widerfahre, was Mohamed Amjahid „Andersmachung" nennt (der englische Fachausdruck lautet „Othering"). Letztlich nehme man ihr damit den Rang als Künstlerin, die auch unabhängig von der Hautfarbe wirksam sein kann. Ich teile diese Kritik – und ich fürchte mich vor einer Welt, in der jede Gruppe ihre eigene Sprache und Öffentlichkeit entwickelt und die Gesellschaft in unzählige Parallelöffentlichkeiten zerfällt. Wenn Schwarze nur Kunst für Schwarze machen, weil andere diese gar nicht verstehen können und wollen, erstirbt am Ende das identitätsübergreifende Gespräch, das wir als Gesellschaft so dringend brauchen. Eigentlich hat Kultur aber die Aufgabe, dieses Gespräch in Gang zu halten – und nicht, es zu ersticken.

Der Fortschritt ist eine Schnecke

Die „Reformer*innen" lehren uns, Ruhe zu bewahren. Der Hinweis auf die Fortschritte im Kampf gegen den Rassismus ist so wichtig, um bereits Erreichtes auch mal zu feiern. Und in der Tat brechen ja derzeit viele verkrustete Strukturen allmählich auf. Die Proteste der Black-Lives-Matter-Bewegung haben weltweit für mediale Aufmerksamkeit gesorgt. Politik und Öffentlichkeit haben das Thema Rassismus in den Diskurs gehoben. Beiträge und Dokus zum Thema häufen sich in den Medien. Schulen und Universitäten bieten Vorträge und Workshops an. Straßen werden umbenannt – und in der *Sesamstraße* gibt es mit Wes und Elijah erstmals erkennbar dunkelhäutige Puppen. Bücher zum Thema Rassismus finden sich in den Bestsellerlisten. Vor allem in den USA und Großbritannien können Menschen of Color endlich in Positionen kommen, die ihnen sehr lange verwehrt waren, und in Deutschland ist die Abiturquote bei den BIPoC mittlerweile genauso groß wie bei den Biodeutschen; bei den Studierenden liegen Letztere nur noch knapp vorn. Rassistische Entgleisungen haben schnellere und klarere Konsequenzen als früher. Es fällt jetzt eben auf, wenn in einer Talkshow zum Thema „Zigeunersoße" keine Vertreter*innen der Sinti oder Roma sitzen. Ein Shitstorm und ein Themenabend „Rassismus" waren die Folge. Früher wurde in der Regel die Frau entlassen, die sich den Avancen ihres Chefs widersetzt hat – heute riskiert ein Abteilungsleiter, der etwas Sexistisches oder Rassistisches sagt, in vielen Branchen seinen Job. Diese Konsequenz ist sicher nicht immer angemessen, aber die öffentliche Meinung wendet sich jetzt meist gegen die Täter*innen statt gegen die Opfer. Es sind zum ersten Mal die Privilegierten, die ihren Status quo in Gefahr sehen. Die klaren Reaktionen auf Respekt- und Gedankenlosigkeiten wirken sich positiv auf die Einsicht und die Lern- und Veränderungsbereitschaft vieler Menschen aus. Das alles sind gute Entwicklungen. Die Sichtbarkeit wächst. Und Sichtbarkeit ist aller Lösung Anfang. Darüber sollten wir uns freuen – ohne deshalb die Hände in den Schoß zu legen.

Dass die Missstände immer mehr ins allgemeine Bewusstsein rücken, verstärkt die Ungeduld der Revolutionär*innen. Wenn eine Benachteiligung erst mal gesellschaftlich anerkannt wird, soll sie natürlich so schnell wie möglich beseitigt werden. Aber je schneller und heftiger, desto größer der Widerstand. Tendenziell ein unlösbarer Konflikt. Die Revolutionär*innen spielen die Fortschritte tendenziell als Selbstverständlichkeiten herunter, die den marginalisierten Gruppen viel zu lange vorenthalten wurden. Und verweisen darauf, was alles noch nicht erreicht ist. Damit haben sie recht, und ich plädiere keineswegs dafür, dass wir uns zurücklehnen und Ruhe geben. Solange wir feiern müssen, was für Weiße, für Männer, für Reiche selbstverständlich ist, sind wir noch nicht am Ziel. Es kommt eben immer darauf an, worauf man schaut: Auf die Ergebnisse? Die reichen noch lange nicht, weil echte Gleichstellung noch weit entfernt ist. Oder auf den Prozess? Der belegt, dass es vorangeht. Langsam zwar, aber in die richtige Richtung. Bei Menschen, die ohnehin bereit zur Empathie sind, spüre ich ein stärkeres Bewusstsein für mögliche Grenzüberschreitungen. Bei Rassist*innen aus Überzeugung hingegen löst die aktuelle Debatte eher ein trotziges „Jetzt erst recht" aus. Das war zu erwarten. We shall overcome.

Und wem verdanken wir die erreichten Fortschritte? Die reklamieren selbstverständlich beide Gruppen für sich. Ohne die Ungeduld beziehungsweise ohne die Geduld wäre nichts passiert. Und natürlich stimmt beides. Auch die Frauenbewegung war ein ständiges Mit- und Gegeneinander von Radikalität und Abschottung einerseits und Gesprächsbereitschaft und dem mühsamen Reformweg über Parlamente und Gesetze andererseits. Genau dieser Mix führte zu den unbestreitbaren Veränderungen – und wird zu den weiteren notwendigen Schritten bis zu echter Gleichberechtigung und Gleichstellung führen. Womit wir die Eingangsfrage eigentlich beantwortet hätten: Was spricht für die „Revolution" und was für die „Reform"? Für beide spricht etwas.

Alice Hasters stellt zu Recht in dem bereits erwähnten Beitrag in der *Süddeutschen Zeitung* fest, dass es immer um Macht geht, wenn über Ungleichheit diskutiert wird. Keine diskriminierte Gruppe sei der Gleichberechtigung näher gekommen, weil sie freundlich darum gebeten habe: „Frauen haben nicht gefragt: ‚Entschuldigung, wäre es okay, wenn wir auch wählen dürfen?' Und Männer haben nicht geantwortet: ‚Ja klar, kein Problem, hättet ihr das mal früher gesagt.' Es war ein Kampf. Die Mittel dazu waren teils radikal und wurden immer radikaler, als sich herausstellte, dass viele Männer mit allen Mitteln verhindern wollten, dass Frauen wählen dürfen."

Natürlich formulieren manche Aktivist*innen Forderungen und Positionen, die aktuell noch nicht mehrheitsfähig sind (und es zum Teil hoffentlich niemals sein werden). Solches bewusste Anecken, solche Regel- und Grenzübertretungen gehören dazu. Wenn diskriminierte Gruppen einen Schritt hinaus aus dem Schatten der Gesellschaft tun, so geht das nur mit Getöse. Und die Herrschenden empfanden eine solche Forderung nach Gleichstellung, Beteiligung und Anerkennung stets als im Wortsinne unerhört: Bis die Frauen, die Arbeiter*innen, die Menschen of Color Krach schlagen, werden ihre Stimmen dort, wo die Macht und das Geld sitzen, schlicht nicht gehört. Ohne Streiks, Besetzungen und Aufstände wäre die Arbeiterbewegung im 19. Jahrhundert nicht wahrgenommen worden.

Die Antirassismusbewegung hat kein Programm zur gewaltsamen Veränderung der Gesellschaft. Wir sollten die schrillen, lauten Töne in der Debatte also nicht überbewerten. Sondern sie als das nehmen, was sie sind: Signale, dass die Welt nicht so bleiben kann, wie sie ist. Wenn wir das ernst nehmen, ist der erste Schritt zur friedlichen Überwindung des Rassismus getan.

Und jetzt?

Bis jetzt wird in der Debatte über Rassismus vor allem – und zu Recht – der Status quo infrage gestellt. Aber es wird nur sehr wenig realistische Zukunft gedacht. Wir müssen uns fragen: Was wollen wir eigentlich? Wir als von Rassismus betroffene Menschen of Color und wir als Gesellschaft. Dafür müssen wir ran an fehlendes Bewusstsein, fehlende Empathie, Bequemlichkeit, Zynismus, Egoismus und Interessen. Und das geht, wenn es gewaltlos ablaufen soll, eher gemeinsam als gegeneinander.

Dieses Buch geht von drei Annahmen aus:

Erstens: Es gibt Rassismus.

Zweitens: Es gibt unterschiedliche Ausprägungen des Rassismus. Die Reaktionen darauf sollten ebenfalls unterschiedlich sein.

Drittens: Wir sind in einer komplizierten Gemengelage aus Emotionen und Rationalität. Die Frage, was verständlich, berechtigt und legitim ist, wird man manchmal anders beantworten als die Frage, was vernünftig und pragmatisch ist.

Wie erwähnt, finde ich die Haltung wichtiger als die Form. Mir ist eine ältere Dame, die das Herz auf dem richtigen Fleck hat, obwohl ihr mal das N-Wort rausrutscht, tausendmal lieber als ein eiskalter Zyniker, der formvollendet und mit unangreifbarer

Wortwahl menschenverachtende Gedanken formuliert. Reden wir also über Haltungen.

Der Begriff der allgemeinen Menschenrechte schien mir lange Zeit kein Thema für ernsthafte Kontroversen zu sein. Welcher vernünftige Mensch sollte dagegen sein, dass allen Erdbewohner*innen der Spezies *Homo sapiens* dieselben individuellen Rechte zustehen? Mittlerweile habe ich verstanden, dass auch dieses Konzept zum Minenfeld werden kann. Sind die universellen Werte wirklich universell oder eher westlich? Und wenn sie westlich sind: Ist es legitim oder sogar geboten, Menschen und Gesellschaften auf anderen Kontinenten diese Werte und das Respektieren individueller Menschenrechte nahezubringen oder notfalls auch aufzuzwingen? Oder ist das kolonialistisch? Das ist ein echter, oft schwer aushaltbarer und schier unlösbarer Konflikt. Nehmen wir die schreckliche Praxis der Genitalverstümmelung bei Mädchen – das grausame Entfernen der Klitoris und der äußeren Schamlippen. Müssen wir das als „Tradition" respektieren oder als „Barbarei" bekämpfen? Versuchen wir, die Mädchen zu schützen, oder halten wir uns als die kolonialistischen „Tätergesellschaften" raus? Besteht man mit demselben Nachdruck wie bei uns auch in anderen Weltgegenden auf den Frauenrechten? Und wie gehen wir mit einem frauenverachtenden syrischen Familienvater um, der bei uns lebt? Dürfen wir ihn kritisieren? Klar ist erst mal nur, dass in Deutschland die deutschen Regeln und Gesetze gelten – sie zu respektieren, erfordert das Gesetz. Vor dem sind wir alle gleich.

Fragen wir weiter: Auf welchem Wertesystem basiert es, wenn wir Opfern von Verfolgung Asyl geben und sie nicht ausliefern? Und ist es eigentlich in Ordnung, wenn der Westen Menschenrechte dort durchzusetzen versucht, wo er es ohne zu große wirtschaftliche Verluste oder ohne Kriegsgefahr kann – auch wenn er es in China und Russland unterlässt? Sollten diese Werte nur bei uns gelten – oder auch dort, wo wir sie mit vertretbaren

Mitteln durchsetzen können? Es wird immer Iraner*innen geben, die das Thema Menschenrechte als „Kolonialismus" abtun – und zwei Straßen weiter wohnt ein Mensch, der dem Westen dankbar dafür ist, dass er ihn im Ernstfall aufnehmen und vor Folter oder Todesstrafe schützen würde.

Die Grundfrage dieses Minenfelds lautet: „Vergiftet" die Kolonialgeschichte auch die Menschenrechte? Sind Menschenrechte etwas „Westliches" und damit also per se verdächtig, weil der Westen jahrhundertelang seine Interessen gewaltsam durchgesetzt hat?

Eine weitere Frage ist, wie realistisch die Vorstellung gleicher Rechte überhaupt ist, wenn die wirtschaftlichen Ungleichheiten so groß sind wie aktuell. Teile der Gesellschaft werden strukturell diskriminiert. Sie können ihre Forderung nach gleichberechtigter Teilhabe nicht so durchsetzen wie die weiße Mehrheitsgesellschaft.

Es fällt mir schwer, auf diese Fragen abschließende Antworten zu geben. Was mir auffällt: Wir rutschen auch hier oft in das Gruppendenken. Aber keine Gesellschaft ist monolithisch – es gibt überall die Mächtigen und die Ohnmächtigen, die Opfer und die Täter*innen, solche, die Traditionen nachhängen, und solche, die Veränderung wollen. Deshalb bleibt uns nur die Mühsal, uns jeden Fall individuell anzuschauen – und uns an eine vorläufige Meinung heranzutasten.

Meine trotz aller Frustration grundsätzlich eher optimistische Haltung speist sich aus meiner Überzeugung, dass Diversität uns allen nützt – also auch jenen, die sich jetzt noch an ihre lieb gewordenen Privilegien klammern. Die bereits erwähnte Tatsache, dass gemischtgeschlechtliche Teams produktiver und kreativer sind als reine Männerbünde, ist längst Allgemeinwissen – auch wenn die männlich geprägten Chefetagen sich noch immer sträuben, Konsequenzen daraus zu ziehen. Die

Beschränkung auf ältere weiße Männer beim Besetzen von Führungspositionen schadet den Unternehmen genauso wie zum Beispiel dem Kunstgedanken das Auswählen einer Übersetzerin nach Hautfarbe. Beides schließt potenzielle Könner*innen aus und sorgt eher für Mittelmaß. Diese Erkenntnis sollte sich schnell auch für alle anderen Aspekte von Diversität durchsetzen. Denn nicht nur für Unternehmen ist Diversität profitabel – auch für die Gesellschaft insgesamt ist das Zurückdrängen jeder Form von Diskriminierung heilsam.

Natürlich ist das Bemühen um Abbildung der Diversität in allen Bereichen manchmal anstrengend und unbequem. Aber Diversität ist nun mal kein Gerücht, sondern unsere Realität. Wir leben zusammen. Frauen und Männer, Erwachsene und Kinder, Menschen mit Behinderung und solche ohne, Schwarze und Weiße und Menschen aller Religionen. Vor welchem Unterschied wir auch immer Angst haben: Es hilft nichts. Wir müssen uns stellen.

Natürlich kann man beklagen, dass das Gewinnstreben von Unternehmen, die Angst um Einschaltquoten und ähnlich egoistische Motive ein Motor der Diversität sind. Schöner und nachhaltiger wäre es sicherlich, die Gesellschaft käme ausschließlich aus Einsicht und schlechtem Gewissen darauf. Aber wir sollten die unverhoffte Unterstützung annehmen und sie in unseren eigenen Schwung verwandeln.

Was tun? Und was nicht?

Das Ziel – Gleichstellung und Ende der Diskriminierung – nehme ich mal als gegeben an. Bleibt die Frage nach dem Weg. Momentan treffen die Klagen, die Beschwerden, die Wut, das „Jetzt hört ihr *uns* mal zu!" auf die Tatsache, dass sich Gleichberechtigung für jene, die privilegiert sind, immer wie eine Ungerechtigkeit anfühlt. Ihnen wird etwas weggenommen. Es geht mir nicht um die Frage, ob dieses paradoxe Gefühl berechtigt ist (ist es objektiv gesehen natürlich nicht), sondern darum, wie wir Menschen of Color damit umgehen sollten. Noch wütender werden? Anna Prizkau schreibt mit Recht: „Bloße Beschwerden, Schreie aber ändern nie etwas, das weiß jeder, der schon mal eine Beziehung hatte." Wut spaltet oder vertieft die Spaltung. Und sie schwächt auch die Wütenden selbst. Genauer: ihren Glauben an Verbesserungen. In der Netflix-Serie *The Fall* fällt der kluge Satz: „Wut zersetzt unseren Glauben, dass uns irgendwas Gutes passieren kann."

Aber manchmal bin ich eben einfach nur wütend. Dann greift die Verführung der Sippenhaft – und es trifft auch schon mal Leute, die sich ganz arglos und ohne bösen Willen etwas ungeschickt ausdrücken. Und wie ist es dann erst mit ganz direktem Rassismus? Gibt es da überhaupt eine Gesprächsbasis jenseits der Wut? Immer wieder frage ich mich, welche innere Haltung verbalen Attacken gegenüber die richtige ist. Vor einiger Zeit schrie mich auf offener Straße eine ältere Dame aus dem Nichts an: „Geh doch zurück!" Ich war versucht, ihr überheblich zu antworten mit: „Aber was soll ich denn zu Hause? Ich bin doch unterwegs zum Einkaufen. Danach gehe ich aber zurück in meine Wohnung. Zufrieden?" Oder zurückzuschießen mit: „Ihre Beine sind so krumm. Sie können nicht von hier sein. Also: Woher kommen sie wirklich? Und wann gehen Sie zurück?"

Ich wappnete mich mit dem Gefühl meiner intellektuellen Überlegenheit. Das ist aber nicht sehr sympathisch und auch nicht zielführend. Niemand wird gerne gedemütigt. Ich habe in solchen Situationen natürlich viele Sympathien auf meiner Seite – aber streng genommen hätte ich mich gegenüber einem einfachen, ungebildeten Menschen sehr arrogant verhalten. Ich fühlte mich kurz ohnmächtig und wollte wieder Oberwasser gewinnen. Das tat ich, indem ich überlegte, die Frau herabzusetzen. Hatte ich das wirklich nötig? Ein breites Lächeln und ein möglichst warmer, umarmender und entwaffnender Humor sind da die bessere Möglichkeit. Er nimmt der Situation die Wut – auf beiden Seiten. Schließlich weiß ich doch, dass es keinen Zusammenhang zwischen mir und der Geh-doch-zurück-Brüllerei gab – so unangenehm die sich auch anfühlte. Die Frau kannte mich nicht. Ich habe nie etwas mit ihr zu tun gehabt. Sie sah in mir nur einen Kanaken beziehungsweise einen, der nicht hierhin gehört. „Kanake" ist übrigens ein merkwürdiges Schimpfwort. Das Wort kommt aus dem Hawaiianischen und bedeutet nichts anderes als „Mensch". Wenn ich es recht überlege, ist „Sie Mensch, Sie!" eigentlich eine sehr lustige Beleidigung. Wenn nicht die Absicht dahinter so gemein und herabwürdigend wäre.

Sippenhaft ist jedenfalls auch keine Lösung. Jeder einigermaßen vernünftige Mensch of Color weiß, dass die Aussage, in allen Weißen stecken Rassist*innen, nicht zielführend ist. Die Aussage entspricht dem, was man im Sport ein „Frustfoul" nennt. Ich gehe vielmehr davon aus, dass in uns allen kleine Rassist*innen stecken, ganz unabhängig von der Hautfarbe. Diese Annahme ändert keine Machtverhältnisse, aber sie bringt uns alle in eine fehlbare Position. Das macht Ergebnisoffenheit im Diskurs überhaupt erst möglich. Das finde ich eine gewinnbringende Alternative zum reinen Pochen auf einen Schuldspruch.

An Weißen, die guten Willens sind, wird der Vorwurf „Du bist weiß, also Rassist*in" nicht spurlos vorübergehen. Weil sie keine Rassist*innen sein wollen. Andererseits wollen weiße Menschen nicht, dass ihr Weißsein benannt wird. Das Benennen von Menschen of Color hingegen finden die meisten völlig in Ordnung.

Ich glaube, wir alle sprechen lieber über die Etikettierung anderer. Weshalb es für alle gut ist, im Diskurs die eigene Position immer wieder der Kritik zu stellen.

Eine permanente Beschuldigung aller weißen Menschen als Gruppe provoziert resignativen Trotz: Wenn Menschen das Gefühl bekommen, dass ihr persönliches Bemühen keinerlei Sinn hat, weil ihre Hautfarbe nun mal ihre Erbsünde ist, dann sind sie nicht mehr erreichbar.

Wut und Sippenhaft bringen uns nicht weiter. Soll also Anpassung und Schweigen die Lösung sein? Das Weglächeln und Verdrängen rassistischer Beleidigungen und Gedankenlosigkeiten? Die bereits erwähnte Nachrichtenmoderatorin Angélique Beldner, die eine weiße Mutter und einen schwarzen Vater hat, fuhr lange die Strategie, Rassismus zu ignorieren, zu überhören, zu entschuldigen, kleinzureden – und möglichst niemals zu thematisieren. Wie sicherlich sehr viele Menschen of Color kenne ich diese Vorgehensweise bestens und habe im ersten Kapitel davon erzählt. In *Der Sommer, in dem ich „schwarz" wurde* nennt Beldner es rückblickend „eine Strategie, die mir nicht wehtut". Sie wollte sich an die fast reinweiße Umgebung anpassen, in der sie aufwuchs. Titulierungen wie „Mohrenkopf", „Café mélange" oder „Latte macchiato" ließ sie lange nicht an sich heran und sie reagierte darauf früher auch nicht. „Ich war viel zu lange viel zu nett." Sie habe nicht als „kompliziert" und „schwierig" gelten wollen. Schlimmer noch: Sie fand gar nicht, dass sie den Anspruch darauf habe, zu sagen, was sie will und was nicht. Und sie wusste nicht, wie sie sich verständlich machen sollte. Auch in ihrer Familie habe sie nie über Rassismus gesprochen. 2005 bewarb sie sich erstmals bei der Nachrichtenredaktion des Schweizer Fernsehens und bekam gesagt, die Schweiz sei noch nicht so weit, eine schwarze Moderatorin zu akzeptieren. Das war ein Déjà-vu für mich: Man bekennt sich nicht zu den eigenen Ressentiments, sondern versteckt sich hinter „den Zuschauer*innen", „den „Kund*innen", „den Geschäftspartner*innen". Beldner hatte damals sogar Verständnis. Wenn das für Unruhe bei den Leuten sorge, sagte sie sich damals, sei es doch vielleicht besser, wenn „jemand wie sie" nicht auf dem Bildschirm auftauche. Den Rassismus in dieser Weise hinzunehmen und zu bestätigen, war die größtmögliche Kapitulation.

Diese krankmachende Art von Selbstschutz kenne ich auch. Doch der Sommer 2020 mit der Black-Lives-Matter-Bewegung hat auch Beldners Welt gehörig aus den Fugen gehoben: „Auf einmal fragten mich alle nach meiner Meinung zum Thema Rassismus, und ich realisierte: Wenn alle schweigen, so wie ich, wird sich nie etwas verändern." Und nun erzählt sie endlich von dem, was sie erlebt. Sie berichtet von offenem Rassismus in der Fanpost. Da kamen ekelhafte Sätze wie: „Jetzt reichts dann mal mit der Vernegerung", und: „Du bist gerade mal gut genug zum Kloputzen." Und sie erzählt auch von fehlendem Distanzbewusstsein: Menschen kommen ihr viel zu nahe, fassen ihr ungefragt in die Haare und so weiter. Begleitet von gut gemeinten Sprüchen wie: „Du bist doch eine Herzige und Hübsche." Herablassung reinster Güte. Beldner verstand: Sie musste ihre schwarze Seite annehmen. Und über Rassismus sprechen. Denn die Vorstellung, wenn man nicht darüber spreche, dann gebe es das Thema vielleicht nicht, hatte nicht funktioniert. Und nichts geändert. Jetzt sagt sie: „So schwierig das Sprechen über Rassismus ist – Schweigen ist für mich keine Option mehr." Auch die schwarze US-Musikerin Andra Day ist diesen Weg gegangen, wie sie in dem erwähnten Interview mit der *Frankfurter Allgemeinen Zeitung* sagt: „Lange habe ich sogar versucht, diesen Erwartungen zu entsprechen, um dann zu der Erkenntnis zu gelangen, selbst wenn ich mich anpasse, werde ich nie gut genug für diese Menschen sein. Mit dem Anpassen funktioniert es sowieso nicht."

Sollen wir Menschen of Color uns mithin in unsere Identität zurückziehen und resigniert akzeptieren, dass uns in der weiß dominierten Gesellschaft nur die Opferrolle bleibt? Was genau bringt die Opferrolle? Ohnmacht gehört nicht kultiviert. Emanzipation erreichen wir nur mit dem nötigen Selbstbewusstsein. Wir sollten uns fragen, was jemand braucht, um nicht in der Opferposition verharren zu müssen. Etwa den Respekt und die Zuhörbereitschaft der anderen, also die Möglichkeit, ohne Angst zu argumentieren. Auch ohne Angst vor Fehlern. Wenn ich meine Tochter anschaue (und manchmal Mühe habe, ihren Argumenten gewachsen zu sein), habe ich Hoffnung, dass mit ihr eine Generation heranwächst, die die Opferposition aufrechten Ganges verlässt und zu einem gesunden Selbstwertgefühl findet. Und gezielt in die Strukturen hineingeht, wo die Macht ist – egal ob in Politik, Wirtschaft oder Kultur.

Der Wunsch der allermeisten Schwarzen ist es, in der Mehrheitsgesellschaft aufzugehen, statt immer einer Minderheitengruppe zugerechnet zu werden. Ihr Wunsch ist nicht, die alleinige Macht zu erobern. Die Soziologin und Autorin Natasha A. Kelly kommt zu einer vielversprechenden Beschreibung unserer Identität: „Was schwarze Deutsche vereint, ist auf dieser Grundlage gesehen ja eben das Deutschsein – die deutsche Kultur, die deutsche Geschichte, eben auch schwarze deutsche Geschichte. Jetzt gerade betreten wir eine Zeitepoche, die ich als ‚Racial Turn' bezeichnen würde: Schwarze Menschen bestimmen und definieren sich als Subjekte selbst. Wir werden nicht für den Rest unseres Lebens in der Objektposition verharren."[46] Auch Menschen of Color wollen stolz sein können auf die Gemeinschaft, der sie angehören. Daran zu arbeiten sollte der Plan sein.

Und was können Weiße tun? Und vor allem lassen?

Wer die vorhergegangenen Kapitel gelesen hat, dürfte bereits viele Antworten auf diese Frage kennen. Ich greife einige noch einmal stichwortartig auf:

Zuhören

Tatsachen anerkennen. Nicht behaupten, dass es keinen Rassismus gebe oder dass er doch nicht so schlimm sei. Dieses Leugnen ist verletzend für die Betroffenen

Sich selbst beobachten und sich unterschwellig rassistische Reflexe (die Handtasche!) bewusst machen

Menschen of Color nicht erklären, was Rassismus ist – und was nicht

Nicht verallgemeinern, nur weil man mal eine schlechte Erfahrung mit einem nicht-weißen Menschen gemacht hat. Macht man ja bei Weißen auch nicht

Zuhören

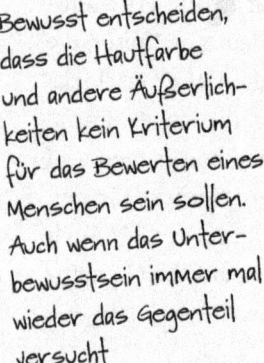

Bewusst entscheiden, dass die Hautfarbe und andere Äußerlichkeiten kein Kriterium für das Bewerten eines Menschen sein sollen. Auch wenn das Unterbewusstsein immer mal wieder das Gegenteil versucht

- Nicht-weißen Menschen mit demselben Respekt begegnen wie Weißen. Nicht zu nahe kommen, nicht in die Haare fassen, nicht duzen. Einfach genauso behandeln wie weiße Erwachsene.

- Überlegen, wann man zuletzt das Gespräch mit einem weißen Menschen mit »Woher kommst du?« eröffnet hat. Und wann man bei einem Weißen zuletzt nachgehakt hat: »Nein, woher **wirklich**?«

Wünsche von Menschen of Color, was bestimmte Wörter angeht, ernst nehmen und respektieren

Zuhören

Pigmente sind keine Argumente!

Weißer Selbsthass ist eher narzisstisch als hilfreich

Menschen of Color dann in Schutz nehmen, wenn erkennbar ist, dass sie das wünschen. Rassismus zu behaupten, wo Menschen of Color keinen sehen, ist überheblich

Zuhören

Nicht ungefragt Bezeichnungen übernehmen, die Menschen of Color für sich selbst verwenden

Auch im Positiven keine Zusammenhänge zwischen einer Fähigkeit und der Hautfarbe herstellen. Es gibt auch schlechte schwarze Sänger*innen und Tänzer*innen — und sehr geschmeidige weiße Sportler*innen

Nicht glauben, man selbst als Linke*r, als woke junge Frau, als queere Person sei immun gegen rassistische und diskriminierende Gedanken. Ist niemand. Ich auch nicht.

Zuhören

Ab und zu in den Spiegel schauen und sich der automatischen Besserstellung, die man als weiße Person genießt, bewusst werden

Auf Kritik an einer „rassistischen" Handlung oder Aussage erst reagieren, nachdem man dreimal tief durchgeatmet hat. Offen bleiben, auch wenn man sich zu Unrecht angegriffen fühlt

Wenn (zum Beispiel in einer Talkshow) nicht-weiße Positionen zu kurz kommen oder gar nicht vertreten sind: Intervenieren! Nachfragen! Protestieren! Leserbrief an die Redaktion! Und dabei freundlich im Ton bleiben

Menschen of Color nicht automatisch als hilfsbedürftige Fremde und automatisch Benachteiligte betrachten. Das Individuum zählt, und nicht Hautfarbe oder Herkunft

Rassismus nicht gegen andere wichtige Themen ausspielen. Die Frage »Haben wir nicht größere Probleme?« Konstruiert ein Entweder-oder, das es in Wirklichkeit nicht gibt

Situationen, in denen Menschen of Color eine Rolle spielten, in der Fantasie einmal mit ausschließlich weißen Teilnehmer*innen durchspielen. Wenn dabei etwas anderes herauskommt als vorher, war man Zeug*in (oder Akteur*in) von Rassismus

Bei Kritik: Nicht die Arme verschränken, sondern sie öffnen. Nicht blockieren, sondern mitgehen

Zuhören

Bei Befangenheit im Umgang mit Menschen of Color: ansprechen und fragen, statt etwas zu vermuten und zu projizieren

Weiße sollten wissen wollen, was Rassismus bedeutet und wie allgegenwärtig er ist. Und wir alle sollten stets unsere Vorurteile hinterfragen und sie uns bewusst machen. Je unvoreingenommener wir in Begegnungen gehen, desto größer ist die Chance, aus Fremden Bekannte zu machen.

Ins Gespräch kommen

Wie wollen wir zusammenleben? Um das herauszufinden, hilft nur eins: Wir müssen miteinander reden. Und einander zuhören. Wenn wir nicht wollen, dass unser Gegenüber sofort die Rollläden runterlässt, sollten wir zwei Dinge mitbringen: die Bereitschaft zur Selbstkritik und viel Humor. Ich möchte, dass wir aus einer Situation herauskommen, in der sich beide Seiten in empörtem Ton bezichtigen – und zwar der unberechtigten Empörung. Wir brauchen ein Klima, in dem argumentiert werden kann, in dem die Diskussion verschiedener Meinungen oder auch nur Wissensstände ohne Anfeindungen möglich ist. Wie führt man eine Gesellschaft friedlich in eine neue Phase? Durch klare Benennung der Diskriminierung, ohne diejenigen zu verprellen, die ansprechbar und veränderungsbereit sind, also potenzielle Verbündete. Man muss sie zu mehr Empathie bringen, nicht mit Vorwürfen auf die andere Seite treiben.

Kürzlich traf ich einen Vater aus der Klasse meiner Tochter. Er war seit einigen Monaten arbeitslos und schilderte mir verbittert, dass er sich vom deutschen Sozialstaat und der Gesellschaft komplett im Stich gelassen fühle. Er stehe vor dem Nichts und sei erledigt, ebenso wie seine Familie. Ich sagte vorsichtig: „Mir war gar nicht klar, dass es derart schlimm ist. Bekommst du denn gar kein Arbeitslosengeld? Sind das nicht immerhin sechzig Prozent vom letzten Gehalt? Oder lebt ihr von Hartz IV?" Darauf reagierte er extrem angefasst. Er wurde richtig laut, als er genervt und mit vielen Ausrufezeichen sagte: „Du hast doch keine Ahnung! Du bist ja nicht arbeitslos! Ich habs mir schon gedacht, dass von dir so was kommt! Von jetzt an rede ich mit niemandem mehr über meine Situation, der nicht auch arbeitslos ist! Es ist doch nicht meine Aufgabe, privilegierten Gutverdienern wie dir zu erklären, wie sich Arbeitslosigkeit anfühlt! Du bist ein mieser Klassist und nichts weiter! Danke fürs Gespräch!" Und er ließ mich stehen, bevor ich mich entschuldigen konnte. Oder ihm erklären, dass das Leben für freischaffende Künstler*innen auch nicht immer einfach sei. Seither haben wir nicht mehr miteinander gesprochen.

Dieses Erlebnis hat mich nachdenklich gemacht. Mir tut es leid, dass ich ihn durch meine Bemerkung so verletzt habe. Aber ich fühlte mich auch ungerecht behandelt. Meine Unwissenheit – ich weiß bis heute nicht, ob er Arbeitslosengeld bekam oder nicht – hatte er automatisch als Feindseligkeit und bewusste Respektlosigkeit gedeutet. Dabei war sie eher anteilnehmend gemeint gewesen. Wir waren einfach mit unterschiedlichen Wissensständen in unser Gespräch gestartet. Und das ist die Regel, wenn wir auf jemanden treffen, dessen Lebensumstände anders sind als unsere eigenen: Es wissen nicht von Anfang an beide dasselbe. Wenn beide Seiten guten Willens sind, dann tastet man sich durch Fragen an einen gemeinsamen Wissensstand heran und schafft dadurch eine Gesprächsgrundlage. Im Idealfall lernt man voneinander. Und steckt unterwegs den einen oder anderen versehentlichen Tritt ins Fettnäpfchen einfach weg.

Seit dieser Begebenheit bemühe ich mich, Gespräche über Rassismus mit einer Portion Geduld zu beginnen und mich darauf einzulassen. Jedenfalls wenn mein Gegenüber tatsächlich an mir als Mensch interessiert ist. Natürlich würde ich mich nicht in Diskussionen mit feindseligen und aggressiven, offenen Rassist*innen und Nazis verwickeln lassen – nicht mal unter Polizeischutz. Und mit Leuten, die nur mit mir sprechen wollen, um mir zu sagen, dass sie schon immer „Neger" gesagt haben und das nie böse meinten, weshalb ich es ihnen nicht zu verbieten habe, gibt es ebenfalls nur selten eine ausführliche Unterhaltung. Aber solche Menschen sind ja die absolute Ausnahme in meinem Lebensumfeld. Die meisten sind interessiert und offen, wenn auch manchmal erstaunlich naiv oder unwissend und bisweilen auch taktlos. Aber daran kann man ja arbeiten. Wenn ich ihnen ins Gesicht knallen würde, dass ich nicht mit ihnen rede, weil sie eine andere Hautfarbe haben, fühlt sich das für niemanden gut an. Und es bringt uns als Gesellschaft auseinander statt zusammen. Das bringt keinem Menschen was. Und ebenso wenig bringen der Zeigefinger und der verbale Baseballschläger. Wenn ich die Energie sehe, die beide Seiten in die Diskussion über korrekte Sprache investieren, kann ich nur den Kopf schütteln. Die einen – die AfD und Teile der CDU – wollen es Behörden am liebsten verbieten, gendergerechte und politisch korrekte Sprache zu verwenden. Und die anderen veranstalten wegen jedes sprachlichen Lapsus, der einem Fußballtrainer in der Erregung unmittelbar nach Abpfiff unterläuft, einen Shitstorm und brandmarken ihn als „Rassisten". Das Gerede vom „Gutmenschen" ist von extremer Bösartigkeit und nicht umsonst eine Schöpfung der Nazis. Aber wer manchmal wirklich nerven kann, sind die Bessermenschen. Ein Gespräch soll kein Wettbewerb darum sein, wer woke und wer noch am schlafen ist.

Gespräche können gelingen. Im Kreis von Familie, Freund*innen und Kolleg*innen werden sie manchmal genauso laufen wie momentan in der Gesellschaft: Erst haut jemand auf den Tisch und schreit „Rassismus!" und der andere wehrt sich empört – und erst wenn das vom Tisch geräumt ist, beginnt das Gespräch, mit dem Bemühen um Empathie, Verstehen und Zuhören. Dafür braucht es ein Gespür für die Situation und den Zeitpunkt – wann spreche ich etwas an und wann ist es zweitrangig? Und: Fremde erzieht man nicht. Aber man verbittet sich natürlich rassistisches Gerede. Noch mal wiederholt sei ein wichtiger Rat, um Abwehrverhalten zu vermeiden: Man sollte über das sprechen, was jemand *tut* – und nicht darüber, was er *ist*.

Und Mutmacher*innen brauchen wir jede Menge – für den Weg in eine Welt, für die Rassismus ein Problem früherer

Generationen ist. So wie die blutigen Kämpfe zwischen Katholik*innen und Protestant*innen. Oder die „Erbfeindschaft" zwischen Deutschland und Frankreich. Oder die Befürworter*innen und Gegner*innen des Frauenwahlrechts. All das sind überwundene Konflikte.

Was ich mir für meine Tochter wünsche

Die Geburt meiner Tochter war der schönste Moment meines Lebens. So viel Liebe. So viel alles. Und dann war ich Papa. Und werde es bis zum Ende bleiben. Das hat alles verändert. Familie und Verantwortung stiegen in ihrem Wert in ungeahnte Höhen. Meine Frau und mein Kind sind mir das Wichtigste. Bevor ich Papa wurde, war ich ein gutes Stück sorgloser und egozentrischer. Sorgloser, weil ich mir über langfristige Planung oder den Aufbau meiner Altersvorsorge keine großen Gedanken gemacht habe. Egozentrischer, weil ich mich als Single lange lediglich über meine Auftritte definiert habe. Wie ein Junkie hangelte ich mich von Lacher zu Lacher. Dieses Rock-'n'-Roll-Leben war für mich lange Zeit ein Traum, den ich feierte. Aber ohne das Gegengewicht eines fundamentalen Wertes wie einer Familie führte das Heischen nach Bestätigung auf Dauer nur zu einem schalen Gefühl. Für mich kann ich behaupten: Wirklich wichtig ist, dass es meiner Familie gut geht.

Lange war ich stolz auf meinen gelebten Pazifismus. Es ist nichts, worauf ich stolz sein sollte. Denn es ist keine Leistung, sondern ein Privileg, als Pazifist*in leben zu können. Es ist kein Verzicht, sondern der Luxus, nie mit Gewalt etwas durchsetzen oder sich auch nur verteidigen zu müssen.

Seit ich Papa bin, hat der bedingungslose Schutz meiner Tochter für mich die höchste Priorität. Wir wohnen zum Glück nicht in einem Kriegsgebiet; nicht mal in einem sozialen Brennpunkt.

Somit ist die Gefahr nicht sehr hoch, dass wir in eine unser Leben bedrohende Situation kommen. Sollte aber irgendwer meine Tochter ernsthaft bedrohen, würde ich, ohne zu zögern, meinen Pazifismus aufgeben. Um das Leben meiner Tochter zu schützen, wäre ich, wie schon erwähnt, bereit zu töten. Das ist glücklicherweise lediglich eine Bereitschaftserklärung. Bislang musste ich mich ja nicht einmal prügeln.

Meine Tochter soll, wie alle Kinder, emanzipiert und selbstbestimmt durchs Leben gehen. Denn der beste Schutz für meine Tochter bin gar nicht ich – das ist sie selbst. Je selbstbewusster und souveräner sie ist, desto weniger angreifbar ist sie. Diskriminierung wächst am besten auf einem Boden der Unsicherheit und eines geringen Selbstbewusstseins. Selbstbewussten Menschen fällt es leichter, respektvoll mit anderen umzugehen, da sie weniger angstbestimmt sind. Und je selbstbewusster jemand auftritt, desto mehr Respekt bekommt er oder sie.

Gewalt und Diskriminierung wird es weiterhin geben. Ich möchte meinem Kind ein möglichst gutes Rüstzeug mitgeben. Selbstbewusstsein steht hier ganz oben auf der Liste. Durch Empowerment erhöhen wir die Wertschätzung, die unsere Kinder sich selbst gegenüber aufbringen. Das gilt für uns alle. Selbstbewusstsein verleiht Stärke. Es ist kein magischer Schutzschild und kann uns und unsere Kinder nicht vor allem Bösen schützen. Aber es macht uns und sie erheblich stärker.

Gerne wird Selbstbewusstsein mit Egozentrik verwechselt. Aber das ist Selbstbewusstsein ohne Empathie und soziales Gewissen. Man könnte sagen, es ist ein Leben nach dem Motto: Wenn alle an sich denken, ist an alle gedacht. Egozentriker*innen messen andere Menschen und Dinge beständig an sich selbst und der eigenen Perspektive. Ein friedliches Miteinander jedoch beruht auf Respekt, und Respekt braucht ein gewisses Grundinteresse an Menschen. Das ist nix für Nihilist*innen.

Mit meiner Erziehung möchte ich meiner Tochter zu Stärke, Mut und Selbstvertrauen verhelfen. Das bringt sie, aber auch mich einen guten Schritt aus der Ohnmacht heraus.

Ich wünsche mir, dass meine Tochter eine Welt erlebt, in der schwarze US-Präsident*innen, schwarze CEOs, schwarze Chefärzt*innen, schwarze Nobelpreisträger*innen und so weiter auch außerhalb Afrikas nicht mehr wirken wie eine paradoxe Intervention oder wie das Ergebnis einer Quote, sondern völlig normal. Dass Menschen im Jahre 2021 noch immer anhand ihres Äußeren kategorisiert werden, ist ein ziemliches Armutszeugnis in einer diversen Gesellschaft. Aber wenn wir uns das „Wir gegen die"-Schema bewusst machen, können wir dagegen angehen. Also lasst uns das gruppenbezogene Denken und die vielen kleinen vergifteten Klischees ans Tageslicht zerren. Wenn es hell genug ist, erkennen wir die darin liegende, tägliche Respektlosigkeit und können ihr bewusst und aktiv entgegenwirken – zuerst in uns, dann auch bei anderen.

Danke an Oliver Domzalski und Roland Rödermund

Quellenangaben und Weiterführendes

1 Die Überlegungen habe ich einem Gastkommentar von Egon Flaig entnommen: „Eines Menschen Hautfarbe", *Neue Zürcher Zeitung* vom 27. März 2021.

2 Marianna Lieder: „Kant und der Rassismus", *Philsophie Magazin Online* vom 2. Januar 2021; https://www.philomag.de/artikel/kant-und-der-rassismus-0 (zuletzt aufgerufen am 17. Juni 2021).

3 Einen guten Überblick über die Entwicklung des Rassismus in Europa liefert Martin Jasper mit „Böses Blut: Wie der Rassismus in die Welt kam", *Braunschweiger Zeitung* vom 27. April 2021.

4 Das Zitat ist aus dem Text „Die Macht des US Supreme Court" von Berthold Seewald in der *Welt* vom 6. März 2021.

5 Das war mir selbst nicht klar – ich paraphrasiere hier aus dem interessanten Interview „Schwarzsein ist eine Fiktion", das Johanna Adorján mit dem Publizisten Thomas Chatterton Williams geführt hat: https://www.sueddeutsche.de/kultur/rassismus-debatte-schwarzsein-ist-eine-fiktion-1.5283075?reduced=true (zuletzt aufgerufen am 19. Juni 2021).

6 Aus einem Kommentar von Nadia Pantel in der *Süddeutschen Zeitung*: „Macron ehrt Napoleon, um sich zu helfen"; https://www.sueddeutsche.de/meinung/napoleon-macron-frankreich-le-pen-1.5284171 (zuletzt aufgerufen am 19. Juni 2021).

7 Tobias Hausdorf: „Frei in Berlin", *Zeit online*; https://www.zeit.de/2021/13/buergerrechtler-w-e-b-dubois-afroamerikanisch-humboldt-universitaet-ehrung?utm_referrer=https%3A%2F%2Fwww.google.com%2F (zuletzt aufgerufen am 19. Juni 2021).

8 Andra Day im Interview mit Bettina Aust – „Wir müssen über Rassismus sprechen" (*Frankfurter Allgemeine Zeitung* vom 24. April 2021).

9 Zum Weiterlesen: https://www.tagesschau.de/ausland/amerika/us-wahlrecht-georgia-101.html (zuletzt aufgerufen am 19. Juni 2021).

10 Hanns-Georg Rodek: „Ich bin weiß, aber meine Stimme hat wohl etwas ‚Schwarzes‘“, Interview mit Charles Rettinghaus in der *Welt* vom 23. März 2021.

11 Gilda Sahebi: „Schutzlos im geschützten Raum“, Reportage über Rassismus im Gesundheitssystem, *taz* online; https://taz.de/Rassismus-im-Gesundheitssystem/!5754364/ (zuletzt aufgerufen am 19. Juni 2021).

12 Hierzu sind etwa Emilia Roigs Buch *Why We Matter: Das Ende der Unterdrückung* oder auch der 3sat-Film *Die Macht der Vorurteile* gute Quellen; https://www.3sat.de/wissen/wissenschaftsdoku/210225-sendung-wido-102.html (zuletzt aufgerufen am 13. August 2021).

13 Kerstin Hellberg: „Rassismus ist für den Großteil der Gesellschaft unsichtbar“, Interview mit Mohamed Amjahid im *Stern* vom 25. Februar 2021.

14 Christian Vooren: „Nicht er ist gescheitert, wir sind es“, Kommentar auf *Zeit online* vom 31. März 2021; https://www.zeit.de/gesellschaft/zeitgeschehen/2021-03/tareq-alaows-rassismus-die-gruenen-bundestag (zuletzt aufgerufen am 19. Juni 2021).

15 In der Folge „Über Identität sprechen“ der Sendung *ttt – titel, thesen, temperamente* vom 25.04.2021 in der ARD.

16 „Die Verlage sind aufgewacht“, Interview mit Bernardine Evaristo auf *taz* online; https://taz.de/Bernardine-Evaristo-ueber-Sichtbarkeit/!5746578/ (zuletzt aufgerufen am 19. Juni 2021).

17 Dazu die Schriftstellerin und Übersetzerin Rasha Khayat auf *Zeit online* in ihrem Essay „Ich bin nicht euer Migrationsmaskottchen!“ vom 17. März 2021.

18 „Wie Rassimus und Klassizismus zusammenhängen“, Beitrag auf *Deutschlandfunk Kultur* vom 4. April 2021 – Simone Miller im Gespräch mit den Philosophen Philipp Hübl und Daniel James über strukturelle Diskriminierung; https://www.deutschlandfunkkultur.de/strukturelle-diskriminierung-wie-rassismus-und-klassismus.2162.de.html?dram:article_id=495087 (zuletzt abgerufen am 5. Mai 2021).

19 Jean-Pierre Ziegler: „‚Da steht einer mit Pistole vor mir‘ – ‚Das ist professionelles Handeln‘“; Streitgespräch zwischen dem Lehrer Philip Oprong Spenner und Polizeipräsident Ralf Martin Meyer im *Spiegel* vom 20. Februar 2021.

20 Mehr zum Hintergrund in dem Artikel „Wie rassistisch sind die deutschen Bühnen?“ von Christine Dössel in der *Süddeutschen Zeitung* online am 22. April 2021; https://www.sueddeutsche.de/kultur/rassismus-duesseldorf-theater-1.5272585 (zuletzt aufgerufen am 21. Juni 2021).

21 Lars-Olav Beier, Wolfgang Höbel, Ulrike Knöfel und Hannah Pilarcyzk: „Rollenwechsel", im *Spiegel* vom 20. Februar 2021.

22 Der Rassismusforscher Daniel Gyamerah ist Vorsitzender von Each One Teach One, das in Kooperation mit Citizens for Europe und dem Deutschen Institut für Integrations- und Migrationsforschung (DeZIM) das Projekt Afrozensus ins Leben gerufen hat. Gefördert von der Antidiskriminierungsstelle des Bundes soll die Onlinebefragung erstmals bis Ende 2021 systematisch die Lebensrealitäten, Diskriminierungserfahrungen und Perspektiven schwarzer, afrikanischer und afrodiasporischer Menschen in Deutschland erfassen. Mehr dazu im *taz*-Interview „Wir brauchen Einblick" von Dinah Riese mit Gyamerah am 29. April 2021.

23 Hier beziehe ich mich noch einmal auf den Artikel „Wie der Rassismus in die Welt kam" aus der *Braunschweiger Zeitung* vom 27. April 2021.

24 Mehr zu der mehr als schrägen Studie: Gökalp Babayiğit: „Danke für nichts", *Süddeutsche Zeitung* online vom 7. März 2021; https://www.sueddeutsche.de/kultur/migranten-studie-bundestag-frauen-1.5226420 (zuletzt aufgerufen am 20. Juni 2021).

25 Das Zitat stammt aus einem Mailwechsel mit Oliver Domzalski aus dem März 2021. Die schriftliche Erlaubnis zur Verwendung im Buch haben wir im Mai erfragt und am 20. Mai 2021 per Mail erhalten.

26 Marija Barišić und Johannes Korsche: „Ich bin nicht untypisch für die Politik", Interview mit Aminata Touré, *Süddeutsche Zeitung* vom 14. Mai 2021.

27 Alice Hasters: „Die Wut ist berechtigt", Gastbeitrag in der *Süddeutschen Zeitung* vom 23. März 2021.

28 In besagtem Interview gegenüber *Neue Ruhr Zeitung* vom 31. März 2021.

29 Arno Frank und Eva Thöne: „Abwehr war meine erste Reaktion. Und meine zweite und dritte", Interview mit Hank Azaria im *Spiegel* vom 8. Mai 2021.

30 In einer Folge von ihrem *Tupodcast* erzählt Ogette von einer weißen Frau, die heftig zu weinen beginnt, als sie sie auf eine rassistische Bemerkung hinweist – sie habe ihr klarmachen wollen, dass die Bezeichnung „Schokobaby" für einen Liebespartner fetischisierend und rassistisch ist. Am Ende galt aber Ogette als Täterin, nicht die weiße Frau, die rassistisch gehandelt hatte; Beispiel aus Malcolm Ohanwe: „Diese Antirassismus-Expertin solltest du kennen", *Zündfunk* auf Bayern 2 vom 17. Oktober 2021; https://www.br.de/radio/bayern2/sendungen/zuendfunk/tupoka-ogette-diese-anti-rassismus-expertin-solltest-du-kennen100.html (zuletzt aufgerufen am 22. Juni 2021).

31 Das sagte sie im Gespräch mit Shelly Kupferberg auf Deutschlandradio Kultur am 27. Februar 2021; https://srv.deutschlandradio.de/dlf-audiothek-audio-teilen.3265.de.html?mdm:audio_id=905590 (zuletzt aufgerufen am 21. Juni 2021).

32 Anna Prizkau: „Die neuen Helden und die Macht", in der *Frankfurter Allgemeinen Sonntagszeitung* vom 4. April 2021.

33 Mouhanad Khorchide und Detlef Pollack: „Identität ist Unzufriedenheit mit sich", *Frankfurter Allgemeine Zeitung* vom 9. April 2021.

34 Gustav Seibt: „Nimm das, FDP", *Süddeutsche Zeitung* online vom 21. März 2021; https://www.sueddeutsche.de/kultur/corona-identitaet-liberalismus-fdp-1.5239463 (zuletzt aufgerufen am 21. Juni 2021).

35 Jörg Häntzschel: „Einigkeit vorausgesetzt", *Süddeutsche Zeitung* online vom 6. Mai 2021; https://www.sueddeutsche.de/kultur/ijeoma-oluo-rassismus-weisse-maenner-mediocre-1.5286875 (zuletzt aufgerufen am 23. Juni 2021).

36 Johanna Adorján: „Das Gegenteil von Freiheit", *Süddeutsche Zeitung* online vom 11. März 2021; https://www.sueddeutsche.de/kultur/caroline-fourest-generation-beleidigt-frankreich-literatur-1.5232549 (zuletzt aufgerufen am 23. Juni 2021).

37 Britta Sandberg: „Alle sind gleich – theoretisch", *Der Spiegel* vom 13. März 2021.

38 Ich habe über das „House of Change"-Modell in einem Buch gelesen: Karl Kreuser und Thomas Robrecht (Hrsg.): *Führung und Erfolg: Eigene Potenziale entfalten, Mitarbeiter erfolgreich machen,* Gabler Verlag, 2010.

39 Jörg Scheller: „In hundert Jahren werden wir alle sehr offenkundig mixed-race sein", Interview mit Mithu Sanyal in *Neue Zürcher Zeitung* vom 12. März 2021.

40 Alan Posener: „Reden wir vom Chancenland", in *Die Welt* vom 10. April 2021.

41 Das erzählt der Autor Axel Hacke im Zuge der Reaktionen auf sein Buch *Der weiße Neger Wumbaba* laut einem Artikel auf *Focus* online; https://www.focus.de/kultur/buecher/absurde-rassismus-vorwuerfe-gegen-autor-neger-wumbaba-wie-axel-hacke-beschimpft-wurde_aid_900532.html (zuletzt aufgerufen am 24. Juni 2021).

42 Manuel Brug: „Schwarze Noten auf weißem Papier", in der *Welt* vom 1. April 2021.

43 Thomas Ribi: „Achtung, diese Bücher sind gefährlich!", *Neue Zürcher Zeitung,* online vom 19. Marz 2021; https://www.nzz.ch/meinung/achtung-gefaehrliche-buecher-wie-man-antike-klassiker-lesen-muss-ld.1607209 (zuletzt aufgerufen am 23. Juni 2021).

44 Ausführlich dazu der Artikel „Der Rassismus, eine Erfindung der Aufklärung" von Jörg Phil Friedrich in der *Welt* vom 3. März 2021.

45 Gespräch zwischen Daniela Strigl und Angela Gutzeit beim *Deutschlandfunk*, 30. März 2021; https://www.deutschlandfunk.de/amanda-gorman-the-hill-we-climb-den-huegel-hinauf-hymne-auf.700.de.html?dram:article_id=494980 (zuletzt aufgerufen am 24. Juni 2021).

46 Lukas Door: „Eingeborene konnten nicht deutsch sein", Interview mit Natasha A. Kelly in der *taz* vom 18. Mai 2021.

Edel Books
Ein Verlag der Edel Verlagsgruppe

Copyright © 2021 Edel Verlagsgruppe GmbH
Neumühlen 17, 22763 Hamburg
www.edelbooks.com

Projektkoordination: Svetlana Romantschuk
Lektorat: Roland Rödermund
Umschlagfotos: Guido Schröder
Layout und Satz: Datagrafix GSP GmbH, Berlin | www.datagrafix.com
Umschlaggestaltung: Felix Schlüter, Typeholics
Lithografie: Frische Grafik, Hamburg
Druck und Bindung: GGP Media GmbH, Pößneck

Printed in Germany

ISBN 978-3-8419-0776-9